한국아동청소년상담학회
교육사각지대연구총서 ❸

교육 사각지대 학습자
이해와 지원
핸드북

김동일

고혜정

김은삼

김희은

남지은

박유정

신재현

장세영

조영희

황지영

공저

박영story

This work was supported by the Ministry of Education of the Republic of Korea and the National Research Foundation of Korea (NRF−2020S1A3A2A02103411)

서 문

　　다양한 특성을 가진 학습자의 개인차를 고려하여 서로 다른 교육내용 및 방법을 통해 적절한 교육을 제공해야 하지만, 우리 교육 현장에서 여러 가지 이유로 적절한 교육을 제공받지 못한 채 교육의 기회, 과정, 결과에서 공정한 참여를 하지 못하는 경우가 있습니다. 특별한 교육적 요구를 가지고 있지만 그에 대한 교육적 지원을 적절하게 제공받지 못하고 일반교육과 특수교육의 사각지대에 놓여 있는 위기학습자를 '교육사각지대 학습자'로 볼 수 있습니다. 우리 교육 현장에서는 경계선급 지능, 학습부진, 난독증, 학습 및 정서행동 문제를 지닌 학생 등이 교육사각지대 학습자에 속합니다. 교육사각지대 학습자는 학교에서의 소외감, 낮은 자아존중감, 무기력감, 주의집중 문제, 비행 등 행동 문제 등을 경험하는 비율이 높으며, 비단 학습 및 인지적 차원뿐 아니라 정서·행동적 차원, 환경적 차원, 관계적 차원, 일상·생활적 차원 등에서 다양한 문제들을 경험하는 것으로 보고됩니다.

　　이 책은 학업 및 행동 문제 간의 유의미한 연관성을 고려할 때 교육사각지대 학습자를 위하여 학업적 지원뿐 아니라 다차원적인 교육적 지원을 확인하고, 각 저자들이 자신의 전문 분야의 이론, 근거, 실천을 종합한 핸드북을 구성하였습니다. 각 장마다 매우 의미있고 체계적인 정보와 통찰을 확인할 수 있으리라 사료됩니다.

　　이 책을 내놓기까지 매우 많은 분들의 도움이 있었습니다. 교육사각지대 아동과 청소년을 위한 연수 워크숍을 직접 참여하고 운영해 준 서울대학교 SSK연구원들과 정성어린 손길로 책을 만들어준 박영스토리 임직원 여러분께 진심으로 고마운 마음을 전합니다. 특히, 교육부와 한국연구재단이 지원하는 SSK중형단계 교육사각지대학습자 연구사업단을 운영하는 과정에서 전문가 양성과정에 참여한 여러 현장 교사와 상담사들을 기억하고자 합니다. 마지막으로 지속적으로 동참해 준 독자 여러분들께 깊은 감사를 드립니다.

모든 저자들과 함께
서울대SSK교육사각지대학습자연구단 단장 김동일

powered by WITH Lab. (Widening InTellectual Horizon):
Education and Counseling for Children-Adolescents with Diverse Needs

목 차

01

교육사각지대 학습자 진단과 평가의 실제:
기초학습기능 수행평가체제
(Basic Academic Skills Assessment, BASA)

김 동 일
(서울대학교 교육학과 교수)

1. 기초학습기능 수행평가체제(Basic Academic Skills Assessment, BASA) 개관

1) 교육사각지대 학습자의 특성

우리 교육 환경에서 기초학력 문제는 사회적으로 큰 쟁점이며, 다양한 학업 문제를 보이는 학생들이 꾸준히 증가하는 추세이다. 예컨대 2019년 교육부 조사 결과에 따르면 학습장애의 하위 유형인 난독증(dyslexia)(김동일 외, 2019) 위험군 학생의 비율은 약 5%로 나타났고(교육부, 2021.6.2.), 최근 연구에서 밝혀진 읽기장애 위험군과 읽기장애 학생의 비율은 각각 8.5%, 6%에 달한다(김애화 외, 2020). 또한 기초 학습에 심각한 어려움을 겪는 학생 중 상당수는 교육소외 집단에 속해 있는 것으로 보고된다. 교육소외 집단은 다양하게 분포되어 있고, 우리 교육 연구에서 주로 언급되는 교육소외 계층에는 학교 부적응 및 학습 부진 학생, 특수교육 대상자, 저소득층 자녀, 농어촌 지역 학생, 저학력 성인 집단, 이주민 집단 등이 포함된다(서봉언, 2020).

우리나라 헌법 제31조는 모든 국민이 '능력에 따라 균등하게 교육을 받을 권리'를 가짐을 명시한다. 이는 다양한 특성을 가진 학습자를 하나의 동질적인 집단으로 보아 동일한 교육을 제공하는 것이 아닌, 학습자 간 개인차 및 능력차를 고려한 서로 다른 교육과정 및 방법을 통해 적절한 교육을 제공해야 함을 의미하나, 현실에서는 여러 가지 이유로 적절한 교육을 제공받지 못한 채 교육의 기회, 과정, 결과에서 공정한 대우를 받지 못하는 학습자들이 존재한다(김동일 외, 2019). 이렇듯 특별한 교육적 요구를 가지고 있지만 그에 대한 교육적 지원을 적절하게 제공받지 못하는, 일반교육과 특수교육의 사각지대에 놓여 있는 위기학습자를 '교육사각지대 학습자'로 통칭할 수 있다(최수미 외, 2018). 현재 우리 교육 환경에서는 경계선급 지능, 학습부진, 난독증, 정서행동 문제를 지닌 학생 등이 교육사각지대 학습자에 속한다고 볼 수 있다(김동일 외, 2019). 교육사각지대 학습자는 학교에서의 소외감, 낮은 자아존중감, 무기력감, 주의집중 문제, 비행 등 행동 문제 등을 경험하는 비율이 높으며, 비단 학습 및 인지적 차원뿐 아니라 정서·행동적 차원, 환경적 차원, 관계적 차원, 일상·생활적 차원 등에서 다양한 문제들을 경험하는 것으로 보고된다(최수미 외, 2019). 학업 및 행동 문제 간의 유의미한 연관성을 고려할 때 교육사각지대 학습자를 위하여 학업적 지원뿐 아니라 다차원적인 교육적 지원이 요구됨을 알 수 있다.

한편 읽기, 쓰기, 수학 등 '기초학습기능'에 심각한 어려움을 겪는 학습자 집단의 경우, 조기 진단 및 중재의 시급성이 더욱 크다고 볼 수 있다. 기초학습기능 습득의 실패 및 지속적인 부진은 이후 학업에서의 누적적인 실패로 이어지고, 이들은 많은 경우 학습 무기력, 심리사회적 어려움을 경험하는 것으로 보고된다. 학습 문제가 제때 해결되지 못하고 누적될 경우 문제가 심화되거나 학령기 이후 삶에서의 어려움으로도 이어질 가능성이 크다.

따라서 기초학습기능에 어려움을 보이는 교육사각지대 학습자들을 최대한 이른 시기에 어려움을 선별, 진단하고 조기 중재를 실시함으로써 학업 실패가 누적되지 않도록 하는 것이 시급하다. 이러한 지원은 학습 문제가 심각해지기 전 초등학교 저학년부터 제공되어야 하며, 학교 시스템 내에서 학업적 위기에 처해 있는 위험군(at-risk) 학생을 조기에 선별, 진단하며 개별 학생의 강·약점, 학업·정서·행동적 필요에 따라 지원하기 위한 체계적인 지원망 구축이 긴밀히 요구된다 (김동일, 고혜정, 2018; 신재현, 2019).

2) 학습, 행동 문제 예방 및 지원 시스템으로서의 중재반응 접근(Response to Intervention, RTI)과 다층 지원 체계(Multi-Tiered System of Supports, MTSS)

교육사각지대 학습자를 위한 체계적인 예방 및 지원 시스템과 관련하여, 미국의 중재반응 접근(Response to Intervention, RTI)과 다층 지원 체계(Multi-Tiered System of Supports, MTSS)를 알아볼 필요가 있다. RTI, MTSS는 모두 공중보건모델에 기반한 단계별 지원 서비스 모델(tiered approach to service delivery)이며, 학습 혹은 행동문제 위험군 학생에 대한 조기선별과 모니터링, 그리고 단계에 따라 더욱 집중적인 형태를 띠는 중재의 제공을 주요 특징으로 한다. RTI와 MTSS를 구분하여 보자면, RTI가 학습 문제의 체계적인 예방 및 지원에 초점이 있는 반면, MTSS의 경우 학습 문제와 행동 문제 간의 연관성에 주목하여 학습 및 행동 문제를 통합적으로 지원하는 보다 포괄적인 모델이다. 이러한 맥락에서 RTI는 MTSS의 한 형태로서 이해되기도 한다.

RTI의 경우, 2004년 미국 장애인교육법이 개정되면서 기존의 능력-성취 불일치 모델을 대체할 대안적인 학습장애 진단 모델로 제안되었다. 현재는 학습장애 진단을 넘어서 학습 문제의 예방 및 지원을 위한 시스템으로 확장되어 활용되고 있다. 가장 보편적으로 사용되는 3단계 RTI를 살펴보면, 1단계에서 모든 학생에 대해 보편적 선별검사를 실시하고 양질의 교육을 제공하며, 2단계에서는 학습장애 위험군 학생에 대해 소집단 보충 교수(supplemental instruction)를 제공함과 동시에 주기적으로 진전도를 측정한다. 그리고 2단계 소집단 교수에서 반응이 유의하게 낮은 학생을 대상으로 3단계에서 가장 집중적인 개별화 중재(intensive intervention)를 제공하게 된다. RTI는 현재 미국의 많은 학교에서 활용되고 있고, 여러 학자들에 의해 그 효과성이 연구되었다(예: Al Otaiba & Fuchs, 2006; Fuchs, Fuchs, & Compton, 2012; Fuchs & Fuchs, 2017).

MTSS의 경우 학업지원모델인 RTI와 행동지원 모델인 긍정적 행동 지원(Positive Behavior Interventions & Supports, PBIS)을 통합한 학생 중심의 총체적 지원 시스템으로 이해할 수 있다. 학교의 모든 학생들을 대상으로 하는 1단계에서는 학업 또는 행동 차원에서 효과적인 목표, 프로그램, 전략 등이 활용된다. 그중 학습 또는 행동 문제를 보이거나 위험군(at-risk)으로 확인된 학생들을 대상으로 2단계에서는 소규모 형태의 집중 지원을 제공하고, 문제의 심각성, 지속성 등을 고려하여 필요한 경우 3단계에서 가장 집중적인 개별 지원을 추가적으로 제공하게 된다. MTSS에서는 문제 해결 접근법(problem solving approach)이 적용되며, RTI와 마찬

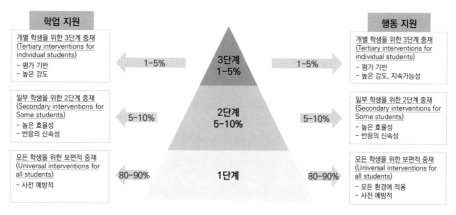

그림 1-1 다층 지원 체계 내 학업 및 행동 문제의 단계별 지원 내용

가지로 연속적인 평가 및 교수를 위한 체계적이고 지속적인 모니터링, 학생 데이터에 기반한 교육적 의사결정이 강조된다. <그림 1-1>과 <그림 1-2>에서 다층 지원 체계에서의 학업 및 행동 문제 단계별 지원 내용과 다층 지원 체계의 주요 특징을 확인할 수 있다.

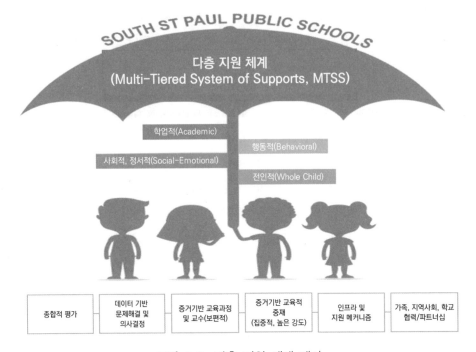

그림 1-2 다층 지원 체계 예시

3) 교육사각지대 학습자 진단 및 지원을 위한 기초학습기능 수행평가체제(Basic Academic Skills Assessment, BASA)의 활용

(1) 교육과정중심측정(Curriculum-Based Measurement, CBM)

앞서 언급한 RTI, MTSS의 유기적이고 연속적인 교수 및 평가가 가능하기 위해서는 선별을 위한 평가 체제와 더불어 교수에 대한 반응을 주기적으로 모니터링할 수 있는 체제, 즉 진전도 평가 시스템이 구축되어야 하며, 이러한 목적으로 교육과정중심측정(Curriculum-Based Measurement, CBM)이 유용하게 활용될 수 있다. CBM은 개별 학생의 기초학습기능에서의 진전도를 주기적으로 측정함으로써 현재 적용 중인 교수 프로그램의 효과성을 평가하여 필요 시 교수 수정 등 교수적 의사결정을 돕기 위해 개발되었으며(Deno, 1985; Stecker, Fuchs, & Fuchs, 2005), 모니터링을 통해 보여지는 데이터에 기반하여 교수 프로그램의 수정 여부를 체계적으로 판단하는 개별화교수 모형인 데이터기반교수(Data-Based Instruction, DBI) 또는 데이터기반 프로그램 수정(Data-Based Program Modification, DBPM)에 일반적으로 활용된다(McMaster et al., 2017). 보다 구체적으로, CBM은 1970년대 미네소타대 사범대학의 교육 실습생들에 의하여 다양한 읽기 교육을 진행하고 그 효과성을 확인함에 있어 각 교육방법의 교육성과를 측정하는 절차로 처음 제안되었다. 이후 특수교사가 대상 학생을 위해 개별화(individualization) 교수를 제공할 때 진전도 모니터링(progress monitoring) 및 교수적 의사결정(instructional decision making)을 돕기 위하여 발전되어 왔다(김동일, 1998; 신재현, 2017; Deno, 1985; Stecker, Fuchs, & Fuchs, 2005). CBM은 미국 연방정부의 대규모 연구지원 하에 미네소타 학습장애연구소(Institute for Research on Learning Disabilities)에서 본격적으로 개발되었고, 높은 수준의 측정학적 적합성을 갖춘 검사인 동시에 교사들이 짧은 시간 안에 간편하게 학생들의 기초학습기능(예: 읽기, 쓰기, 셈하기)에서의 성장을 측정할 수 있다는 장점을 지닌다(Deno, 1985). 또한 검사 실시 및 결과 해석 절차의 간편성에도 불구하고, 해당 기초학습 영역에서의 일반적이고 포괄적인 학습 능력을 신뢰롭게 예측하는 지표를 제공한다는 점에서 특징적이다(Deno, 1985; Stecker, Fuchs, & Fuchs, 2005). 30년 이상 동안 축적된 경험적 연구에 기초하여, CBM의 우수한 신뢰도와 타당도, 그리고 학생의 성장(기울기)에 대한 민감도(sensitivity to growth)가 입증되어 왔다(Wayman et al., 2007).

(2) 기초학습기능 수행평가체제(Basic Academic Skills Assessment, BASA) 의 개발 및 주요 특징

이러한 CBM의 특징을 기반으로, 1990년대 중반부터 기초학습기능 수행평가체제(Basic Academic Skills Assessment, BASA) 개발을 위한 연구가 시작되었고, 2000년에 그 첫 번째 검사가 읽기 영역에서 출판되었다. BASA 검사의 개발을 기점으로 우리나라 교육 현장 및 연구에서 CBM에 대한 관심이 증가하였는데, 특히 1998년

김동일에 의하여 CBM의 원리 및 특징이 전문 학술지에 본격적으로 소개되었고, 영역별 BASA 검사도구의 지속적인 연구개발을 통하여 2000년대 이후에는 CBM의 학술적, 교육적 활용이 더욱 활발해졌다(김동일, 1998; 김동일, 1999; 여승수, 홍성두, 손지영, 2014). 현재까지 개발 순서대로 읽기, 수학, 쓰기, 초기문해, 초기수학, 수학문장제, 어휘, 읽기이해, 총 여덟 가지의 기초학습영역에서 BASA 검사도구가 개발되었다.

BASA 검사도구의 주요 특징을 살펴보면 다음과 같다. 먼저 BASA는 교육 현장에서 활용성이 높은데, 아동의 읽기에 관해 명확하고 효과적인 의사소통이 필요할 때, 그리고 교육적 의사결정을 위하여 상대적으로 짧은 기간(매주 또는 매일)에 아동의 성장을 측정할 필요가 있을 때 유용하게 활용될 수 있다. CBM 원리에 기초하여 개발되었기 때문에, 반복되는 측정을 통하여 학생의 학습 능력의 발달을 효과적으로 나타낼 수 있고, 수집된 데이터에 기초한 교수적 수정 및 교육적 의사결정이 가능하므로 학생의 개별화 학습에 유용한 교육적 정보를 제공한다. 또한 검사 실시 및 해석이 간편하여 교육 현장에서 활용 가능성이 높고, 비용에 따른 효과 측면에서 바람직하다. 마지막으로 학생 개개인을 지도하고자 할 때 중재 프로그램의 효과를 판단하는 데 적합하다.

한편 교육사각지대 학습자의 선별 및 지원에 있어 적절한 검사도구를 활용하는 것만큼이나 중요한 것은 경험적 연구 결과에 기초한 양질의 효과적인 중재 프로그램을 제공하는 것이다. 따라서 BASA 검사도구 개발에 더불어, 교·강사들이 검사와 함께 학생 중재에 직접적으로 활용할 수 있는 연구 기반 교수·학습 자료를 제공하기 위하여 BASA와 함께하는 나침반 시리즈가 읽기, 쓰기, 수학 영역에서 개발되었다. 각 기초학습영역 및 교육과정에서 중요하게 다루어지는 학습 목표를 중심으로 증거에 기반한 구체적인 중재 전략 및 학습 활동을 소개하고 있다. 영역별 BASA 검사도구 및 나침반 시리즈는 3절에서 구체적으로 개관하였다.

2. BASA의 증거기반 종합

1) BASA 검사도구 타당성 검증 연구

2000년에 BASA: R(읽기검사, 김동일, 2000)이 개발된 것을 필두로 각 기초학습 영역에서 검사도구가 개발되어 교육사각지대 학습자의 선별 및 진단, 모니터링, 데이터 기반 교수적 의사결정에 적용되어 왔다. 어떠한 검사도구가 교육 현장에서 널리 활용되기 위해서는 실시 및 결과 해석의 간편성 외에도 충분한 수준의 측정학적 적합성이 필수적으로 확보되어야 한다. 특히 진전도 모니터링 데이터를 바탕으로 교수적 의사결정 및 수정을 돕는 경우 그 중요성이 더욱 크다. BASA 검사도구 역시 그 측정학적 적합성을 검증하는 연구가 수행되었고, 연구에서 높은 수준의 신뢰도, 타당도가 경험적으로 확인되었다. 대표적으로, 읽기, 쓰기, 수학 검사의 측정학적 적합도를 살펴보면 다음과 같다.

먼저 읽기 영역에서 BASA 읽기유창성 검사의 동형검사 신뢰도는 .96, 빈칸채우기 검사의 Cronbach's α 계수는 .89으로 나타났고, 기초학습기능검사(KEDI-Individual Basic Learning Skills Test)의 비형식적 독해력 검사와의 상관이 .62~.80의 높은 수준에 있는 것으로 확인되었다(Kim et al., 2014). 다음으로 BASA 쓰기 검사의 측정학적 적합성을 검증한 연구 결과, 검사-재검사 신뢰도 및 동형검사 신뢰도는 .75, 기초학습기능검사(KEDI-Individual Basic Learning Skills Test) 쓰기 검사와의 상관은 평균 .55 이상으로 양호한 적합성을 지닌 것으로 나타났다(김동일, 김미순, 배성직, 2003). 마지막으로 BASA 수학 검사의 경우, Spearman-Brown 공식으로 산출한 반분신뢰도 계수가 .73~.93으로 확인되었고, 맞은 자릿수에 따라 부분 점수를 부여하는 CD(Correct Digits) 채점 방식을 사용하였을 때 ACCENT (ACievement-Cognitive ability ENdorsement Tests) 수학검사와의 상관이 .54~.71으로 역시 양호한 측정학적 적합성을 지니는 것으로 나타났다(김동일, 2011a).

2) BASA를 적용한 국내 연구 동향

김동일, 최서현, 신재현(2021)의 연구에서는 BASA를 활용한 국내 연구의 동향을 살펴보기 위하여 138편의 연구(학위논문 73편, 학술지 논문 65편)를 분석한 바 있다.

첫째, 출판연도에 따른 분석 결과를 살펴보면 다음과 같다. <표 1-1>에서 알 수 있듯이 1999년 연구를 시작으로 BASA 읽기검사의 개발 및 타당화 연구가 이루어졌으며, 그 후 BASA를 적용한 연구들은 수가 급증하는 경향을 보였고, 특히 2011년부터 2015년 시기에 가장 많은 수의 연구가 이루어진 것을 알 수 있다 (N=50, 36.23%). 이러한 분석 결과는 첫 번째 한국형 CBM 검사인 BASA 읽기검사의 개발 및 타당화 연구가 1999년에 실시되어 2000년 출판되었고(김동일, 1999; 김동일, 2000), 이를 기점으로 현재까지 일반교육 및 특수교육 연구 분야에서 BASA를 적용하려는 시도가 지속적으로 누적되어 옴을 나타낸다.

표 1-1 출판연도에 따른 분석 결과

출판연도	N	%
2000 이전	2	1.45
2001-2005	11	7.97
2006-2010	33	23.91
2011-2015	50	36.23
2016-2021	42	30.43
합계	138	100

둘째, 각 연구의 주제를 BASA가 활용된 목적에 초점을 두고 분석한 결과는 <표 1-2>와 같다. 분석 결과, 다양한 목적으로 검사도구가 활용되고 있었으나 그 중에서도 특정한 유형의 중재 프로그램을 제공한 후 그 효과를 확인하기 위해 BASA를 활용한 연구가 60편(43.47%)으로 가장 많은 것으로 나타났다. 중재효과 측정을 위해 BASA가 사용된 연구들을 구체적으로 살펴보면, 참여자의 기초학습 능력 진전을 확인하고자 BASA 형성평가를 바탕으로 빈번한 주기로 반복측정한 연구가 31편(22.46%), 중재의 전후에 BASA를 실시하여 효과를 검증하고자 한 연구가 29편(21.01%) 있었다. 또한, 특정한 중재를 실시하지는 않았으나 집단 간 비교, 변인 간 상관 분석 등을 위하여 BASA를 통해 학생의 기초학습능력 수행수준을 측정하는 연구가 28편(20.29%), 심각한 학습 문제를 보이는 소집단 혹은 개별 학생을 대상으로 효과적인 중재 및 모니터링을 실시하는 일련의 체계적인 교수적 접근법인 데이터 기반 교수(Data-based instruction, DBI)를 적용한 연구도 20

편(14.49%)으로 비교적 높은 비율을 차지하는 것으로 나타났다.

다음으로 BASA 검사의 개발 또는 신뢰도 및 타당도 검증, 진전도 신뢰도 산출, 기울기 타당도 검증 등 BASA의 측정학적 적합성 검증과 관련된 연구와 RTI의 맥락에서 BASA를 활용한 연구가 각각 8편(5.80%)씩 있었다. 보다 구체적으로, RTI 범주로 분류된 8편의 경우, 세부적인 연구주제 및 목적에 따라 RTI를 통한 선별, RTI 2단계 교수의 효과성 검증, RTI 2+3단계 교수의 효과성 검증의 세 가지로 구분해볼 수 있었다. 특히 RTI를 통한 선별을 주제로 한 연구가 가장 많았는데, 여기에는 RTI를 활용하여 학습장애 위험 아동 혹은 다음 단계의 중재 대상자를 선별한 연구나 RTI 참여 아동을 대상으로 잠재계층을 구분하여 집단별 특성을 확인한 연구가 해당되었고, 그 외에는 RTI 2단계 또는 2, 3단계 중재를 제공하고 효과성을 검증한 연구들이 있었다. 이어서 새로운 검사도구를 개발하는 연구에 있어 공인타당도 산출을 위하여 BASA 검사를 활용한 경우와 문헌 연구에 포함한 경우가 각각 5편과 4편씩 있었는데, 문헌 연구의 경우 국내의 CBM, 읽기학습장애 진단모형, 중재반응 실행연구, 읽기이해 관련 검사도구 등을 주제로 선행연구를 종합하거나 동향을 분석한 연구가 해당되었다. 이 외에도 학생들의 하위집단 분류 및 오류 분석, 연구 대상 선정 및 학습수준 파악의 목적으로도 BASA가 적용되고 있음을 확인할 수 있었다.

연구주제에 따른 분석 결과를 종합하여 살펴보면, 가장 많은 연구에서 특정한 중재 프로그램 및 전략의 적절성과 효과성을 검증하고, 학습 문제가 있는 다양한 학생들의 수행수준을 객관적으로 측정하기 위하여 활용하고 있는 것으로 나타났다. 이러한 목적에 있어 BASA의 높은 활용도는 CBM 모델에 기반한 검사라는 점에서 기인한 것으로 볼 수 있는데, CBM은 전통적인 심리측정학과 행동 및 관찰 측정론의 개념에 입각하고 있기에 다른 도구에 비해 측정학적 적합성이 높고, 검사 실시 및 해석 방법 또한 간편하다는 강점을 지닌다(김동일, 2000; 김동일, 2002; 여승수, 홍성두, 손지영, 2014; Deno et al., 2001; Jung et al., 2018). 실제로 BASA는 대체로 1분에서 5분의 짧은 시간이 소요되며, 어휘, 읽기이해와 같이 보다 높은 수준의 학업 역량을 측정하는 경우에도 검사 시간이 15분을 넘지 않으며, 동일한 구인을 측정하는 동등한 난이도의 동형검사를 포함하고 있다는 장점이 있다.

표 1-2 연구주제에 따른 분석 결과

연구주제		N	%
중재효과 측정	반복측정	31	22.46
	사전-사후	29	21.01
수행수준 측정 및 비교		28	20.29
DBI	진전도 모니터링	18	13.04
	진전도 모니터링 + 교수적 수정	2	1.45
BASA 개발 및 측정학적 적합성 검증		8	5.80
RTI	RTI를 통한 선별	4	2.90
	RTI 2단계 교수의 효과성 검증	1	0.72
	RTI 2+3단계 교수의 효과성 검증	3	2.17
타 검사도구 개발(공인타당도 산출)		5	3.62
문헌연구		4	2.90
하위집단 분류 및 오류 분석		3	2.17
연구참여자(학습부진 및 학습장애학생) 선정 및 학습수준 파악		2	1.45
합계		138	100

셋째, BASA 검사도구가 개발된 여덟 가지의 기초학습영역별로 연구를 분류한 결과는 <표 1-3>과 같다. <표 1-3>에서 전체 코드 수가 분석대상논문의 수인 138보다 많은 것을 알 수 있는데, 이는 김동일, 최서현, 신재현(2021)에서 하나의 연구에서 두 개 이상의 영역에 대한 BASA 검사를 활용한 경우 중복 코딩하였기 때문이다. 이에 표에는 중복 코딩된 전체 코드 수에 대한 비율을 제시하였다. 분석 결과, 138편의 논문에서 총 176개의 BASA 검사가 활용된 것으로 나타났고, 그 중 읽기검사가 총 99편(56.25%)의 연구에서 활용되어 가장 높은 비율을 차지하였다. 한편 BASA 읽기검사는 읽기 유창성과 빈칸 채우기 두 가지 세부검사로 구성되는데, 세부 검사를 구분하여 살펴본 결과 읽기유창성 검사는 총 72편의 연구에서 적용되었던 반면, 빈칸 채우기를 사용한 연구는 27편에 불과한 것으로 나타났다. 이어서 수학(N=28, 15.91%), 쓰기(N=18, 10.23%), 초기문해(N=10, 5.68%), 읽기이해(N=9, 5.11%) 순으로 활용 빈도가 높았고, 어휘, 초기수학, 수학문장제는 각각 5편 이하로 낮은 비율을 차지하는 것으로 나타났다.

표 1-3 BASA 검사 영역에 따른 분석 결과

BASA 검사 영역			N		%
읽기	읽기유창성	72	99	40.91	56.25
	빈칸채우기	27		15.34	
	수학		28		15.91
	쓰기		18		10.23
	초기문해		10		5.68
	읽기이해		9		5.11
	어휘		5		2.84
	초기수학		5		2.84
	수학문장제		2		1.14
	합계		176		100

3. BASA 검사도구 및 나침반 시리즈 개관

앞서 언급한 바와 같이, BASA 검사도구는 현재까지 여덟 가지 기초학습영역 (읽기, 수학, 쓰기, 초기문해, 초기수학, 수학문장제, 어휘, 읽기이해)에서 개발되었다. 각 검사도구는 기초평가와 동형검사인 형성평가로 구성되어 있는데, 기초평가를 통해 학생의 기초선을 확인한 후, 목표선을 설정할 수 있고, 동형검사인 형성평가를 통해 학생의 발달 및 중재에 따른 진전도를 모니터링할 수 있다. 또한 아동의 선별 및 진단에 활용할 수 있는 BASA 검사도구에 더하여, 아동의 중재 계획 시 참고하거나 직접적으로 활용할 수 있는 증거 기반 교수·학습 자료를 소개하기 위하여 BASA와 함께하는 나침반 시리즈가 개발되었다. 본 절에서는 각 영역별 검사도구와 BASA와 함께하는 나침반 시리즈를 개관하였다.

1) 영역별 BASA 검사도구

(1) 초기문해

BASA 초기문해 검사(김동일, 2011a)는 만 4세 이상의 아동을 대상으로 실시되며, 아동의 초기문해 수행 수준과 발달 정도를 반복 측정함으로써 읽기와 관련된 문제들을 예방, 진단할 수 있다. 기초평가는 음운인식, 음운적 작업기억, 음운적 정보회상(Rapid Automatized Naming, RAN), 단어인지, 읽기유창성의 다섯 가지 하위영역으로 구성되며, 형성평가는 음운인식 영역을 다룬다. 하위영역의 구체적인 내용은 <표 1-4>와 같다.

표 1-4 BASA 초기문해 검사

구분	하위영역	내용
기초평가	음운인식	구어의 음운에 대한 외현적 접근과 인식을 의미하며, 음절과 음소를 각각 변별, 합성, 탈락, 대치의 네 가지 과제유형으로 나누어 측정
	음운적 작업기억	정보를 처리하는 동안 작업기억에서의 정보를 효율적으로 유지하기 위해 문자 상징을 소리에 기초한 표상체계로 재부호화하는 것으로 숫자회상검사와 무의미 단어 회상 검사로 측정
	음운적 정보회상: RAN	문자 상징을 소리에 기초한 체계로 재부호화함으로써 문자단어로부터 어휘 참조로 접근하는 것을 의미하며, 빨리 이름대기(RAN)로 측정
	단어인지	시각적으로 제시된 단어를 해독하고, 그것을 말소리로 바꾸고 말소리에 해당하는 어휘를 자신의 심성 어휘집에서 탐색하여 의미와 연결 짓는 것을 말하며 '제시된 단어를 얼마나 정확하게 읽는가'로 측정
	읽기유창성(선택)	단어를 읽는 속도와 정확성 혹은 힘들이지 않고 유창하게 소리내어 읽을 수 있는 능력으로 '주어진 시간내에 얼마나 많은 글자를 정확히 읽는가'로 측정
형성평가	음운인식	구어의 음운에 대한 외현적 접근과 인식을 의미하며, 음절과 음소를 각각 변별, 합성, 탈락, 대치의 네 가지 과제유형으로 나누어 측정

(2) 읽기

BASA 읽기 검사(김동일, 2000)는 초등학교 1학년 이상을 대상으로 읽기 능력을 측정하며, 읽기 유창성과 빈칸채우기 두 가지 세부검사로 구성된다. 읽기 유창성 검사에서는 세 개의 동형검사를 바탕으로 1분 안에 학생들이 정확하게 읽은 음절수를 측정하고, 빈칸채우기 검사에서는 지문을 3분 동안 묵독으로 읽으며 첫 문장을 제외한 모든 문장에서 일곱 번째 단어가 비어있어 세 개의 선택지 중 답을 고르게 된다. 구체적인 하위검사 내용은 <표 1-5>와 같다.

표 1-5 BASA 읽기 검사

평가	하위검사	내용
기초평가	읽기검사자료1	개인검사로 학생들이 주어진 시간 내에 얼마나 많은 글자를 얼마나 정확하게 읽는가를 측정하는 내용으로 구성되었다.
	읽기검사자료2	독해력을 측정하기 위한 집단용 검사로서 문맥에 맞는 적절한 단어를 선택하는 문항으로 구성되었다.
형성평가	읽기검사자료	기초평가를 통해 읽기수행 수준을 확인한 후, 다양한 이야기 자료를 활용하여 지속적으로 대상 아동의 읽기 발달을 모니터링할 수 있다.

(3) 어휘

BASA 어휘 검사(김동일, 2019a)는 초등학교 3학년 이상을 대상으로, 전반적인 읽기능력을 예측하는 어휘능력을 측정한다. 명시적 어휘, 상황적 맥락, 형태소 분석 등의 어휘지식 학습과정을 대표하는 하위구인에 초점을 두어 개발되었고, 15분 시간제한 검사로 실시된다.

(4) 읽기이해

BASA 읽기이해 검사(김동일, 2019b)는 어휘 검사와 마찬가지로 초등학교 3학년 이상을 대상으로 15분 동안 실시된다. 학년별 국가 수준 교육과정의 기본 학습 요소를 바탕으로 검사도구가 학년별로 개발되었으며, 검사에 포함된 문항들은 현행 교육과정에 입각한 대표문항들이며, 모두 사지선다형이다. 검사는 사실적 이해, 추론적 이해, 평가적 이해의 세 가지 하위영역으로 구성되는데, 학년마다 각 하위영역별 문항 구성 및 개수가 상이하다. 검사 결과를 바탕으로 학생의 사실적 이해, 추론적 이해, 평가적 이해 수준 및 강, 약점을 파악할 수 있고, 그에 따른 중재 계획을 수립하는 데 유용하게 활용될 수 있다.

(5) 수학

BASA 수학 검사(김동일, 2011b)는 초등학교 1학년 이상을 대상으로 하고, 2분 동안 연산 유창성을 측정하는 문항들로 구성되어 있다. Ⅰ단계 검사(1학년 수준), Ⅱ단계 검사(2학년 수준), Ⅲ단계 검사(3학년 수준), 통합단계 검사(1, 2, 3학년 내용 통합)의 네 가지 검사로 구성되어 있다. 초등 1학년에게는 Ⅰ단계와 통합단계, 초등 2학년에게는 Ⅱ단계와 통합단계, 초등 3학년 이상에게는 Ⅲ단계와 통합단계 검사가 실시된다.

(6) 초기수학

BASA 초기수학 검사(김동일, 2011c)는 만 4세 이상 아동을 대상으로 수 감각 능력의 발달과 성장을 측정하고, 초기수학 부진 아동을 진단, 평가하기 위하여 개발되었다. 하위검사는 수인식, 빠진 수 찾기, 수량변별, 추정의 네 가지로 세분화되어 있다.

표 1-6 BASA 초기수학 검사

검사명	검사내용	문항수
수인식	1~100까지의 수를 빠르고 정확하게 읽는 능력 측정	80
빠진 수 찾기	1~20까지의 수 중 연속된 세 수에서 수들의 배열 규칙을 찾아 빠진 수를 인식하는 능력 측정	30
수량변별	아동이 두 수 중 어떤 수가 더 큰지를 변별하는 능력 측정	40
추정	아동이 수직선 위에서 수의 위치를 추정해보는 능력 측정	30

(7) 수학문장제

BASA 수학 문장제 검사(김동일, 2018a)는 초등학교 3학년 이상으로, 수를 포함하고 문장으로 구성된 수학 문제를 의미하는 수학문장제 문제를 해결하는 능력을 측정한다. 수학문장제를 해결하는 과정에서는 언어적 요인과 계산적 요인이 복합적으로 요구되며, 수학 교과에서 최종적인 목표로 강조되는 문제해결력과 연관성이 높다. 검사는 학년별 국가수준 교육과정의 기본학습요소를 반영한 20문항으로 구성되어 있고, 동형검사로 제작된 12세트가 개발되어 형성평가로써 활용될 수 있다.

(8) 쓰기

BASA 쓰기 검사(김동일, 2008b)는 이야기 서두 검사(story starter) 제시 형태로 실시되고, 3분 동안 정확하게 쓴 글자 수를 바탕으로 쓰기 유창성을 측정한다. 학생은 이야기 서두를 보고 1분 동안 무엇을 쓸지 생각한 후 3분 동안 작성한다. 정확 글자 수에 대한 정량적 평가에 더불어 오류 유형을 기록하고, 형식, 조직, 어휘, 표현, 내용, 주제에 대해 정성적 평가도 실시할 수 있다. 정량적 평가와 정성적 평가에 다루는 구체적인 내용은 <표 1-7>에서 확인할 수 있다.

표 1-7 BASA 쓰기 검사

구분	하위영역	내용
기초평가	정량적 평가	아동의 쓰기 유창성을 측정하기 위해 실시되며, 아동이 쓴 글에서 정확한 음절의 수를 계산해서 기록한다. 정확한 음절의 수는 총 음절에서 오류의 수를 뺀 값이다. 이를 위해 아동이 쓴 글에서 발견된 오류를 유형에 따라 기호로 표시해 두어야 하며 오류의 유형에는 '소리나는 대로 쓰기', '삽입', '대치', '생략'이 포함된다.
	정성적 평가	부가적인 평가로서 아동의 쓰기 능력에 대한 구체적인 정보를 얻기 위해 실시되며, 이야기 서두제시검사에서 아동이 쓴 글에 대해 '글의 형식', '글의 조직', '글의 문체', '글의 표현', '글의 내용', '글의 주제' 영역으로 나누어 분석적으로 평가한다.
형성평가	-	기초평가를 통해 쓰기 수행 수준을 확인한 후, 다양한 이야기 서두를 활용하여 지속적으로 대상 아동의 쓰기 발달을 모니터링할 수 있다. 매 검사 회기마다 검사자는 무선적으로 하나의 검사 자료를 뽑아서 실시하며, 대상의 쓰기 수행을 점검한다.

(9) 기초학습능력 종합검사(BASA: CT, 김동일 2021)

학생의 읽기, 수학, 쓰기를 포함한 기초학습능력 수행과 발달 수준을 종합적으로 빠르게 평가함으로써 기초학습 부진 문제를 선별하는 종합검사이다. 검사결과를 통하여 학습요구도에 대한 종합적인 확인과 통합적인 중재전략에 관한 구체적인 정보를 제공받을 수 있다. 기초학습부진, 난독증 위험군, 경계선 지적 기능성 집단(경계선 지능 위험군), 학습장애 위험군 학생을 위한 교육적 진단 정보와 집중적인 교육이 필요한 학생을 위한 개별화 교육 계획 수립 자료로 활용된다. 본 종합검사는 읽기 검사, 쓰기 검사, 수학 검사, 읽기 유창성(보충검사)로 구성되어 있으며, 이 결과를 기반으로 앞에 제시된 바사 읽기, 수학, 쓰기 검사를 통한 모니터링을 진행할 수 있다.

2) BASA와 함께하는 나침반 중재 프로그램

BASA 검사도구와 함께 BASA 나침반 시리즈를 중재를 위한 도구로 활용할 수 있다. 현재까지 BASA 읽기 나침반 시리즈: 음운인식편(김동일, 2017a), 읽기유창성편(김동일, 2017b), 어휘편(김동일, 2018b), 읽기이해편(김동일, 2017c), BASA 쓰기 나침반(김동일, 2020a), BASA 수학 나침반 시리즈: 초기수학(수감각)편(김동일, 2020b), 수학 연산편(김동일, 2020c), 수학 문장제편(김동일, 2020d)이 개발되었으며, 교재는 학습자 중심인 '학생용 워크북'과 학습자를 도와주는 '교사용 지침서'로 구성된다. 중재 영역별로 나침반 교재의 주요 구성, 학습 목표 등을 살펴보면 다음과 같다.

(1) 음운인식

일반적으로 만 4세부터 숙달이 가능한 음운인식 영역에서는 저학년 때 학습해야 하는 기초적인 수준의 철자-소리 대응 규칙, 기본 모음, 미끌모음, 이중모음의 모양 및 패턴, 더 나아가서는 기본받침, 받침 가족으로 분류될 수 있는 받침의 구성 체계에 대한 명시적 교수를 목적으로 하여 교재가 개발되었으며, 무의미 단어 학습도 포함되었다. 각 교수 단계의 학습목표로는 말소리에 규칙을 발견하기, 각 자음과 모음이 상징하는 소리 이해 및 파악하기, 자음과 모음 조합으로 이루어진 글자 소리 이해하기, 의미단어와 무의미 단어를 조작해보고 구분해보기, 반복학습의 유형으로 따라 쓰기 등이 있고, '학생용 워크북' 뒷면에 글자카드가 첨부되어 중재 시 시각적 자료로 활용될 수 있다. 읽기 나침반 음운인식편(김동일, 2017a)의 구체적 구성은 <표 1-8>에서 확인할 수 있다.

표 1-8 읽기 나침반 음운인식편(김동일, 2017a) 구성

1단계	2단계	3단계
자음 · 모음 (이중모음, 쌍자음 포함)	초성+중성 (받침이 없는 글자, 단어)	초성+중성+중성 (받침이 있는 글자, 단어)
• 단순모음과 미끌모음: 직관적이고 쉬운 단순모음(ㅏ,ㅓ,ㅗ,ㅜ,ㅡ,ㅣ)과 단순모음에서 미끄러지며 소리가 나는 미끌모음(ㅑ, ㅕ,ㅛ,ㅠ)을 따라 쓰면서 발음을 익힌다. • 자음과 쌍자음: 발음할 때 입모양이 비슷한 자음끼리 묶어 연습한다. • 이중모음: 단순모음과 미끌모음에서 발음이 이어지는 모음끼리 묶어 연습한다.	• 자음+단②순모음: 가장 많이 사용되는 조합으로 글자를 익힌 후, 글자를 활용하여 단어를 만드는 연습을 한다. • 자음+미끌모음: 미끌모음을 활용한 글자와 단어를 쓰고 발음한다. • 쌍자음+단순 · 미끌모음: 쌍자음과 모음의 조합을 이해하고 활용한다. • 자음+이중모음: 다양한 이중모음을 익히고 정확히 발음한다. • 쌍자음+이중모음: 쌍자음과 이중모음을 활용하여 글자와 단어를 만든다. • 복습활동지를 활용하여 학습내용을 검토한다.	• 자음+단순모음+기본발음받침(ㄱ,ㄴ,ㄷ,ㄹ,ㅁ,ㅂ,ㅇ): 고유의 받침발음이 있는 자음을 연습한다. • 자음+단순모음+ㄷ발음받침(ㄷ-ㅅ,ㅆ,ㅈ,ㅊ,ㅋ,ㅌ,ㅎ): ㄷ으로 발음되는 자음끼리 묶어 연습한다. • 자음+단순모음+ㅂ과 ㄱ발음받침(ㅂ-ㅍ,ㄱ-ㅋ,ㄲ): ㅂ과 ㄱ발음이 나는 자음끼리 묶어 연습한다. • 자음+미끌 · 이중모음+기본발음받침(ㄱ,ㄴ,ㄷ,ㄹ,ㅁ,ㅂ,ㅇ) • 자음+미끌 · 이중모음+ㄷ발음받침(ㄷ-ㅅ,ㅆ,ㅈ,ㅊ,ㅋ,ㅌ,ㅎ) • 자음+미끌 · 이중모음+ㅂ과 ㄱ발음받침(ㅂ-ㅍ,ㄱ-ㅋ,ㄲ) • 복습활동지를 활용하여 학습내용을 검토한다.

(2) 읽기유창성

읽기나침반 읽기유창성편의 경우, 난독증 및 읽기학습문제를 가지고 있는 학생들이 흔히 보이는 왜곡, 대치, 생략뿐만 아니라 전반적인 읽기속도가 매우 느린 학생들을 고려하여 설계되었다. 단계별 비계적 학습 원리를 적용하여, 학습자의 수행 수준에 맞추어 구절 및 문장 읽기, 동요 읽기, 동시 읽기, 짧은 글 읽기, 감상글/주제글/설명글 읽기, 더 나아가 전래동화, 역할극, 뉴스읽기로 지문의 종류를 확장하여 지도할 수 있도록 구성되었다. 또한 학습자가 스스로 본인이 읽는 소리를 녹음하여 들어 볼 수 있는 학습 기회를 제공하였고, 지문의 특성에 따라 다양한 방법(예: 한 줄 가리고 읽기, 손으로 짚어 읽기)을 소개하였다. 자세한 단계별 교수 내용 및 구성은 <표 1-9>와 같다.

표 1-9 읽기 나침반 읽기유창성편(김동일, 2017b) 구성

1단계	2단계	3단계
짧은 글을 읽어 보아요	다양한 종류의 글을 읽어 보아요	글을 특성에 따라 표현하면서 읽어 보아요
• 동요 읽기: 멜로디가 친숙한 동요의 가사를 읽음으로써 읽기에 흥미를 갖고 재미를 느낀다. • 동시 읽기: 멜로디가 없는 짧은 글인 동시는 각 행과 각 연을 끊어서, 읽기에 중점을 두고 읽는다. • 짧은 글 읽기: 짧은 형식의 일기글, 편지글, 이야기 글을 통하여 문장으로 이루어진 글을 읽는다.	• 감상글 읽기: 감상하는 내용을 고려하면서 유창하게 읽는다. • 설명글 읽기: 글이 설명하는 내용을 고려하면서 유창하게 읽는다. • 주장글 읽기: 주장하는 내용을 고려하면서 유창하게 읽는다.	• 전래동화 읽기: 전래동화에 등장하는 인물들의 특성을 고려하여 읽는다. • 역할극 읽기: 역할극에 등장하는 인물들의 특징을 고려하여 인물을 묘사하며 읽는다. • 뉴스 읽기: 뉴스를 전하는 리포터 또는 기자로서 정보 전달의 중요성을 강조하면서 읽는다.

(3) 어휘

어휘력 습득의 최종적인 목표는 글을 정확하게 읽은 후 읽은 단어가 상징하는 사물이나 상황에 대한 의미를 이해하는 데 있다. 이러한 능력은 긴 지문의 내용을 정확하게 이해하기 위한 필수 단계로서, 이해력으로 도달하기 위한 핵심적인 능력으로 이해된다. 나침반 어휘 교재는 학습자의 현 수준을 고려하여 기본적인 의성어/의태어를 비롯하여, 상의어/하의어, 유의어/반의어, 동음이의어/다의어, 직유법/은유법 등의 내용을 다루며, 낱말 카드 및 어휘집으로 구성된 다양한 중재 도구를 함께 활용할 수 있도록 소개하고 있다. 구체적인 구성은 <표 1-10>에서 확인할 수 있다. 각 단계는 두 개 이상의 학습목표를 포함한 6개의 차시로 구성되어 있으며, 각 학습목표는 총 세 개 차시(학습 목표를 위한 명시적 활동을 다루는 1-2차시와 복습 및 개별 연습을 강조하는 3차시)에 걸쳐 다뤄진다. 각 차시는 학습목표 설명-도입학습-적용학습-스스로 하기 활동의 순서에 따라 전개된다.

표 1-10 읽기나침반 어휘편(김동일, 2018b) 구성

1단계	2단계	3단계
의성어·의태어, 짜임(3-4학년 고빈도 어휘)	상의어·하의어, 유의어·반의어 (5학년 고빈도 어휘)	동음이의어·다의어, 직유법·은유법 (6학년 고빈도 어휘)
• 사물의 소리나 행동을 섬세하게 표현할 수 있게 하는 의성어와 의태어를 이해한다. • 의성어와 의태어를 구분한다. • 단어의 최소단위, 짜임을 이해한다. • 나뉠 수 있는 단어의 개별 의미를 알고 합쳐진 단어의 의미를 유추한다.	• 상의어와 하의어를 통해 기본적인 단어의 관계를 이해한다. • 어휘 기억에 긍정적인 영향을 미치는 유의어·반의어를 이해한다. • 제시된 어휘를 다양한 유의어·반의어에 따라 분류하고 생성한다. • 학습한 어휘의 관계를 활용하여 간단한 작문을 한다.	• 동음이의어와 다의어를 통해 단어의 다양한 의미를 이해하고 기존에 알고 있던 단어의 활용성을 극대화한다. • 비유적 표현을 사용하여 글을 조금 더 풍성하게 표현할 수 있음을 이해한다.

(4) 읽기이해

유창성, 어휘 습득 이후 읽기 능력의 최종적인 단계에 해당되는 읽기이해의 경우, 단기간에 향상시키기 어려운 편이며 꾸준히 난이도를 높여가며 지속적으로 지도하는 것이 중요하다. 나침반 읽기이해 교재는 읽기이해력 증진을 위하여 관련 지식 자극하기, 질문하기, 심상 만들기, 비판적으로 사고하기 등 다양한 읽기이해 전략을 사용하도록 하고 있다. 교재는 비계적으로 구성되어, 읽기이해의 기본이 되는 이야기 구성요소 및 주요 내용 확인하기, 읽기 지문 속의 인물 관계 파악하기, 원인과 결과 파악하기 등에서부터 글의 짜임 알기, 세부내용 파악하기, 추론하기, 이야기 예측하기, 주장과 근거 파악하기, 내용 평가하기 등의 학습 요소를 다룬다. 교재의 구체적인 내용은 <표 1−11>과 같다.

표 1-11   읽기 나침반 읽기이해편(김동일, 2017c) 구성

1단계	2단계	3단계
문장 완성하기 이야기 구성요소 주요 내용 확인하기	인물의 관계 및 성격 파악하기 원인과 결과 알기 글의 짜임 알기 세부 내용 파악하기	추론하기 이야기 예측하기 주장과 근거 파악하기 작품의 감상 및 평가하기
• 문장의 구성요소를 안다. • 이야기의 구성요소(등장인물, 사건, 배경, 감정, 행동, 결말)를 알고, 이야기를 읽고 찾는다. • 낱말의 관계를 활용하여 주제, 소재, 제목을 찾는다.	• 인물의 관계를 생각하며 이야기를 읽는다. • 이야기를 읽고 내용을 간추린다. • 문단의 중심 내용을 바탕으로 글의 중심 생각을 찾는다. • 글의 원인과 결과를 생각하며 읽는다.	• 글 속에 숨어있는 내용을 파악한다. • 이야기 구성 요소들의 관계를 생각하며, 이야기의 뒷부분을 상상한다. • 주장과 근거를 파악하며 읽는다. • 독서 감상문을 작성한다.

(5) 쓰기

쓰기 나침반 교재는 초기쓰기, 쓰기오류유형 학습하기, 실제 글쓰기의 총 세 단계로 구성되고, 자·모음 쓰기, 받침쓰기, 연음규칙, 오류수정, 겹받침 쓰기, 문장쓰기, 이야기글 쓰기 등의 학습 요소가 포함된다. 쓰기의 경우 학습자별 능력 차가 비교적 큰 학습영역에 해당되므로, 개별 학습자 수준에 따라 유동적으로 중재에 활용할 수 있다. 쓰기 교재의 구성 내용은 <표 1-12>와 같다.

표 1-12 쓰기 나침반(김동일, 2020a) 구성

1단계	2단계	3단계
초기쓰기	쓰기오류유형	글쓰기
• 자음과 모음 쓰기를 통해 글자의 구성을 알고 쓸 수 있다. • 한글의 구성유형에 맞춰 낱말을 익히고 문장 속에서 낱말을 쓸 수 있다. • 받침이 있는 낱말을 이해하고 쓸 수 있다.	• 음운변동현상을 적용하여 쓰기오류유형을 학습할 수 있다. • 연음규칙, 격음화, ㅎ탈락, 구개음화, 경음화, 비음화, 유음화, 음소첨가, 사이시옷, 겹받침에 대해서 학습할 수 있다. • 쓰기과정에서 나타내는 오류를 수정할 수 있다.	• 재미있는 글쓰기(다양한 글의 양식)를 바탕으로 흥미를 가지고 글을 쓸 수 있다. • 다양한 소재를 활용한 글쓰기를 통해 글을 풍성하게 쓸 수 있다. • 소개글쓰기(설명문)를 쓸 수 있다. • 주장글쓰기(논설문)를 쓸 수 있다.

(6) 수학

수학은 위계적 성격이 강한 교과목으로, 기본적인 선수기술의 숙달이 더욱 강조된다. 수학 나침반 시리즈는 초기수학(수감각)편(김동일, 2020b), 수학 연산편(김동일, 2020c), 수학 문장제편(김동일, 2020d)으로 구성되고, 그 중 수학 연산편(김동일, 2020c)을 살펴보면 수(1단계, 25차시), 덧셈과 뺄셈(2단계, 15차시), 곱셈(3단계, 21차시), 나눗셈(4단계, 12차시)의 총 네 개 단계로 세분화된다. 수학 나침반 교재는 수와 연산에 요구되는 사실적, 절차적 지식의 습득에 효과적이라고 밝혀진 전략들을 적용하여 개발되었다. 예컨대 사실적 지식의 습득을 위해 효과적이라고 알려진 직접교수, 놀이활동, 또래교수, 그리고 절차적 지식 습득을 위해 효과적이라고 알려진 인지·메타인지 전략, 수학 문제 만들기 활동, 도식기반 표상전략 등이 적용되었다. 수학 연산편(김동일, 2020c)의 구체적인 구성은 <표 1-13>과 같고, 교재는 학습자 수준에 맞추어 선택, 활용될 수 있다.

표 1-13 수학 나침반 수학 연산편(김동일, 2020c) 구성

1단계	2단계	3단계	4단계
수	덧셈과 뺄셈	곱셈	나눗셈
• 1-9까지 수와 0 알기 • 두 자리 수 알기 • 세 지리 수 알기 • 네 자리 수 알기	• 한 자리 수의 덧셈과 뺄셈 • 두 자리 수의 덧셈과 뺄셈 • 세 자리 수의 덧셈과 뺄셈	• 곱셈구구 • 두 자리 수와 한 자리 수의 곱셈 • 세 자리 수와 한 자리 수의 곱셈 • 두 자리 수와 두 자리 수의 곱셈	• 나눗셈식으로 나타내기 • 곱셈과 나눗셈의 관계 알기 • 두 자리 수와 한 자리 수의 나눗셈 • 나머지가 있는 나눗셈의 검산

4. BASA 적용의 실제

현재까지 BASA는 학교 현장 및 지역사회에서 학습에서의 심각한 어려움을 겪는 학생들의 선별 및 지원을 위해 RTI 3단계에 따라 활용되어왔다. 구체적으로, 1단계에서는 학습장애 위험군을 선별하기 위하여 지역사회의 초등학교 또는 아동복지시설을 직접 방문하여, 소속 아동 전체를 대상으로 BASA 읽기(빈칸채우기), 쓰기, 어휘, 읽기이해, 학습장애 및 난독증 선별검사(Learning Disabilities Screen Test, LDST) 등 집단 형태로 수행이 가능한 검사를 실시한다. 2단계에서는 1단계 검사 결과 하위 15%에 해당되거나 교사 및 담당자의 의뢰를 받은 아동을 2단계 중재 대상자로 선정하여 소집단 형태의 강도 높은 중재를 제공한다. 이때 BASA 시리즈의 나머지 영역별 검사를 소집단 또는 개별 형태로 실시함으로써 아동의 수행수준을 보다 구체적으로 확인해 중재 목표를 설정하고, 중재를 제공함과 동시에 동형검사로 제작된 BASA 형성평가를 활용하여 진전도 모니터링을 한

다. 2단계 중재가 종료된 후, 기대되는 진전을 보이지 않았거나 여전히 매우 낮은 수행수준에 속한 아동들을 대상으로 3단계에서 매우 강도 높은 개별화 중재를 제공하게 된다. 즉 BASA는 학교, 지역사회의 일반교육 환경에서의 보편적 선별을 통해 난독증, ADHD, 학습장애 등 다양한 교육적 요구를 가진 기초학습부진 학생을 조기에 선별하여 낙오를 줄이고, 2단계 및 3단계 교수, 그리고 그 과정에서 교수에 대한 반응을 지속적으로 점검하는 모니터링 체제를 통해 체계적 지원을 제공하고자 노력의 과정에서 활용되어 옴을 알 수 있다.

김동일, 최서현, 신재현(2021)에서는 최근 5년간 BASA가 교육사각지대 학습자를 위한 체계적인 학습 안전망을 구축하기 위해 활용되어 온 바를 구체적 사례 중심으로 개관하였고, 본 절에서는 그 내용을 제시하였다.

1) 시흥시-서울대 교육협력사업 새라배움 프로그램

먼저, 2019년부터 현재까지 지속되고 있는 시흥시-서울대 교육협력사업인 '새라배움' 프로그램의 경우 예방 모델로서의 RTI 3단계를 적용하여 학습장애 및 기초학습부진 학생의 선별 및 중재를 위해 BASA가 직접적으로 활용된 대표적 사례이다. 해당 프로그램에서는 시흥시 소재 초등학교 5개교를 대상으로 단계적인 진단 및 중재를 제공하는 RTI가 적용되는데, 구체적으로, 1단계는 예방적 차원에서 학교의 전체 학생들을 대상으로 학습상의 어려움을 지닌 학생들을 선별하는 단계이다. 일반 교육 현장에서 효과적인 교육이 실시되고 있음을 가정하고 선별 검사를 통해 성취도 하위 15%의 학생들을 학습부진 학생으로 정의하게 된다. 2단계에서는 1단계에서 선별된 학생들을 위하여 소집단 형태로 보다 강도 높은 중재를 제공한다. 2단계에서도 적절한 진전을 보이지 못하는 경우 3단계 교육을 받거나, 특수교육에 의뢰될 수 있다. 2단계 중재 결과 여전히 하위 15% 이하의 성취도를 보이고 적절한 진전을 보이지 못한 아동을 대상으로 3단계에서 가장 강도 높은 개별화 중재를 제공한다. 특히 2단계와 3단계에서는 학생의 소속 학급, 상담실, 방과 후 교실 등의 장소에서 중재를 제공함과 동시에 3~4회기마다 BASA 형성평가를 실시함으로써 아동이 교수에 적절히 반응하고 있는지를 지속적으로 확인한다. 이때 보다 간편하고 정확한 진전도 기울기 산출 및 모니터링을 위해 온라인 채점 프로그램을 활용하며, 예상되는 진전을 보이지 못할 경우 학습 자료 및 전략, 정서·행동적 지원 등에서 교수적 수정을 가할 수 있다. 중재가 제공되는 과정에서 1~2주마다 주기적인 사례회의 및 코칭을 통하여 교사의 어려움을 공유하고, 더 효과적인 개별화 중재를 함께 계획한다. 새라배움의 단계별 선별 및 지원 내용을 정리하면 아래 <그림 1-3>과 같으며, 2단계 또는 3단계에서 활용되는 15회기 중재 프로그램의 예시는 <표 1-14>와 같다.

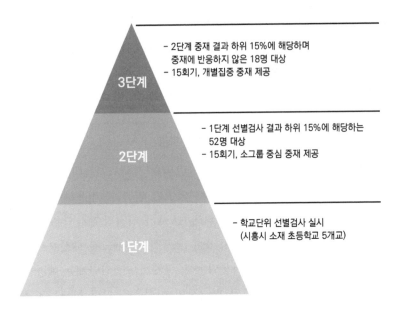

3단계
- 2단계 중재 결과 하위 15%에 해당하며 중재에 반응하지 않은 18명 대상
- 15회기, 개별집중 중재 제공

2단계
- 1단계 선별검사 결과 하위 15%에 해당하는 52명 대상
- 15회기, 소그룹 중심 중재 제공

1단계
- 학교단위 선별검사 실시 (시흥시 소재 초등학교 5개교)

그림 1-3 새라배움 3단계 선별 및 지원 내용

표 1-14 새라배움 15회기 중재 프로그램(읽기유창성) 예시

회기	교수 내용	교수 방법 및 교수 자료
1	• 세부 검사 실시 1. BASA: 기초학습기능수행평가체제(기초평가) 실시 - 읽기 유창성 검사: 개별검사, 학생별 3분 - 쓰기 검사: 집단검사, 4분(1분 생각, 3분 쓰기)	BASA 검사지 (기초평가)
2	• 래포 형성/바르고 정확하게 읽기(동요) 1. 자기소개 및 질의응답 2. 동요 '퐁당퐁당' 바르고 정확하게 읽기	끊어/반복읽기 읽기나침반 (읽기유창성편)

3	• 빠르고 정확하게 읽기(동요): '퐁당퐁당'
	  1. 읽은 내용을 바탕으로 빈칸 채우기
	  2. 감상/읽기 어려웠던 부분 적어보기
		끊어/반복읽기
		
		읽기나침반
		(읽기유창성편)

4	• 빠르고 정확하게 읽기(동요)/<진전도1> 평가
	  1. 동요 '섬 집 아기'
	  - 빠르고 정확하게 읽기
	  - 읽은 내용을 바탕으로 빈칸 채우기
	  - 감상/읽기 어려웠던 부분 적어보기
	  2. <진전도1> 평가
	  - 읽기검사: 형성평가 '옹고집 이야기'
		끊어/반복읽기
		
		읽기나침반
		(읽기유창성편)
		
		BASA 검사지
		(형성평가)

5	• 빠르고 정확하게 읽기(동요)/음절의 끝소리 규칙 1
	  1. 동요 '구슬비'
	  - 빠르고 정확하게 읽기
	  - 읽은 내용을 바탕으로 빈칸 채우기
	  - 감상/읽기 어려웠던 부분 적어보기
	  2. 음절의 끝소리 규칙 1
	  - 'ㄱ'으로 발음되는 끝소리 받침: ㄱ, ㄲ, ㅋ
	  - 'ㅂ'으로 발음되는 끝소리 받침: ㅂ, ㅍ
		끊어/반복읽기
		직접교수
		
		읽기나침반
		(읽기유창성편)

6	• 빠르고 정확하게 읽기(동시)
	  1. 동시 '바다'
	  - 빠르고 정확하게 읽기
	  - 읽은 내용을 바탕으로 빈칸 채우기
	  - 감상/읽기 어려웠던 부분 적어보기
		끊어/반복읽기
		
		읽기나침반
		(읽기유창성편)

7	• 빠르고 정확하게 읽기(동시)
	  1. 동시 '비 오는 날이면'
	  - 빠르고 정확하게 읽기
	  - 읽은 내용을 바탕으로 빈칸 채우기
	  - 감상/읽기 어려웠던 부분 적어보기
		끊어/반복읽기
		
		읽기나침반
		(읽기유창성편)

8	• 빠르고 정확하게 읽기(동시)/<진전도2> 평가
	  1. 동시 '꽃밭'
	  - 빠르고 정확하게 읽기
	  - 읽은 내용을 바탕으로 빈칸 채우기
	  - 감상/읽기 어려웠던 부분 적어보기
	  2. <진전도2> 평가:
	  - 읽기검사: 형성평가 '가장 용감한 사람'
		끊어/반복읽기
		직접교수
		
		읽기나침반
		(읽기유창성편)

9	• 음절의 끝소리 규칙2/바르고 정확하게 읽기(짧은 글) 1. 음절의 끝소리 규칙 2 - 'ㄷ'으로 발음되는 끝소리 받침: ㅅ, ㅆ, ㅈ, ㅊ, ㅌ, ㅎ 2. 짧은 글 '동물원' - 빠르고 정확하게 읽기 - 읽은 내용을 바탕으로 빈칸 채우기 - 감상/읽기 어려웠던 부분 적어보기	끊어/반복읽기 읽기나침반 (읽기유창성편)
10	• 바르고 정확하게 읽기(짧은 글)/자음동화 1 1. 짧은 글 '다람쥐 쫑쫑이' - 빠르고 정확하게 읽기 - 읽은 내용을 바탕으로 빈칸 채우기 - 감상/읽기 어려웠던 부분 적어보기 2. 자음동화 1 - 유음화/비음화	끊어/반복읽기 읽나침반 (읽기유창성편)
11	• 바르고 정확하게 읽기(짧은 글) 1. 짧은 글 '내 친구 지영이에게' - 빠르고 정확하게 읽기 - 읽은 내용을 바탕으로 빈칸 채우기 - 감상/읽기 어려웠던 부분 적어보기	끊어/반복읽기 읽기나침반 (읽기유창성편)
12	• 바르고 정확하게 읽기(감상글)/<진전도3> 평가 1. 감상글 '나라를 구한 해군대장' - 빠르고 정확하게 읽기 - 읽은 내용을 바탕으로 빈칸 채우기/ O, X 퀴즈 2. <진전도3> 평가 - 읽기검사: 형성평가 '재롱이와 야롱이'	끊어/반복읽기 읽기나침반 (읽기유창성편)
13	• 바르고 정확하게 읽기(감상글) 1. 감상글 '사랑의 기적' - 빠르고 정확하게 읽기 - 읽은 내용을 바탕으로 빈칸 채우기/ O, X 퀴즈	끊어/반복읽기 읽기나침반 (읽기유창성편)
14	• 사후 검사 실시 1. BASA: 기초학습기능수행평가체제(기초평가) 실시 - 읽기 검사: (1) 유창성, (2) 빈칸 채우기 - 쓰기 검사 - 수학 검사	BASA 검사지 (기초평가)
15	• 사후 검사 실시 1. BASA: 기초학습기능수행평가체제(기초평가) 실시 - 어휘 검사 - 읽기이해 검사 2. LDST 선별검사 실시/ 사후 설문지 작성	BASA 검사지 (기초평가) LDST 선별검사지 사후 설문지

2019년의 경우, 1단계에서 5개교 2~5학년 1,381명을 대상으로 학교 단위 선별검사가 진행되었다. 선별검사 결과 하위 15% 이하의 학생 중 그 어려움이 더욱 심각한 학생 52명이 선정되었고, 전출로 중도탈락한 1명을 제외한 총 51명을 대상으로 중재가 이루어졌다. 2020년에는 코로나의 특수한 상황으로 인하여 3단계 모형이 아닌 2단계의 개별 집중중재를 1기, 2기에 걸쳐 제공하였는데, 1단계에서 5개교 1,525명 학생을 대상으로 선별검사를 실시하였고, 이후 4개교의 총 49명 학생을 대상으로 개별화 중재를 제공하였다. 2019년의 2단계, 3단계 참여 아동과 2020년의 2단계 참여 아동에 대한 정보는 <표 1-15>와 같다. 또한, BASA 검사 시리즈를 활용하여 프로그램 전과 후에 실시된 사전-사후검사 결과 비교를 통해 효과성을 확인할 수 있었는데, 그 결과는 <표 1-16>과 <표 1-17>에 요약하여 제시하였다. 2019년 참여 아동의 사전-사후검사 결과를 요약하면, 2단계의 경우 쓰기를 제외한 모든 기초학습능력 하위 영역 및 LDST에서, 3단계의 경우 LDST와 쓰기를 제외한 모든 영역에서 통계적으로 유의한 수준의 향상이 있었다. 2020년 참여 아동의 사전 대비 사후검사 결과를 살펴보면, LDST를 제외한 모든 영역에서 중재에 따른 향상 정도가 통계적으로 유의한 것으로 나타났다. 또한, 매 3~4회기마다 실시한 BASA 형성평가 결과를 바탕으로 진전도

표 1-15 2019, 2020년 새라배움 프로그램 참여 학생

		2단계			3단계	
	구분		N(%)	구분		N(%)
2019	성별	남	31(60.8)	성별	남	11(61.1)
		여	20(39.2)		여	7(38.9)
	학년	2학년	7(13.7)	학년	2학년	1(5.6)
		3학년	21(41.2)		3학년	8(44.4)
		4학년	15(29.4)		4학년	7(38.9)
		5학년	8(15.7)		5학년	2(11.1)
2020	성별	남	38(77.5)			
		여	11(22.5)			
	학년	3학년	18(36.7)			
		4학년	19(38.8)			
		5학년	12(24.5)			

기울기를 산출할 수 있었는데, 예컨대 2019년 참여 아동에 대하여 기울기 전체 평균을 요약하면 <표 1-16>과 같이 중재 과정 동안 평균적으로 꾸준하게 향상했음을 확인할 수 있다. 이러한 결과는 새라배움 프로그램이 학습장애 위험군 아동들을 조기에 선별하여 소집단 형태의 보충교수, 개별화 중재, 지속적인 진전도 모니터링을 통해 실제 이들의 성취를 높이는 데 효과적이었음을 나타낸다.

표 1-16 2019년 새라배움 2, 3단계 참여 아동의 사전-사후검사 결과

검사도구		N	사전		사후		t	p
			M	SD	M	SD		
2단계	LDST	45	47.511	6.240	42.533	10.608	3.449	.001**
	유창성	39	162.385	72.974	192.923	83.929	-5.376	.000***
	빈칸채우기	38	9.289	5.685	13.105	5.045	-4.623	.000***
	어휘	38	10.184	4.871	18.421	9.132	-6.096	.000***
	읽기이해	37	3.946	2.758	6.541	3.610	-4.930	.000***
	쓰기	43	48.326	22.867	51.302	26.569	-1.048	.301
	수학	44	10.773	6.394	14.159	8.821	-2.784	.008**
3단계	LDST	18	46.500	4.274	43.222	10.990	1.295	.213
	유창성	18	152.389	57.171	195.389	67.738	-5.264	.000***
	빈칸채우기	17	8.118	5.171	12.941	5.684	-3.354	.004**
	어휘	17	8.765	3.767	20.941	9.7754	-5.625	.000***
	읽기이해	16	3.375	1.821	6.875	2.730	-4.869	.000***
	쓰기	17	43.529	18.925	51.412	24.462	-1.764	.097
	수학	18	9.944	4.179	15.167	8.900	-2.839	.011*

• LDST는 원점수가 낮을수록 난독증/학습장애 위험이 낮음을 의미함.
 *p<.05 **p<.01 ***p<.001

표 1-17 2020년 새라배움 2단계 참여 아동의 사전-사후검사 결과

검사도구	N	사전		사후		t	p
		M	SD	M	SD		
LDST	47	45.745	10.537	45.340	15.384	.183	.856
유창성	46	193.717	54.717	212.2609	52.014	-4.848	.000***
빈칸채우기	43	9.442	4.772	14.605	5.778	06.677	.000***
어휘	46	12.565	6.383	18.848	7.397	-6.123	.000***
읽기이해	46	4.761	2.742	7.326	3.694	-4.900	.001**
쓰기	46	59.022	25.340	70.587	29.052	-3.747	.000***
수학	46	23.848	14.465	26.022	16.021	-2.020	.049*

- LDST는 원점수가 낮을수록 난독증/학습장애 위험이 낮음을 의미함
  *$p<.05$ **$p<.01$ ***$p<.001$

표 1-18 2019년 새라배움 참여 아동의 진전도 기울기 평균

중재 영역	2단계 평균	3단계 평균
유창성	4.411	5.013
어휘	1.482	1.975
읽기이해	0.727	0.800
초기문해	1.225	-
초기수학	5.324	-
쓰기	0.550	-
수학	2.138	-

- 초기문해, 초기수학, 쓰기, 수학의 경우 15회기 동안 중재를 실시하여 3단계 평균을 산출하지 않았음 *$p<.05$ **$p<.01$ ***$p<.001$

2) 경기도/북부 난독증 및 읽기부진 지원 프로그램

서울대학교 특수교육연구소에서는 2016년부터 2018년까지 경인교육대학교, 한림대학교 성심병원 정신건강의학과와 협력하여 경기도/북부 난독증 및 읽기부진 우수 프로그램으로 선정된 현장 연구를 실시하였다. 새라배움과 마찬가지로, 프로그램은 3단계에 걸친 난독증 지원 프로그램으로 구성되었다. 1단계는 읽기

부진 선별검사 실시 단계로, 경기도 내 소재 초등학교 및 지역아동센터에서 BASA 읽기(빈칸채우기), 쓰기, 어휘, 읽기이해와 학습장애 및 난독증 선별검사 (Learning Disabilities Screen Test, LDST)(김동일, 2015)를 실시하였다. 2단계는 종합적인 읽기 교수 및 학습 컨설팅 제공 단계로, 1단계에서 하위 15%에 해당되거나 교사의 지명을 받은 난독증 위험 및 읽기부진 아동을 대상으로 더욱 세부적인 개별 검사를 실시하여 3단계 중재 아동을 선정하였다. 또한, 2단계에서는 교·강사 대상 학습컨설팅, 전문가 연수 및 워크숍을 실시함으로써 난독증 및 읽기학습 부진 학생 지도를 위한 학교 및 교사의 역량을 제고하였으며, BASA 검사 결과와 연계되어 읽기 교수를 제공할 수 있는 학습자료를 지급함으로써 비록 본 프로그램에서 3단계 중재 대상으로 선정되지 못하였어도 지역아동센터 및 학교 교사를 통해 2단계의 중재가 제공될 수 있도록 하였다. 마지막으로 난독증 및 읽기부진 유형별 집중 교수 단계인 3단계의 경우, LDST에서 고위험군 또는 잠재적 위험군으로 분류되었거나 일반군으로 분류되었더라도 중재가 필요하다고 판단되는 아동 가운데 BASA 읽기, 어휘, 읽기이해, 쓰기 검사 중 두 개 이상의 영역에서 하위 15%에 해당되는 아동이 최종 중재 대상자로 선정되었다. 최종적으로 선정된 아동들에게는 개별 또는 소집단 형태로 8~10주 동안 약 15회기의 중재가 제공되었는데, 음운인식, 읽기유창성, 어휘 습득, 읽기이해 등 학습자의 개별적 요구에 맞는 중재영역을 선정한 후, 직접·간접 교수법, 반복학습, 비계적 교수법 등의 전략을 활용하여 중재를 실시하였다. 중재에는 BASA와 함께하는 읽기나침반 시리즈, 학습지도 체크리스트, 정서행동 중재 계획표, 난독증 교육지원 매뉴얼 등이 활용되었다. 또한 중재가 실시되는 동안 각 지역아동센터 및 학교의 교·강사를 중심으로 3~4회기마다 주기적인 진전도 점검을 하였다는 점에서 특징적이다. 이때 프로그램, 검사, 아동 특성을 종합적으로 고려하여 교·강사의 판단 하에 진전도 점검 계획이 수립, 실행되었고, 중재 영역에 따른 BASA 검사가 진전도 점검 도구로 활용되었다.

3) 서울시 난독증 학생 치유기관 사업

서울대 특수교육연구소는 서울시 난독증 학생 치유기관 사업에 참여하여, 난독증으로 진단 또는 의뢰되어 더욱 심각한 읽기 문제를 보이는 학생들을 대상으로 중재를 제공하였다. 특히 초등학교뿐 아니라 중·고등학교 학생들도 포함하였다는 점에서 대상이 크게 확대되었다. 학생의 발달 수준과 읽기 영역 내 세부적인 어려움을 구체적으로 파악하기 위하여 BASA 초기문해, 읽기유창성, 어휘, 읽기이해 검사를 실시하였고, 검사 결과를 바탕으로 개인 내 강·약점과 개인 간 차이를 고려하여 35회기의 개별화 중재를 고안, 수행하였다. 또한, 사례관리 및 슈퍼비전을 함께 운영함으로써 난독증 학생의 성장 및 학습지원 내용을 모니터링하였으며, 부모 면담, 담임 및 기초학력 담당교사와의 면담을 주기적으로 진행함으로써 학생의 읽기 능력 향상을 위한 협력적 접근을 취하였다는 점에서 특징적이다.

4) 서울시 경계선 지능 청소년 실태 지원방안 연구

2020년에는 BASA를 적용하여 초등학생부터 청년 초기까지 아우르는 서울시 경계선 지능 청소년 실태 및 지원방안 연구(연구책임자: 김동일)가 수행되기도 하였다. 해당 연구에서는 평균 지능보다 낮은 지적 기능 수준을 보임에도 불구하고 지적장애 기준에는 부합하지 않아 여러 제도적 지원으로부터 소외되어 온 집단인 경계선 지능 청소년(9세–24세)을 대상으로, 이들의 생애주기별 욕구에 따른 지원 방안을 탐색하는 것을 목표로 하였다. 구체적으로, 서울에 거주하는 학령기 전과 후의 경계선 지능 청소년을 대상으로 실태 및 발달주기별 욕구를 파악하고, 지금까지의 지원 현황을 조사하며, 이를 종합하여 정책적 시사점 및 지원 방향을 도출하는 데 목적이 있었다. 특히 학업적 지원방안 탐색을 위하여 경계선 지능 청소년의 학습 능력 및 특성을 구체적으로 파악할 필요가 있었는데, 그 과정에서 BASA 검사(읽기이해, 수학문장제)를 실시하였다. 초기 청소년 중에는 연령 또는 인지적 기능의 제한으로 인하여 BASA 읽기이해와 BASA 수학문장제를 실시하는 데 현저한 어려움이 있기도 하였는데, 이 경우 읽기·수학·쓰기 영역의 기초기능 수행을 종합적으로 진단하는 검사인 기초학습능력 종합검사(BASA: CT)(김동일, 2021)로 대체할 수 있다. 이를 종합하여 볼 때 기초학습능력이 낮은 학습자의 수행수준을 민감하게 측정할 수 있고, 다양한 영역으로 개발된 BASA 검사 도구를 종합적으로 활용하여 개인 간, 개인 내 성취 차이 양상을 파악할 수 있으며, 검사 결과와 개별화 중재가 연계된다는 BASA의 강점을 바탕으로, 비단 학습장애 및 학습부진뿐 아니라 연령, 학습 수준 및 특성, 장애 유형이 이질적인 다양한 요구의 학습자에게도 BASA의 적용 가능성이 있음을 알 수 있다.

5) 교육사각지대 학습자(Hidden Handicap, H^2)의 기본 학습권 보장을 위한 맞춤형 교육·상담 모형 디자인 연구

한국연구재단에서 지원한 SSK교육사각지대 학습자연구단의 중점 사업은 학습자의 하위 유형 및 특성을 탐색하여 이들을 위한 진단체계를 확립하고, 다수준의 교육 및 상담 지원 모형을 개발하는 데 목적이 있었다. 특히 초등학교, 중학교, 고등학교 학교급에 따른 H^2 학습자의 발달 특성을 고려하여, RTI를 적용한 진단 및 교육 모형을 구축하고, 지역사회 기관에서 그 효과성을 검증하였다. 더불어 사각지대에 놓인 학습자를 가장 가까이에서 발견하고 지원할 수 있는 부모, 교사, 학교 운영자 등을 위하여 다양한 연수를 제공함으로써 이해도를 높였고, 부모교육 프로그램 및 교사연수 프로그램, 학교 운영자 연수 콘텐츠 및 지침서를 직접 개발하여 보급하였다. 2020년까지 사회과학연구(SSK) 지원사업 단계별 연구계획 3단계 중 1단계에 해당하는 연구가 진행되었고, 이후 2020년에서 2023년까지 2단계의 연구가 지속되었다. 2단계 연구(연구책임자: 김동일)는 1단계 연구를 통해 개발된 다수준 교육모델을 현장에 적용하기 위해 필요한 전문가 양성과 관련된 방안들을 제시하는 것을 목표로 한다. 구체적으로, 「교육사각지대 학습자(Hidden Handicap, H^2)를 위한 스마트 중재 및 조기예방 맞춤형 지원 전문가 양성 모형 구축」을 주제로, 변화하는 교육환경 속 더 커진 학력 격차와 그로 인한 어려움을 해소하기 위하여 개별적이고 포괄적인 스마트중재 모형을 개발, 보급하고자 노력 중에 있다.

6) 직무연수, 워크숍 등을 통한 현장 전문성 증진

BASA를 활용한 교육사각지대 학습자의 선별, 진단, 지원과 관련하여 현장의 역량을 제고하기 위하여 여러 가지 노력이 진행되어 왔다. 일례로 앞서 제시한 새라배움 프로그램의 경우, 시흥시 단위 학교의 교사, 교감, 장학사 등을 주요 대상으로 한 직무연수를 진행함으로써 학교의 자체적인 역량 강화를 도모하였고, 교육사각지대에 놓인 난독증, 기초학습부진 등 다양한 학습의 어려움이 있는 학생들의 조기선별의 필요성을 제시하고, BASA를 활용한 진단 및 평가, 중재를 실제 실시하는 방법을 익힐 수 있도록 하였다. 구체적으로 BASA 검사도구 시리즈를 소개하고 직접 교사들이 검사도구로 실습할 수 있게 하였으며, 진단 결과와 연계된 효과적인 증거기반 중재를 제공하기 위하여 활용할 수 있는 읽기나침반 시리즈 등 교수학습자료를 소개한 바 있다. 또한 경기도 북부 난독증 및 읽기부진 지원 프로그램의 경우에도 난독증 아동을 지도하는 교사 및 학부모를 위한 워크숍을 주기적으로 개최하였다. 서울과 경기권의 특수교육지원센터, 초등학교, 지역아동센터 등에서 다양한 분야의 외부 전문가들이 참여하였으며, 난독증 및 학습장애 학생을 위한 교육적 지원에 대해 소개하고, 특히 BASA 검사도구 및 읽기나침반 시리즈의 활용 방법을 소개함으로써 현장에서 적극적으로 활용할 수 있도록 지원하였다.

이 외에도 서울대학교 특수교육연구소를 중심으로 매년 1~2회에 걸쳐 기초학력보장 전문교육 워크숍이 개최되어 현장의 진단, 교육에 대한 역량을 증진하고자 힘써왔으며, 매년 특수학교 및 초등학교 교사, 아동복지시설 교사, 학습상담 및 인지치료사, 기초학습부진 및 학습장애, 경계선지능 학습지원 전문가, 난독증 담당교사 및 학습컨설턴트 등 기초학습부진 학생 지원에 관심이 있는 다양한 전문가들이 참여하고 있다. 주기적으로 개최되는 워크숍은 연구에 기초한 검사도구 및 중재 프로그램 활용에 관한 교육 현장 종사자들의 전문성을 높임과 동시에 현장 전문가들의 견해와 요구를 청취할 수 있는 기회를 제공하여, 교육 연구와 현장을 연결하는 중요한 자리가 되고 있다.

5. 요약 및 시사점

지금까지 우리 교육 현장에서 다양한 학업적 어려움을 겪는 교육사각지대 학습자들을 체계적으로 선별하고 지원하는 시스템을 구축하기 위하여 적용되어 온 기초학습기능 수행평가체제(BASA)를 개관하였다. 지난 20여 년간 동안 축적된 BASA의 연구 및 실제 동향을 중심으로 시사점을 논의하면 다음과 같다.

먼저 BASA 적용 연구의 동향을 살펴본 결과, 읽기 영역에서 첫 검사가 출판된 2000년을 기점으로 현재까지 국내 일반교육 및 특수교육 분야에서 지속적으로 연구되어 왔으며, 중재 프로그램 및 전략의 효과성 검증, DBI 및 RTI 절차에서의 활용 등 다양한 목적으로 연구에 활용되어 옴을 알 수 있었다. 특히 중재 프로그램 및 전략의 효과성을 검증하기 위한 목적으로 BASA를 활용한 연구가 가장 많았는데, 이는 CBM 모델에 입각하여 개발된 BASA의 특징 및 강점 측면에서 이해할 수 있었다. CBM은 전통적인 심리측정학과 행동 및 관찰 측정론에 입각한 평가체제로서 신뢰도, 타당도, 분류 정확도 등의 측면에서 우수한 측정학적 적합성을 지니고, 검사의 실시 및 결과의 해석이 간편하여 현장에서의 활용도가 높다. 이에 CBM 특징을 반영하고 있는 BASA 역시 검사 실시 시간이 대체로 1분에서 5분으로 매우 짧아 교실에서 반복적으로 실시하기 용이하고, 그 결과를 교, 강사가 쉽게 해석할 수 있어 효율적인 의사소통을 도울 뿐 아니라, 읽기, 수학, 쓰기 등 특정한 학습영역에서의 전반적인 수행 수준을 예측하는 신뢰롭고 타당한 평가 지표를 제공한다. 이러한 강점은 여러 연구자들로 하여금 중재의 효과를 검증하기 위한 평가도구로서 BASA를 선택하도록 하였을 것으로 사료되며, 특히 단일한 시점에서 수행수준을 평가하는 것이 아닌 반복측정을 통하여 학생의 성장을 종단적으로 확인하기에 적합했을 것이다. 이를 바탕으로 BASA는 다양한 학업적 어려움을 보이는 교육사각지대 학습자들의 성취와 발달을 보다 신뢰롭고 민감하게 측정하는 데 기여하였다고 볼 수 있다.

중재 프로그램의 효과성 검증 이외에도, 교사가 DBI를 실시하거나, 더 나아가 학교 단위의 RTI를 적용하는 과정에서도 BASA가 적용되어 옴을 확인할 수 있었다. 국내의 경우, 아직까지 많은 교사 및 연구자에게 있어 일반적이고 전반적인 교육성과(general outcome)를 측정한다는 CBM의 가정은 생소한 개념이며, 이를 충분히 설명하고 있는 자료가 부족하여 쉽게 받아들여지지 못하고 있는 실정이다(여승수, 홍성두, 손지영, 2014). 그럼에도 불구하고, 국외를 중심으로 오랜 기간 수행된 연구들은 CBM이 학습장애 위험군 및 다양한 학업적 어려움이 있는 학생들을 위한 선별 및 진단, 모니터링 및 교수적 수정, 개별화 교수를 돕는 데 효과적이라는 점을 입증하고 있다. 이에 실제로 미국의 초등학교에서는 주로 학기 초 혹은 학기 말에 시행되는 성취도 평가 이외에도 선별 및 모니터링 도구로써 CBM을 활발하게 사용하고 있다. 종합하자면, CBM에 대한 국내 연구 및 현장의 인식이 아직 상대적으로 낮은 편임에도 불구하고 DBI 및 RTI와 관련된 주제로 BASA를 적용한 연구가 누적되어 왔다는 점을 고려할 때, 이는 학교 단위의 학습 문제 예방 및 지원 시스템을 정착, 발전시키려는 국내 교육 연구에서 BASA 의 기여가 크다는 것을 시사한다. 다만 기존까지의 연구는 주로 읽기 영역과 초 등학생 학습자에 초점화되어 있는 것으로 나타나, 앞으로의 연구를 수행함에 있 어 보다 다양한 학습자의 특성과 학습상의 어려움을 진단, 지원하기 위해 BASA 를 적용할 필요가 있는 것으로 보인다.

이어서 BASA 현장 적용과 관련된 연구 결과를 종합한 결과, 단위학교 및 교 육청 수준에서 BASA를 활용하여 학습에 어려움을 보이는 학습자를 조기에 선별, 중재하기 위한 노력이 전개되어 옴을 확인할 수 있었다. 특히 RTI의 보편적 선별, 소집단 중재, 개별화 중재로 이어지는 단계별 진단 및 지원 절차를 바탕으로, 교 육사각지대 학습자를 비롯한 모든 학습자를 낙오 없이 선별, 지원하려는 시도가 이어져왔으며, 이때 BASA 검사도구 및 나침반 시리즈가 적절한 평가 및 중재 틀 을 제공하였다. 또한 연구자 중심의 BASA 현장 적용에서 더 나아가, 직무연수, 워크숍 등을 통해 현장의 자체적 역량을 강화하려는 노력이 전개되었다. 이는 연 구에 기초한 BASA 검사 및 중재를 현장에 보급하고 지속가능성(sustainability)을 높일 뿐 아니라, 현장의 목소리를 바탕으로 BASA 시스템을 발전시키는 기회가 되어, 결과적으로 교육 연구와 현장을 잇는 선순환의 고리를 형성하였다.

또한, 기존에는 주로 초등학교의 읽기부진 학생 또는 학습장애 및 학습장애 위험 학생에게 BASA를 활용한 선별 및 지원 노력이 초점화되어 있었던 것에 반 해, 최근에는 난독증 또는 경계선 지능을 가진 학습자, 초등학생부터 청년 초기 까지 아우르는 학습자 등으로 대상이 확대되었다. 또 연령 또는 인지적 기능의 제한으로 인해 기존의 BASA 검사를 수행하는 데 어려움이 있는 학습자를 위하여 읽기, 수학, 쓰기 영역의 기초기능 수행을 종합적으로 진단하는 검사인 기초학습 능력 종합검사(BASA: CT)(김동일, 2021)가 개발되기도 하였다. 종합하자면, 비단 학습장애 및 학습부진뿐 아니라 연령, 학습 수준 및 특성, 장애 유형이 이질적인 다양한 요구를 지닌 학습자에게도 BASA의 적용 가능성이 있으며, 앞으로 더욱 확장될 필요가 있음을 시사한다.

02

변증법적 행동치료(DBT):
교육사각지대 학습자의 사회·정서 지원을 위한 중재전략

남 지 은
(이화여자대학교 교육대학원 교수)

1. 교육사각지대 학습자의 사회·정서적 어려움

특수교육대상자로 진단되지는 않았지만 지적 및 사회정서적 측면에서 다양한 어려움을 겪으면서 우리나라 초, 중, 고등학교의 일반 교육과정에서 적절한 성장과 발달을 하지 못하는 교육사각지대 학습자들이 있다. 이들에게는 학습 이외에도 정서 행동 측면에서 추가적이고 체계적인 지원과 관심이 필요하다(김동일 외, 2022). 하지만 '교육사각지대'라는 표현에서 강조되듯 이들은 자신의 다양한 필요에 대한 적절한 지원을 제공받지 못해 학업뿐만 아니라 여러 영역에서 심각한 위기에 처해 있다. 이 장에서는 교육사각지대 학습자의 사회정서적 어려움에 주목하고, 이러한 어려움과 부적응을 감소시키기 위한 근거기반 중재인 변증법적 행동치료(DBT)를 바람직한 해결책으로 제안하고자 한다.

교육사각지대 학생들을 직접 만나는 우리나라 교사들을 대상으로 교육사각지대 학습자의 특성을 탐색한 연구에서 이들의 정서 행동적 차원 특성은 1) 내재화 심리정서문제, 2) 외현화 행동문제, 3) 부정적 자기개념, 4) 일탈행동 등 네 가지 범주를 포함했으며, 이 외에도 관계적 차원에서 소통 및 기술 부족과 학교폭력 피해 경험을 나타내고 있다고 보고하였다(최수미 외, 2018). 인지적, 학업적 어려움이 쌓여갈수록 정서 문제와 행동 문제는 더욱 악화될 수밖에 없다.

교육사각지대 학습자의 대표적인 하위 유형인 경계선 지적 지능 학습자는 흔히 우울, 불안, 분노, 공격성 등 다양한 정서행동문제를 경험한다고 알려져 있다(황지은, 김동일, 2022). 경계선 지능을 가진 사람들은 일반인들보다 기분 및 불안장애, 정신증, 약물의존 및 자살 행동을 경험할 확률이 현저하게 높은 것으로 나타났다(Lim, Totsika, & Ali, 2022). 또 다른 하위 유형인 주의력결핍과잉행동장애(Attention Deficit Hyperactivity Disorder, ADHD)도 우울 장애와 공존하는 경우가 흔하며, 일반인에 비해 자살 위기 또한 높은 것으로 보고되고 있다(Daviss & Diler, 2014). ADHD에서 정서조절 문제는 주의력 결핍 및/또는 과잉 행동/충동 증상만큼 중요하며(Cole 외, 2016), ADHD를 가진 사람들이 흔히 보이는 사회적 기능장애와 위험 행동의 기저에는 정서조절곤란이라는 문제가 있다고 보는 입장도 존재한다(Bunford, Evans, Wymbs, 2015). 교육사각지대 다문화 청소년들 또한 사회경제적 및 문화적 문제들로 인해 스스로 어떻게 통제할 수 없는 여러 스트레스에 장기간 노출이 되면서 정서조절 어려움을 경험할 수 있다(Cervantes 외, 2014).

정서적으로 민감한 아이들은 종종 일반화된 불환, 사회불안 또는 분리불안, 우울한 기분, 과잉행동, 주의력 결핍 등의 어려움을 보인다. 하지만 이러한 문제는 임상적으로 구별되는 것들이 아니라 그저 정서조절장애의 다른 양상들일 수 있다. 실제로 정서조절장애는 진단을 초월하는 요인이자 문제행동 중재들이 주 타깃으로 삼아야 할 근본적인 기제로 간주된다. 교육사각지대 학생들처럼 뚜렷한 진단명을 부여하기 어렵거나, 명확하게 특수교육대상자로 판정받기 어려울 경우, 우선 이 아이들이 전반적으로 보이고 있는 정서조절의 문제에 주목하는 것이 가장 현명한 접근이 될 수 있다.

2. 왜 DBT인가?

첫째, DBT가 기초하고 있는 생물사회이론은 교육사각지대 아이들의 결핍과 문제를 잘 설명해준다. DBT는 내담자의 문제 행동을 생물사회적 관점에서 이해하는데, 이 관점의 핵심은 문제 행동의 기저에는 정서조절 문제가 자리 잡고 있고, 정서조절 곤란은 개인의 생물학적 취약성과 개인의 경험을 무효화하는 환경 조합으로 인해 발생한다는 것이다. 앞서 언급했듯이 교육사각지대 학생들의 사회정서적 문제의 기저에는 정서조절곤란이 있고, 이는 개인의 정서적 취약성(높은 정서적 민감성, 반응성, 회복성)에 기인한다. 실제로 교육사각지대 학습자 특성과 BPD 특성 사이에는 정서조절곤란, 충동성, 대인관계 어려움, 자존감 저하 등 주요 증상들이 중복된다. 이러한 생물학적 취약성과 더불어 교육사각지대 학습자는 무효화하는 환경에 처해 있다. 교육사각지대 학생들 중에는 여러 이유로 장애학생 또는 특수교육대상자로는 진단되지는 않아서 적절한 교육지원을 받지 못하는 경우가 존재한다(김동일 외, 2022). 어떤 학생은 학습장애 진단체계의 문제로 인해 어려움의 심각도를 바로 인정받지 못하고 장애로 진단받기 위해 장기간 기다리고 있을 수 있다. 또 어떤 학생은 부모가 장애학생 또는 특수교육대상자라는 낙인을 받기 싫어 진단을 거부하는 중일 수도 있다. 분명한 어려움에도 불구하고 이렇게 지원 시스템에서 소외되는 경험은 DBT의 생물사회이론에서 말하는 무효화 환경이 된다. 또, Rathus, Berk, Miller & Halpert(2020)는 청소년의 경우, 비타당화의 원천은 부모나 보호자 외에도 학교 및 교외활동을 하면서 만나게 되는 성인들과 또래, 더 넓은 사회나 공동체, 그리고 현시대 청소년들이 몰입하고 있는 소셜 미디어 등이 될 수 있다고 하였다.

둘째, DBT는 개인상담 외에도 기술훈련집단, 세션 간 코칭 등 다각적으로 학생의 문제 상황에 개입한다. 교육사각지대 학생들은 정서를 조절하는 능력이 저하되어 있고, 대인관계 갈등 수준이 높고, 충동성이 높고, 자해 행동을 하며, 중복 진단을 가지고 있어 일반적인 상담, 즉 심층적인 대화를 통한 통찰에 기반한 상담이 어려울 수 있다. 하지만 DBT는 이렇게 치료하기 어려운 내담자군에게 효과적이라는 근거가 계속해서 축적되어 왔으며(Cristea 외, 2017), 기술훈련이라는 강력한 치료기제를 가지고 있다.

셋째, DBT는 청소년들에게 효과성이 입증된 근거기반치료이다. DBT는 개발 초기에 만성적인 자살 행동과 경계선 성격장애(Borderline Personality Disorder; BPD)에 효과가 있다고 보고되었고, 곧 정서행동 문제를 보이는 여러 다른 장애 (예: 약물남용장애, 섭식장애 등)에도 효과성이 입증되기 시작했다. 물론 DBT는 성인 및 청소년 모두에서 치료하기 어려운 다양한 문제에 효과적인 것으로 나타났다(Miga et al., 2019). 하지만 청소년기에 학업, 대인관계, 그리고 사회적 문제들이 더 두드러진다는 점을 감안하면 DBT는 청소년들에게 더욱 가치가 있을 수 있으며 적극 활용될 필요가 있다. 사실 DBT는 교육사각지대 학생들뿐만 아니라 모든 학생들에게 도움이 될 수 있으며, 청소년을 대상으로 하는 DBT-A 모델과 이에 대한 매뉴얼이 개발되어 있고(Rathus & Miller, 2015), 학교 맥락에서 DBT를 적용하려는 시도들(예: DBT STEPS-A) 또한 긍정적인 결과를 보고하고 있다(Hastings 외, 2022).

3. DBT 개관

창시자 Marsha Linehan은 원래 너무나도 큰 고통에 압도당해 해결책으로 자살을 고려하는 사람들을 치료하기 위해 DBT를 고안하였고, 초기 DBT는 주로 경계선 성격장애를 진단받은 사람들을 대상으로 실시되었다(Linehan, 1993). DBT는 생물사회이론을 통해 심각한 정서행동적 문제를 가지고 있는 사람들이 생물학적으로 자기조절에 문제가 있는 경향이 있으며, 그들의 경험을 무효화하는 환경에서 자란다고 주장한다. 결과적으로 아동은 자신의 정서 경험을 건강하게 이해하고 다루는 법을 배우지 못하고, 나름대로 자기조절을 시도하는 과정에서 부적응적인 대처전략을 만들어내고 사용하게 된다. 소리 없이 또는 주변을 어지럽히면서 내면에 강렬한 정서적 고통을 느끼고 있는 이러한 개인들의 삶에는 분명히 변화가 필요하다. 그렇기 때문에 이들을 위한 중재는 자연스레 변화에 초점을 두고있고, 중재를 시행하는 치료자, 상담자, 교사 및 부모 등은 변화를 다그치는 경향이 있다. 그런데 변화를 촉구하는 이 과정이 당사자에게는 또다른 무효화 환경이되어 중재에 대한 의지 및 참여를 방해한다. Linehan은 이들에게 인지행동적 접근이 분명 필요하지만, 그와 더불어 알아차림과 수용을 촉진해주는 마음챙김 요소가 변화를 일으키는 기반이 된다고 하였다. 한편 수용과 타당화만을 제공하는중재는 역기능적인 행동을 변화시키지는 못하기에 수용과 변화 사이에서 변증법을 인식하고 활용하는 접근인 DBT가 탄생하였다. DBT를 구성하는 전략과 기술들을 하나씩 살펴보면, DBT를 처음 접하는 상담자일지라도 대부분 친숙하다고느낄 것이다. DBT는 기술훈련, 인지적 재구성, 노출 기법, 수반성 관리 등 인지행동치료 요소들을 활용하며, 선 명상 및 변증법 철학의 전통에 뿌리를 두고 있으며, 인간중심치료, 게슈탈트, 마음챙김에 기반한 치료 등에서 사용되는 기법들을 포함한다. 하지만 종합적으로 보면, 전체 DBT는 획기적으로 새로운 접근이다. DBT는 치료 내에서 수용, 변화 및 변증법적 개입들을 유연하게 통합하기 위한 다양한 치료 전략들을 제시하고 있다.

1) DBT의 가정 및 목표

DBT에서는 내담자, 상담자 및 치료에 대해 몇 가지 중요한 가정을 하고 있으며 이는 <표 2-1>에 정리되어 있다.

DBT의 궁극적인 목표는 내담자가 "살만한 삶"을 만들어나가도록 돕는 것이지만 "살만한 삶"으로 향하게 하는 DBT 치료의 구체적인 적용은 사례별로 유연하게 이루어진다. 예컨대, DBT에는 "목표 우선순위 목록"으로 알려진, 명확하게 서열화되어 있는 구체적인 행동치료 목표들이 정리되어 있지만, 내담자의 치료단계 또는 장애 수준에 따라 각 내담자를 위한 맞춤형 목표 우선순위 목록이 달

표 2-1 DBT의 주요 가정

내담자, 상담자 및 치료에 대한 가정

- 내담자는 자신이 할 수 있는 최선을 다하고 있다.
- 내담자는 지금보다 더 나아지고 싶어 한다.
- 내담자는 새로 학습한 행동을 그 행동과 관련된 모든 상황에서 연습해서 익혀야 한다.
- 내담자는 치료에서 실패할 수 없다.
- 내담자는 자신이 겪고 있는 모든 문제를 일으킨 것은 아니지만, 그렇더라도 문제는 해결해야 한다.
- 내담자는 더 잘해야 하고, 더 노력해야 하며, 변화에 대한 더 큰 의지가 있어야 한다.
- 자살을 생각하는 경계선 성격장애 내담자의 삶은 현재 모습대로는 견디기 힘든 상태이다.
- 상담자가 할 수 있는 가장 좋은 행동은 내담자가 자신의 궁극적인 목표에 보다 가까워지는 방식으로 변화할 수 있도록 돕는 것이다.
- 명확성, 정확성, 연민은 DBT를 실시할 때 가장 중요한 것들이다.
- 치료 관계는 동등한 사람들 사이의 진정한 관계.
- 행동의 원칙은 보편적이며, 상담자에게도 내담자 못지않게 영향을 미친다.
- 치료하기 어려운 내담자를 만나는 상담자는 지원이 필요하다.
- DBT 상담자는 실패할 수 있다.
- 상담자가 실패하지 않더라도 DBT는 실패할 수 있다.

라진다. 즉, DBT는 프로토콜 기반 치료가 아니라 원리기반치료이며, 치료의 틀은 잡아주지만 회기별로 세부 내용이 구조화되어 있지는 않다.

2) 표준 DBT의 기능과 모드

표준 DBT는 다음 다섯 가지 주요 기능을 수행한다. 첫째, 내담자의 역량을 향상시킨다. 둘째, 내담자의 변화에 대한 동기를 향상시킨다. 셋째, DBT를 통해 새로 배운 기술과 능력을 상담실 밖에서도 실천할 수 있도록 한다. 넷째, 내담자 개인의 변화로는 문제가 해결되지 않을 때 환경을 구조화하는 시도를 한다. 다섯째, 상담자가 DBT를 효과적으로 수행할 수 있도록 상담자의 역량과 동기를 증진시킨다(Rizvi, Steffel, & Carson-Wong, 2013).

이 기능을 수행하기 위한 표준 DBT의 틀은 4개의 치료 모드로 구성되어 있다. 네 가지 모드는 매주 진행되는 개인상담과 기술훈련집단, 필요시 제공되는 세션 간 코칭, 그리고 주기적으로 진행되는 상담자 자문팀이다. 한 사람이 이 네 가지 모드를 모두 실시하는 경우도 있지만, 경우에 따라 개인상담을 진행하는 상담자와 기술훈련 집단을 운영하는 훈련자가 다를 수도 있다. 하지만 내담자의 치료를 전체적으로 관리하는 한 사람이 있어야 하며, 이는 주로 개인상담자가 된다.

개인상담은 일반적으로 주 1회 진행되며, 앞서 언급한 "목표 우선순위 목록"에 기반하여 각 회기에서 초점을 두고 다룰 목표가 정해진다. 목표로 삼게 되는 행동은 (1) 생명을 위협하는 행동, (2) 치료를 방해하는 행동, (3) 삶의 질을 저해하는 행동 순으로 서열화된다. 생명을 위협하는 행동은 자살시도나 자해 행동과 같이 내담자 자신이나 타인에게 해를 끼칠 수 있는 내담자의 행동이다. 치료를 방해하는 행동은 내담자뿐만 아니라 상담자 또한 행할 수 있는 행동이며, 목표를 달성하는데 방해하는 모든 행동들을 말한다. 내담자의 경우, 개인상담이나 기술훈련 집단에 오지 않거나, 숙제를 하지 않는 행동을 할 수 있고, 상담자의 경우, 상담 시간에 늦게 도착하거나 자문이 필요한 경우에도 도움을 요청하지 않는 식으로 치료를 방해할 수 있다. 삶의 질을 저해하는 행동은 물질남용, 위험한 성관계, 극심한 재정난, 심각하게 역기능적인 대인관계 행동 등 내담자가 행동에 대한 통제력을 갖지 못하게 하는 다양한 이슈들을 포함한다. 여러 영역에서 다양한 문제 행동들을 동시다발적으로 보이는 내담자의 경우, DBT가 제시하는 이러한 우선순위 목록은 특히 유용하다. 이 우선순위 목록이 없다면 치료의 과정은 감정적 우선순위에 의해 추진될 가능성이 높으며, 치료는 쉽게 방향을 잃고 혼돈 속으로 빠지게 된다. 생명을 위협하고, 치료를 방해하고, 삶의 질을 방해하는 행동들을 효과적으로 다루고 나서 보다 적응적인 행동 기술들을 향상시킬 수 있게 된다.

기술 훈련은 인지 수정, 노출 및 수반성 행동 기술과 더불어 DBT의 네 가지 변화 절차 중 하나이며, 내담자가 살만한 삶을 구축하기 위해서 기존의 부적응적인 행동들을 더 적응적이고 효과적인 행동들로 대체할 수 있도록 한다. 표준 DBT에서 기술훈련은 일반적으로 주 1회 집단 형태로 진행된다. DBT의 4개의 치료 모드 중 가장 정형화되고 구조화된 모드로, 기술훈련을 진행하는 상담자는 "DBT 기술 훈련 매뉴얼"을 참고하여 DBT의 기술들을 익히 알고 있어야 한다. 기술 훈련 집단은 목표 우선순위 목록에 따라 (1) 기술훈련 집단을 망칠 가능성이 있는 행동을 감소하고, (2) 기술 습득과 강화를 촉진하며, (3) 치료 방해 행동을 감소한다. 기술훈련 집단은 집단원들 사이에서 일어나는 역동을 활용하는 관계 기반 집단이나 지지 집단이 아닌 말그대로 훈련 집단으로 '수업'에 가깝다. 집단에서 배우게 되는 DBT 기술은 핵심 마음챙김 기술, 고통감내 기술, 정서조절 기술, 대인관계 효과성 기술 등 총 4개의 기술로 정리된다. 마음챙김 기술은 수용 기반 기술로 다른 기술들을 배우고 실천하는데 필수적이라고 여겨지기 때문에 모든 모듈에 핵심이 된다고 하여 "핵심" 마음챙김 기술이라고 불린다. 현명한 마음, "무엇을" 기술, "어떻게" 기술 등의 세부 마음챙김 기술들은 우리가 현재 순간이라는 현실을 관찰하고, 묘사하고, 그 현실에 온전히 참여할 수 있도록 한다. 고통감내 기술은 내담자가 역기능적인 행동(예: 약물남용, 자해 등)을 하지 않은 채 위기 순간들을 지나갈 수 있도록 하는 기술로, 충동을 통제하고 스스로 안정을 취할 수 있는 방법들을 가르친다. 정서조절 기술은 다양한 행동 및 인지 전략들을 통해 원치 않는 정서 반응이나 충동적이고 역기능적인 행동들을 감소시킬 수 있게 한다. 우선 내담자는 자신이 경험하는 감정을 식별하고 묘사할 수 있게 되고, 부정적인 감정을 회피하는 것을 멈추는 방법과 긍정적인 감정을 증가시키는 방법을 배운다. 대인관계 효과성 기술은 자신과 타인을 모두 존중하면서 관계를 시작하고 유지할 수 있도록 하는 다양한 자기표현 기술을 학습한다.

세션 간 코칭은 개인상담과 기술훈련 집단에서 학습한 새로운 기술들을 일상에서 실제로 실천하면서 '일반화'할 때 코칭이 필요한 경우 사용되는 모드이다. 즉, DBT 상담자는 정해진 상담 시간 외에도 기술의 적용과 관련된 문제해결을 돕기 위해 내담자의 연락을 받을 수 있어야 한다. 물론 상담자에 따라 현실적인 제약을 고려하여 세션 간 코칭의 운영 방식에 대해 구조화(예: 처음부터 직접 받을지 상담기관을 통해 받을지, 위기 상황이 아닌 경우 응답 또는 회신 시간, 업무시간 외 연락 방식 등)를 하기도 하지만, 세션과 세션 사이의 코칭은 DBT의 의무사항이며 제대로 활용하지 않는 것(예: 내담자가 일상에서 기술을 적용하는 데 어려움을 겪는데도 코칭을 받지 않는 경우)은 치료 방해 행동으로 분류된다. 다만, 세션 간 코칭은 흔히 생각하는 위기 핫라인 전화가 아니며, 내담자의 어려움이나 감정(예: 외로움)을 심층적으로 다루는 추가 상담시간이 아니다. 내담자의 일상에서의 기술의 강화 및 일반화라는 구체적인 목표가 있으며, 전화나 문자 등을 통한 코칭 세션은 대체로 10분을 넘기지 않는다.

DBT 자문팀은 치료하기 어려운 내담자들을 만나는 상담자들은 소진의 위험이 있고, 꾸준히 치료 원리를 준수하면서 효과적으로 DBT를 실시하는 것이 결코 쉽지 않다는 점에 대한 강력한 해결책이다. 자문팀 회의는 단순히 DBT 사례에 대해 이야기하기 위한 만남이 아니라 치료를 잘 실천하기 원하는 상담자를 위한 또 다른 치료 맥락이 된다.

앞서 살펴본 표준 DBT는 상당한 시간과 비용이 요구되는 프로그램이다. 그래서 경우에 따라 전체 DBT의 일부만 진행되는 경우도 있다. 특히 여러 연구들은 기술 훈련이 DBT 치료의 변화기제임을 시사하였다(Linehan et al., 2015; Neacsiu, Rizvi, & Linehan, 2010). DBT 기술 훈련은 종종 BPD뿐만 아니라 임상 실습에서 다양한 정신 질환에 대한 단독 치료로 구현된다(예: Dimeff & Koerner, 2007). DBT 기술훈련을 단독으로 실시하여 효과성을 검토한 연구 31편을 검토한 개관 연구(Valentine, Smith, & Kaylee, 2020)에서는 그 중 20편의 연구가 DBT 기술 훈련 모듈 4개를 전부 실시하였고, 11편은 4개 중 일부만을 시켰으며, 가장 많이 누락된 모듈은 대인관계 효과성 모듈로 나타났다.

3) DBT의 치료 단계

DBT는 사전치료 단계로 시작해서 내담자가 겪고 있는 어려움의 수준에 따라 4단계까지 진행될 수 있다. 사전치료 단계에서 내담자는 DBT에 대해 전반적인 안내를 받고, 합의사항과 기대되는 것들에 대해 듣고, 치료 동의 여부를 결정한다. 상담자는 이 단계에서 DBT의 여러 계약과 전념 전략들을 사용하여 내담자가 자발적으로 치료에 전념하도록 하는 것을 목표로 한다. 1단계의 초점은 내담자의 행동조절문제에 있다. 1단계에서 치료를 시작하는 내담자들은 강렬한 감정 반응과 고통을 경험하고, 생명을 위협하거나, 치료를 망치거나 삶의 질을 파괴하는 행동들로 감정을 조절한다. 따라서 이 단계의 목표는 행동에 대한 통제력을 되찾는 것으로, 세부적으로는 (1) 생명을 위협하는 행동을 감소시키는 것, (2) 치료 방해 행동을 감소시키는 것, (3) 삶의 질을 심각하게 저해하는 행동을 감소시키는 것, 그리고 (4) 기술의 사용을 증가시키는 것을 순차적으로 다룬다. 그 후 DBT의 2단계에서 내담자는 큰 괴로움 없이도 강렬한 감정을 경험할 수 있는 능력을 갖추는 것을 목표로 한다. 2단계의 치료 과제에 참여하는 것은 고통스러울 수 있으며(예: 외상성 기억과 정서의 처리를 수반할 수 있음), 1단계에서 습득한 기술과 전념의 견고한 기초 위에서 이루어져야 한다(Swenson, 2016). 3단계의 초점은 생활에서의 문제를 다루어 내담자가 평범한 행복과 불행을 느낄 수 있도록 돕는 것이다. 이를 위해 자존감을 확립하거나 재정립하는 것, 그리고 삶에서 개인적인 목표 달성을 추구하는 것을 목표로 할 수 있다. 일부 내담자의 경우 3단계에서 이루어지는 문제 해결로 DBT 작업이 끝나지만 일부 내담자는 더 큰 자유와 의미, 지속적인 기쁨을 추구하며 4단계로 넘어갈 수 있다. 4단계의 방법은 DBT의 모든 단계 중에서 가장 덜 정의되어 있지만, 마음챙김 이론과 실천에 크게 의존하며(Swenson, 2016), 많은 경우 치료 외의 영성이나 종교를 통해 충만함과 기쁨을 달성하기도 한다(Robins, Zerubavel, Ivanoff, & Linehan, 2018).

4. 교육사각지대 학생들을 위한 DBT: 관련 기존 변형 모델 개관

표준 DBT는 학습 장애가 있는 사람, 아동/청소년, 인지 및 지적 기술이 일시적으로 손상되는 사람에게 그대로 적용되기 어려울 수 있다. 예컨대, DBT에서 소개되고 활용되는 개념들 중에는 변증법적 사고, 비판단적인 입장, 마음챙김, 근본적 수용(radical acceptance)과 같이 처음에는 일반 성인에게도 생소하고 복잡하게 느껴질 수 있는 개념들이 있다. 따라서 교육사각지대 학생들을 위한 DBT에서 사용되는 언어, 자료, 예시 및 활동은 이들의 연령이나 인지 및 지적 특성에 맞게 조정될 필요가 있다. 또한 경우에 따라 부모를 비롯한 가족구성원이나 보호자가 함께 참여해야 할 수도 있다. 여기에서는 교육사각지대 학생들을 위한 DBT를 구상하기 위해 참고할만한 관련 기존 DBT 변형 모델들을 소개하고자 한다.

1) 청소년을 위한 변형: DBT-A

Rathus와 Miller(2002)는 자살 및 자해 위기에 처한 다양한 정서행동적 문제를 가진 청소년들을 돕기 위해 DBT를 청소년 연령대에 맞게 체계적으로 변형하여 그 효과성을 검증한 연구를 하였다. DBT-A는 첫째, 청소년들이 발달상 나타내는 인지 및 정서 역량을 고려하여 기술을 추가하기도 하고, 청소년들이 공감할만한 활동지 및 유인물을 개발하였다. 새로 추가된 기술 모듈은 '중도로 걷기'(Walking the Middle Path) 모듈로, 변증법, 타당화 및 행동수정의 원리와 기술을 가르쳐 청소년과 부모/보호자 사이에서 보다 균형 잡힌 상호작용이 일어날 수 있도록 촉진하려는 목적을 가지고 있다. 이 외에도 세부 기술들을 개발하여 추가하기도 하였는데, 대인관계 효과성 모듈에 추가된 THINK(Think, Have Empathy, Interpretations, Notice, Kindness) 기술이 그 예이다. THINK 기술은 청소년과 부모가 서로의 관점을 공감적으로 이해하고 갈등을 다루는데 도움이 되는 기술이다. PLEASE(PhysicaL Illness, Eating, Avoiding mood−altering drugs, Sleep, Exercise) 정서조절 기술에는 식습관 및 수면 위생에 대한 보충 유인물을 추가하였다. 특히 음식이 기분에 미치는 영향에 대해서 구체적으로 살펴보고, 단계별 지침을 따라 실행 가능한 식습관 개선 계획을 수립할 수 있도록 돕고, 숙면을 위한 12가지 팁을 제시해주었다.

둘째, 청소년들은 여전히 가족/부모에 대한 의존도가 높다는 점을 고려하여 기술훈련 집단과 세션 간 코칭에 가족 구성원이 함께 참여할 수 있도록 하였다. 또, 정서조절 기술 훈련 중 부모와 청소년이 함께 할 수 있는 즐거운 활동을 생각해내는 시간을 추가하여 단기간에 긍정적인 감정을 증가시키면서 동시에 가족 응집력을 향상시킬 수 있도록 하였다.

DBT 창시자 Linehan은 치료 개발 초기에 치료 중 내담자들이 흔히 보이는 유사한 문제 행동 패턴을 발견하였고 그 패턴들을 범주화하였다. 각 문제 패턴은 서로 대립하는 또다른 극과 쌍을 이루는 듯 보였으며, 어떤 면에서는 서로 상호 의존하는 것 같이 보였다. 즉, 하나의 문제 패턴은 특정 차원의 한쪽 끝에 존재하는 것으로 보였고, 다른 한 패턴은 반대쪽 끝에 존재하는 것처럼 보였다 (Swenson, 2016/2020). 세 쌍으로 이루어진 6개의 패턴에 붙여진 이름은 다음과 같다. (1) 첫 번째 차원은 감정 조절 주제와 관련되어 있는데, 한쪽 끝에는 '정서적 취약성(emotional vulnerability)' 패턴이 있고, 반대쪽 끝에는 '자기 무효화 (self−invalidation)' 패턴이 있다. (2) 두 번째 차원은 도움 요청 주제와 관련되어 있는데, 한쪽 끝에는 '적극적 수동성(active passivity)' 패턴이 있고, 반대쪽 끝에는 '표면적 능숙함' 패턴이 있다. (3) 세 번째 차원은 상실과 외상 처리라는 주제와 관련이 있는데, 한쪽 끝에는 '끊임없는 위기(unrelenting crisis)' 패턴이 있고, 반대쪽 끝에는 '억제된 슬픔'이라는 패턴이 있다. 표준 DBT에서는 이러한 변증법적으로 연관된 행동 패턴의 쌍은 일차적 치료 목표들을 성공적으로 치료하는 데 방해하는 요소로 간주된다. Linehan(1993)은 이들을 "변증법적 딜레마"라고 부르며

각 내담자의 행동 극단을 발견하여 DBT의 이차적인 치료 목표를 수립하고 개입할 수 있다고 하였다. 여기에 Rathus와 Miller(Rathus & Miller, 2015)는 청소년-부모 상호작용에서 흔하게 나타나는 세 가지 패턴 쌍을 추가하였다. 바로 (1) 지나친 관용(excessive leniency) 대 권위주의적 통제(authoritarian control) (2) 병리적 행동을 정상화하기(normalizing pathological behaviors) 대 규범적 행동을 병리화하기(pathologizing normative behaviors) (3) 자율성 강요하기(forcing autonomy) 대 의존성 조장하기(fostering dependence)이다. 이것은 이미 언급한 DBT-A에 새로 추가된 '중도로 걷기'라는 가족기반 기술 모듈에서 다루어진다.

특정 청소년 하위집단을 위해 추가적인 변형을 시도한 사례도 있다. 예컨대, Meyer 외(2022)는 집중력을 유지하는 데 어려움을 겪는 ADHD 청소년을 위해 DBT 기술훈련 집단을 변형하면서 언어를 단순화시키고 청소년 연령대에 맞는 예시를 사용하였으며, 일부 이론적인 내용을 다루는 부분을 단축시키고 명확하게 만들었다고 보고하였다. 즉, 보다 실용적인 활동들이 포함되었으며, 도구와 기술의 예시가 더 많이 제시되었다. 게다가, 숙제의 수가 줄었고 추가적으로 참고할 만한 문헌은 의도적으로 추천하지 않았다. 주차별 다루는 주제의 순서를 바꾸기도 하고, 대인관계 기술에 할애하는 시간을 늘리기도 하였다. 하지만 무작위 대조군 연구(Meyer 외, 2022) 결과, DBT 기술훈련의 필수 요소들은 모두 유지하면서 ADHD 청소년이라는 특수 대상에 보다 적합한 구조와 내용으로 변형한 이 기술 집단은 ADHD 증상이나 정서행동 문제 등에 대한 개선에 있어 도움이 되는 것으로 나타났지만, 심리교육적 중재를 받았던 비교집단과 통계적으로 유의미한 차이는 보이지 않았다.

한편, 복합적인 정서행동 문제나 자살 및 자해 청소년을 대상으로 진행된 많은 DBT-A 연구들이 효과성을 보고하고 있으며, 여기에는 개방형 임상연구, 준실험 연구, 무작위 대조군 연구 등이 포함되어 있다(Rathus, Berk, Miller, & Halpert, 2020). 현재 DBT는 청소년들의 자해 현상을 줄이는데 효과성이 입증된 유일한 치료법이며, 이는 독립적으로 수행된 탄탄한 무작위 대조군 연구 2편(McCauley 외, 2018; Mehlum 외, 2014)을 통해 검증되었다. 이 중 먼저 시행된 Mehlum 외(2014)의 연구에서는, 반복적인 자해를 하는 경계선 성격장애 경향성을 가진 노르웨이 청소년 77명을 DBT-A 실시 집단과 심리역동치료 또는 CBT에 약물치료까지 실

시하는 비교집단으로 무작위 배정하였다. 중재 후 두 집단 모두 응급실 방문빈도
가 감소되는 결과가 나타났지만, DBT-A 집단은 비교집단에 비해 자해 빈도, 자
살사고 심각도, 면접자가 보고한 우울증상, 경계선 성격장애 증상 등이 유의미하
게 감소되었으며 이 차이는 1년 후와 3년 후에도 유지되고 있었다(Mehlum 외,
2016; Mehlum 외, 2019). 또, McCauley 외(2018)는 미국 고위기 청소년 173명을
DBT-A 실시 집단과 개인 및 집단 지지치료 실시 비교집단으로 무작위 배정하
였다. DBT-A 집단은 비교집단에 비해 자살 시도, 비자살적 자해, 자살 사고 등
이 유의미하게 감소되었으며, 이 차이는 6개월 후까지 유지되었다. 다만 12개월
후에는 비교집단과 유의미한 차이가 나타나지 않았다. 하지만 추가 분석 결과 중
재 후 자해 행동을 보이지 않는 청소년 비율은 12개월 후 시점에도 DBT-A 집
단에서 더 높은 것으로 나타났다. 또한 DBT-A에서 청소년들이 치료 참여율과
완료율이 훨씬 더 높았다.

DBT-A는 Rathus와 Miller(2015)가 개발한 매뉴얼이 우리말로 번역되어 출판
되어 있다(번역서 제목: 청소년을 위한 DBT 다이어렉티컬 행동치료: 감정조절장애와 경
계선 성격장애 치료를 위한 매뉴얼).

2) 아동을 위한 변형: DBT-C

DBT-C는 심한 정서행동문제를 보이는 만 7-12세 아동을 위한 변형 모델
로, 파괴적 기분조절장애(disruptive mood dysregulation disorder)를 치료하기 위한
중재로써의 효과성도 검증이 된 바 있다(Perepletchikova et al., 2017). DBT-C는 성
인 DBT 모델의 이론적 모델, 원리 및 치료 전략을 유지하고 있으며, 대부분의 기술
훈련 커리큘럼과 그에 상응하는 교훈이 포함되어 있다(Perepletchikova & Goodman,
2014). 그렇지만 아동의 발달적인 수준에 맞게 일부 내용과 틀을 상당 수정하였다.
특히 기술훈련 자료들을 아동-친화적으로 단순화시키고 재구성하였고, 마음
챙김과 같이 이해하기 어려운 개념들은 체험적으로 이해하고 배울 수 있도록 하
였다(<표 2-2> 참고). 모델링, 회기 중 연습, 역할놀이, 게임, 미디어 사용 등을
통한 체험적 학습이 DBT-C의 가장 주된 교수 원리가 된다(Perepletchikova &
Goodman, 2014). 미디어 사용은 주로 기술 사용에 대한 모델링을 해주는 만화 캐
릭터가 나오는 짧은 영상을 활용하는 것을 말하는데, 우리나라에서 DBT-C를

실시한다면 기술별로 우리나라 아동들이 공감할만한 영상 자료를 찾아 목록을 구축하고, 각 영상의 길이와 적합한 연령대를 표시해 두는 것이 도움이 될 것이다. 또, 많은 교육사각지대 학생들이 겪고 있는 주의력 문제나 충동성의 문제에도 도움이 될 만한 새로운 세부 기술들도 포함되었다. 예컨대, 고통감내 기술에는 충동성을 줄여주는 'STOP'(멈춰서 미동도 하지 말기, 한 발짝 물러서기, 무슨 일이 벌어지는지 관찰하기, 신중하게 행동하기) 세부기술이 추가되었고, 정서조절 기술에는 정서적 각성을 조절하기 위한 '감정 파도타기' 세부기술이 추가되었다(<표 2-3> 참고; Perepletchikova & Nathanson, 2020). DBT는 두문자어와 은유를 많이 사용하기 때문에 우리나라 맥락에서 이를 효과적으로 적용하려면 한글 두문자어나 우리 문화에 맞는 은유로 변형시키는 작업이 매우 중요해 보인다.

아동을 위한 개인상담에서는 치료 목표를 다루기 앞서 먼저 감정에 대한 심리교육을 제공하는 순서를 추가하였다. 이 심리교육은 감정이 무엇인지, 감정의 기능, 감정에 대한 오해, 감정 파도, 감정조절 모델, 행동변화 모델, 근본적 수용, 기꺼이 하기(willingness)와 고집스러움(willfulness) STOP 기술 등을 다룬다. 또, DBT 전략 중 가장 중요하지만 어려운 전략인 행동사슬분석을 단순화시켰다. 사슬의 순서는 사건, 사고, 감정, 행동 욕구, 행동, 여파 순으로 설정이 되고, 각 사슬 요소를 분석하기 위해 '머리가 셋 달린 용'이라는 보드게임을 활용하여 아동의 참여동기를 높이고 집중을 유지할 수 있도록 돕는다. 아동은 정해진 카드에 각각 사건, 감정, 사고, 행동을 적고, 용 그림 위에 올린다. 세 개의 머리 중 중간 머리를 지탱해주는 목은 아동에게 실제로 일어난 일을 나타내고, 양쪽에 있는 다른 두 개의 목은 대안적으로 취해볼 수 있는 행동들을 나타낸다. 두 개의 대안적 반응이 결정되면, 아동은 상담자와 함께 적응적인 대안 행동을 사용하는 역할연기를 해본다.

표 2-2 DBT-C의 체험적 활동 예시

활동명	활동 설명	체험적으로 배우게 되는 기술
깃털의 균형 잡기	아동 참여자는 공작새 깃털을 받는다. 깃털을 검지 끝에 올려놓고 다른 기술훈련 참가자들과 서로 부딪히지 않게 조심하면서 깃털이 떨어지지 않게 균형을 잡아야 한다.	마음챙김: 한 마음으로, 비판단적으로 참여하기

균형잡기	아동 참여자는 먼저 눈을 뜬 채로 한 발로 균형을 잡아본다. 그런 다음 눈을 감은 채로 똑같이 해본다. 눈을 떴는지 여부가 균형잡는 능력에 있어 어떤 차이를 가져오는지 알아차려본다.	마음챙김: 한 마음으로, 비판단적으로 참여하기
간지럼 챌린지	상담자는 아동 참여자의 코를 깃털로 간지럽힌다. 아동은 경험을 바꾸려는 시도를 하지 않고(예: 코를 긁는 것) 그저 감각을 관찰해본다.	마음챙김: 한 마음으로, 비판단적으로 관찰하기 정서조절: '파도' 기술
비눗방울 챌린지	상담자가 비눗방울을 분다. 아동 참여자는 경험을 바꾸려고 노력하지 않고(즉, 거품을 만지거나 잡기) 떠다니는 비눗방울을 그저 관찰한다.	마음챙김: 한 마음으로, 비판단적으로 관찰하기 정서조절: '파도' 기술1)
사실 vs. 판단?	상담자는 잘 알려진 악당 만화 캐릭터 그림을 보여준다. 아동 참여자들은 돌아가면서 오로지 사실(fact)을 가지고 비판단적으로 캐릭터를 묘사해본다.	마음챙김: 한 마음으로, 비판단적으로 기술하기
잘못된 플레이	상담자는 안 좋은 행동을 하거나 기술을 비효과적으로 사용하는 모습을 연기한다. 아동 참여자들은 어떤 부분이 비효과적으로 행해졌는지, 그리고 그 대신 무엇을 해야 하는지 설명해본다.	마음챙김: 한 마음으로, 비판단적으로 기술하기
어디에서 느껴지니?	상담자는 종이와 색연필을 제공한다. 아동 참여자들은 종이에 몸의 윤곽을 그린다. 그런 다음 자신의 감정을 경험하는 곳을 표시한다(예: 불안-복부, 사랑-심장). 이 게임은 DBT의 세 가지 마음 상태를 논의하는 데 사용될 수 있다(예: 감정 마음, 합리적 마음, 현명한 마음을 경험하는 위치).	마음챙김: 한 마음으로, 비판단적으로 기술하기

출처: Perepletchikova et al., 2011

---

1) 파도 기술은 정서조절 기술의 세부 기술이다. 감정 파도가 사건, 사고, 감정, 행동 욕구, 행동, 여파 등 6단계를 거치게 됨을 배운다(Perepletchikova et al., 2011).

표 2-3 DBT-C 기술들

마음챙김 기술	
소개	마음챙김 기술의 의미, 중요성, 목표를 소개한다.
감정 마음과 합리적 마음	"감정 마음"은 감정에 의해 생각과 행동이 좌우될 때 작동되며 제대로 생각하기 어려워진다. "합리적 마음"은 논리와 규칙에 의해 생각과 행동이 좌우될 때 작동되며 감정은 고려되지 않는다.
현명한 마음	"현명한 마음"은 우리의 감정과 생각으로부터 오는 정보를 고려하고, 의사결정을 내릴 때 직감을 추가할 때 작동된다.
"무엇을" 기술	관찰하기, 기술하기, 알아차림으로 참여하기
"어떻게" 기술	판단하지 않기, 집중하면서 효과적인 것 하기
복습	학습한 마음챙김 기술을 복습하고 논의한다.
고통감내 기술	
소개	고통감내 기술의 의미, 중요성, 목표를 소개한다.
DISTRACT	DISTRACT 두문자어를 사용하여 고통 속에서 감정적, 행동적 반응을 조절한다. 다른 것 하기(Do something else), 즐거운 일 상상하기(Imagine pleasant events), 그것에 대해 생각하지 말기(Stop thinking about it), 다른 것에 대해 생각하기(Think of something else), 감정은 변한다는 점 기억하기(Remind yourself that feelings change), 다른 사람에게 도움 요청하기(Ask others for help), 도움 되는 일 하기(Contribute), 휴식 취하기(Take a break).
TIP	한계점에 다다랐을 때 TIP 기술을 사용한다.
스스로 진정시키기	시각, 청각, 미각, 후각, 촉각 등 다섯 가지 감각을 사용하여 고통을 감내한다.
복습	학습한 고통감내 기술을 복습하고 논의한다.
정서조절 기술	
소개	정서조절 기술의 의미, 중요성, 목표를 소개한다.
감정 파도타기	방해하거나 반추하지 않고 감정이 신체에서 만들어내는 감각에 집중함으로써 정서적 각성의 강도를 감소시킨다.

끝까지 반대로	행동 충동과 반대로 행동하고 생각함으로써 감정을 변화시키고 감정이 몸에 가져오는 긴장을 풀어준다.
PLEASE 기술	정서적 취약성 줄이기: 신체 건강에 주의하기(Attend to PhysicaL health), 건강하게 먹기(Eat healthy), 마약/술 피하기(Avoid drugs/alcohol), 숙면 취하기(Sleep well), 운동하기(Exercise).
LAUGH 기술	긍정적인 감정 늘리기: 걱정 떨쳐버리기(Let go of worries), 스스로 노력하기(Apply yourself), 미리 대처기술 사용하기(Use coping skills ahead of time), 목표 세우기(set Goals), 즐겁게 지내기(Have fun).
복습	학습한 정서조절 기술을 복습하고 논의한다.
대인관계 효과성	
소개	대인관계 효과성 기술의 의미, 중요성, 목표를 소개한다.
걱정 생각 및 응원	대인관계 효과성의 목표: 효과성을 방해하는 것. 그리고 응원의 표현
목표들	대인관계 목표의 두 가지 유형: "내가 원하는 것을 얻는 것"과 "다른 사람들과 잘 지내는 것"
DEAR 기술	"내가 원하는 것을 얻는" 방법: 상황 묘사하기(Describe the situation), 감정과 생각 표현하기(Express feelings and thoughts), 내가 원하는 것 요청하기(Ask for what you want), 내가 원하는 것을 할 때 보상하거나 동기 부여하기(Reward or motivate the person for doing what you want)
FRIEND 기술	"다른 사람들과 잘 지내는" 방법: 공평하게 대하기(Be Fair), 상대방을 존중하기(Respect the other person), 관심을 가지고 행동하기(act Interested), 너그러운 태도 가지기(have an Easy manner), 협상하기 Negotiate), 직접적으로 말하기(be Direct)
복습	학습한 대인관계 효과성 기술을 복습하고 논의한다.

출처: Perepletchikova & Nathanson, 2020

가장 큰 변화는 치료의 단위를 아동 개인이 아니라 아동이 속한 가정으로 삼는다는 점일 것이다. DBT-C는 가족 중심의 접근 방식으로, 부모와의 관계라는 아이의 환경을 변화시키는 것이 가장 최우선시 된다. 이 때, 부모의 치료에 대한 헌신은 필수적으로 요구되는 반면 아이의 참여의지는 선호되지만 반드시 요구되는 것은 아니다. 즉, 부모가 자기를 관리하고 정서를 조절하면서 아이의 변화를 촉진할 수 있도록 만들 능력을 향상시키는 것이 주 목표가 된다.

표 2-4 표준 DBT와 DBT-C의 목표 우선순위 비교

표준 DBT의 목표 우선순위	DBT-C의 목표 우선순위
	영역1: 청소년기와 성인기의 정신질환 가능성 줄이기 1순위: 아동의 생명 위협 행동 2순위: 아동의 치료 파괴 행동 3순위: 부모의 치료 방해 행동 4순위: 부모의 정서조절
1순위: 자살 및 다른 생명 위협 행동 줄이기 2순위: 치료 방해 행동 줄이기 3순위: 삶의 질을 저해하는 행동 줄이기 4순위: 행동 기술 향상시키기	5순위: 효과적인 양육기술 영역2: 부모-자녀 관계 다루기 1순위: 부모-자녀 관계 향상
	영역3: 아동의 호소문제 다루기 1순위: 위험하고 공격적인 행동 2순위: 삶의 질을 저해하는 행동 3순위: 기술 훈련 4순위: 아동의 치료 방해 행동

다루기 힘든 아이들을 키우는 부모들은 자제력을 유지하는 데 상당한 어려움을 겪는다. 부모가 먼저 정서조절 기술을 배우고 연습하지 않으면 부모가 효과적인 대처 행동이나 문제해결 전략을 지속적으로 모델링할 수 없다. 또, 자녀의 부적응 반응을 무시하고, 자녀의 고통을 타당화하고, 자녀의 바람직한 행동을 강화할 수 없다. 따라서 DBT-C는 부모 훈련을 체계적으로 진행하며, 치료 내내 부모의 기능을 면밀히 평가하고 모니터링 한다. 또한, DBT의 모드 중 하나인 세션 간 코칭은 아동이 아닌 부모에게 제공이 된다. DBT에서 배운 기술을 일상에서 적용하는 과정에 문제가 생기거나 다루기 어려운 위기상황이 발생했을 때 부모는 세션 간 코칭을 통해 DBT 상담자의 도움을 받고, 아동은 DBT 훈련을 받고 있는 부모에게 도움을 받는다. 또, 부모는 아동이 매일 자신의 자살사고 및 행동, 자해, 공격적 행위, 긍정/부정적 감정, 효과/비효과적 행동 및 사용한 기술 등을 모니터링 하기 위해 관찰일지를 작성할 때 도움을 주어야 한다. 달리 표현하면,

DBT-C는 아동 자체를 변화시키는 것보다, 아동과 환경(특히 부모) 간의 상호작용을 변화시킴으로써 아동이 향후 심리질환에 걸릴 위험을 줄이는 동시에 현재의 문제를 개선하는 것을 더 중요한 목표로 삼는다.

DBT의 생물사회이론에 따르면 아동의 높은 정서적 민감성이 정서 경험을 무효화하는 좋지 않은 가정환경(부모)를 만날 때 아동의 정서조절곤란 증상이 나타나고 문제행동이 드러난다. 이러한 이론적 가정이 신중하지 못한 방식으로 부모에게 전달이 될 경우, 부모의 죄책감을 유발하여 치료에 대한 전념 수준을 저하시킬 수 있다. 많은 경우, 아동의 무효화 환경은 신체적, 정서적 학대를 하는 환경이 아니라, 아동의 필요와 그 필요를 충족시키기 어려운 부모의 역량부족 사이의 교류가 오랫동안 지속되면서 처음에는 충분히 좋았던(good-enough) 양육방식이 무효화하고 비판적이고 판단적이고 보복적인 모습을 점점 띄게 되면서 만들어지는 환경이다.

DBT-C는 크게 아동상담, 부모훈련, 그리고 아이와 부모가 함께 참여하는 기술훈련을 포함한다. 하지만 DBT는 형태보다는 기능을 더 강조하는 접근이기 때문에 DBT의 원리와 절차만 준수한다면 DBT-C가 구체적으로 어떤 형태로 진행이 될지는 각 가정의 상황과 요구에 따라 유연하게 조정될 수 있다(Perepletchikova & Goodman, 2014). 예컨대, 첫 몇 주는 주로 아동 없이 부모만 치료에 참여하여 아동의 변화를 지원할 준비를 갖추고, 아동은 안전에 전념할 수 있도록 안전 계획을 수립하고 몇 가지 고통감내 기술을 배우기 위해 몇 차례 만나는 정도로 진행될 수 있다(Perepletchikova, 2020). 또 어떤 경우에는 주1회 가정단위 회기가 진행을 하고, 이 때 아동상담 30분, 부모상담 20분, 아동과 부모가 함께 하는 기술훈련 40분을 할애할 수 있다(Perepletchikova & Goodman, 2014).

DBT-C 매뉴얼이나 워크북은 아직 출판되지 않았지만 참고문헌에 포함되어 있는 Perepletchikova 박사의 논문이나 핸드북 챕터, 또는 웹사이트(https://www.childdbt.com/)를 통해 DBT-C 적용 예시 등 보다 생생한 관련 정보들을 접할 수 있다.

3) 장애를 가진 사람들을 위한 변형: DBT-ID, DBT-SP, DBT-SS

DBT가 적절하게 변형된 방식으로 제공된다면 지적장애가 있거나 인지적인 기능이 저하되어 있는 학생들에게도 분명 효과적일 수 있다(Charlton & Dykstra, 2011; Lew 외, 2006; McNair, Woodrow, & Hare, 2017). Lew 외(2016)는 지적장애학생에게 DBT가 적합한 중재모델이라는 점을 다음 세 가지 이유로 설명하였다. 첫째, DBT는 심리교육 및 훈련을 강조하는 기술기반 모델이다. 둘째, DBT는 피해자를 비난하지 않으며 근본적으로 비하적이지 않고 긍정적인 언어를 사용한다. 셋째, DBT는 내담자에게 자신을 표현하는 방법을 가르치는데 중점을 두는데, 이는 자기주장, 독립성, 임파워먼트 및 자기옹호 가치와 일치한다. 이와 더불어 Lew 외(2006)는 생물사회이론 관점에서 지적장애를 가진 사람들의 생물학적 취약성과 무효화 환경을 자세히 분석하였다. 지적장애인의 생물학적 취약성은 뇌손상, 발작 장애, 감각 장애 및 다양한 유전적 증후군들을 포함하며, 이로 인한 의학적 취약성과 잦은 병원 입원은 신체증상을 호소하고 대인관계에서 의존적으로 행동하는 것을 강화할 수 있다고 보았다. 지적장애인이 이러한 취약성을 가지고 환경과 상호작용할 때 사적 경험이 무효화되는 경우가 빈번하다는 점을 지적하며 그 무효화 환경의 특성을 <표 2-5>로 정리하였다. 또, BPD나 지적장애인처럼 매우 도전적인 내담자군을 대상으로 한 치료는 치료 제공자가 경험하는 무력감, 혼란감 및 적대감에 의해 더욱 어려워질 수 있다(Wilson, 2001). 표준 DBT가 상담자 자문팀을 하나의 모드로 설정해두고 있다는 점을 고려하면, DBT는 인지적인 기능이 저하되어 있는 학생들의 교육적 및 사회정서적 중재에 개입이 되는 여러 사람들(부모/보호자, 교사, 상담자 등) 사이의 불화나 소진을 예방하는데 도움이 되는 전략을 보유하고 있다는 강점을 갖는다.

표 2-5 지적장애를 가진 사람들의 무효화 환경 특성

표준 DBT(Linehan, 1993)	지적장애인에게 흔한 무효화 경험	예시
사적 경험에 대해 이야기했을 때 거부당함.	항의를 하고 불만을 표현해도 내담자를 대신해서 많은 결정들이 내려짐.	내담자가 자기주장을 할 줄 아는 성인임에도 불구하고 내담자의 어머니는 "내담자를 위해" 내담자의 보호자를 자청하여 내담자가 동의하지 않는 의사결정들을 함.

감정 표현을 하면 처벌받고, 간헐적인 감정 상승을 강화받음.	보호자는 특정 행동이 최고조를 보일 때까지 내담자의 요구에 주의를 기울이지 않을 수 있음.	수용시설의 직원들은 내담자가 항의에도 불구하고 내담자가 싫어하는 외출을 해야 한다고 주장함. 야구 경기장에서 내담자는 난동을 피워 제압을 당하게 되고 모두 경기가 끝나기 전에 시설로 돌아가게 됨.
문제 해결과 목표 달성의 용이성을 지나치게 단순화함.	보호자는 왜 내담자가 문제를 아직 해결하지 못했는지 의아해하며 언제쯤 정신 차릴지 궁금해 함.	양부모는 내담자가 대인관계 문제로 벌써 세 번째 직장을 또 잃은 것에 대해 충격을 받고 낙담함. "집에 있을 때는 정말 잘하는데..."
경계선 성격장애를 가진 사람들 중 약 65%-85%가 아동 성학대 피해경험이 있음 (Linehan, 1993, p. 53)	많은 지적장애인(25-83%)들이 성적 학대 피해경험이 있음(Lumley & Miltenberger, 1997).	최근 일련의 위험한 사건들이 있은 후 안정되는 기간을 보내고 있는 내담자에게, "피해자 탓"을 하는 무례한 방식으로 "옛날 버릇이 또 나오는구나"라는 비난이 던져짐.

출처: Lew 외, 2006

일반적으로 지적장애가 있거나 인지적인 기능이 저하되어 있는 내담자를 위한 상담은 다음과 같은 조정을 고려해야 한다. 우선, 시청각 정보를 함께 제공하는 방식 등 다양한 형태의 소통 방식으로 정보가 제공되어야 하고, 잘 구조화된 상담 세션에서 보다 단순화된 언어를 사용하며 직접적이고 적극적인 개입들을 시도하는 것이 도움이 된다. 또한, 언어 역량이 제한되어 있는 내담자들에게는 모델링이나 역할놀이 등 구체적인 활동들이 필수적이다. 상담자는 내담자에게 상담과정 중 무엇이 허용되고 허용되지 않는지에 대한 명확한 가이드라인을 제공하고, 한번 구조화한 상담회기의 규칙들을 일관되게 유지하면서, 그럼에도 규칙과 틀 내에서 내담자가 자신의 생각과 감정을 유연하게 표현할 수 있도록 허락할 필요가 있다. 변화가 요구될 때에는 바뀌어야 할 부분을 구체적이고 명확하게 알려주고, 그 변화가 이루어질 때까지 새로운 상황들 속에서 대처하고 새로운 행동을 연습할 수 있는 충분한 시간을 인내해야 한다. 상담에서 배운 행동들이 상담실 밖의 일상에서 자연스럽게 적용될 거라는 기대를 해서는 안 되고, 새로운 행동이 일반화될 수 있도록 하는 단계별 적용방법을 함께 고안하고 실천 절차를 수립해줄 필요가 있다.

장애를 가진 사람들을 위해 DBT를 변형한 사례는 DBT-ID(Lew 외, 2006)와 DBT-SP(Charlton & Dykstra, 2011) 같이 표준 DBT를 변형한 경우도 있고, DBT-Skills System(DBT-SS; Brown, Brown, & Dibiasio, 2013; Brown, 2016)처럼 기술훈련만 변형하여 실시한 경우도 있다.

DBT-ID(Lew 외, 2006)는 지적장애를 가진 사람들을 위해 변형된 것으로 표준 DBT의 각 모드에 변화를 주었다. 개인상담 모드에서는 주 1회 상담을 필요 시 약 30분씩 주 2회에 걸쳐 진행하기도 하였고, 사전치료에서 내담자에게 치료에 대해 보다 간단하고 명료한 방식으로 설명하였다. DBT의 개인상담 모드는 내담자의 삶과 치료에 대한 전념 수준을 높이는 기능을 수행해야 하는데, Lew 외 (2006)는 DBT의 여러 전념 전략들을 중 지적장애인에게 특별히 도움이 되었던 전념 전략들은 장단점 평가하기, 행동 조성하기, 그리고 치어리딩(응원)하기였다고 보고하였으므로 이들 전략들을 사용하는 것이 적극 권장된다. 또, DBT에 임하는 동안 내담자들이 매일 작성해야 하는 관찰일지 양식에도 글자보다는 그림을 넣어 변형을 주기도 하였다. 이 관찰일지는 지적장애를 가진 사람들의 경우 치료 초반부터 바로 작성하지 않고, 먼저 긍정적인 기술들을 연습하는 것부터 시작한다. 추후 주변의 강화 도움을 받아 목표 행동을 포함시킨 보다 단순하고 초점화되어있는 관찰일지를 통한 자기 모니터링을 하게 하였다. 행동사슬분석을 할 때도 내담자에게 시각적으로 단순화된 사슬을 보여주고, 이를 채워 넣을 수 있는 그림 자료들을 구비해두는 노력을 하였다.

기술훈련 집단은 두 명의 집단리더가 약 8명의 집단원과 부모들을 대상으로 운영을 하였다. 약 23주짜리 표준 기술훈련 집단 주기를 2-3번 완료할 수 있도록 하였는데, 23주의 구성은 다음 모듈로 구성되었다. 오리엔테이션 및 집단 규칙(1주), 마음챙김(2주), 고통감내(5주), 마음챙김(2주), 정서조절(5주), 마음챙김(2주), 대인관계 효과성(5주), 수료축하(1주). 각 집단 회기는 2시간으로, 숙제 및 지난 주 기술 점검(30분), 저녁식사(30분), 현재 주 기술 훈련(1시간)으로 구성되었다. 지적장애를 가진 사람들이 학습과 학교에 대한 부정적인 경험과 인식을 가지고 있다는 것을 감안하여 집단에서의 배움이 최대한으로 즐겁고 성공적일 수 있도록 노력이 기울여진다. 예컨대, '숙제'라는 용어는 지양하고 '연습'이라고 하며, 집단 내외로 반복적인 연습을 통해 기술 습득과 유지를 촉진한다. 가족 구성원이나 보호자가 집단에 초대되어 함께 참여하기 때문에 활동 및 역할연기를 1:1로 코칭해 줄 누군가가 항상 있다는 점도 중요하다. 집단 활동은 직접 몸으로 해보는 활동들과 시청각 모드가 추가되었다. 집단 환경에서 활동할 준비가 되어 있지 않은 내담자들이 있다면, 개별 작업을 통해 집단에 참여할 수 있도록 준비시키기도 하고, 참여해보면서 어떤지 주기적으로 리더와 체크인을 할 수 있도록 한다. 미리 집단원들과 집단 규칙을 정하면서 안내하면서 차례대로 이야기하기, 존중의 태도로 다른 사람 대하기, 다른 집단원과 친밀한 관계 맺지 않기, 갈등을 야기하는 이야기 주제 피하기 등을 준수할 것을 약속한다.

세션 간 코칭에서는 "당직자를 위한 책자"를 만들어서 각 내담자별로 필요 시 연락할 수 있는 보호자 연락처와 해당 내담자에게 효과적인 기술들을 기록해두었다. 세션 간 코칭을 효과적으로 운영하기 위해서는 힘든 감정이 올라올 때 경험하는 신체 감각을 내담자가 알아차릴 수 있도록 미리 훈련시키는 것이 중요하다. 즉, 내담자의 힘든 감정이 문제 행동으로 표출되거나 위기 상황이 발생하기 전에 세션 간 코칭을 사용할 수 있도록 돕는다.

DBT-ID의 자문팀은 특별히 두 개의 팀이 꾸려졌다. 첫 번째 팀은 매주 만나는 발달장애팀으로, DBT 상담자들과 기관의 임원들, 거주 관리 스텝들로 구성되었다. 두 번째 팀은 매달 만나는 유관기관 DBT 자문팀으로 기관의 DBT 상담자들뿐만 아니라 내담자들을 다른 장면에서 만나는 지역사회 상담자 및 지역사회 거주시설 제공자 등으로 구성되었다. 이들은 표준 DBT 자문팀의 기능들과 더불어 특히 지적장애인 내담자들에게 치료 활동의 적합성 등에 대해 적극적인 피드백을 제공한다.

DBT-SP는 가장 구조화되어있는 기술훈련 모드에서 변형을 많이 시도하였다(Charlton & Dykstra, 2011), 특히 활동지에서 사용되는 언어가 내담자들에게 쉽게 이해될 수 있도록 하였다. 예를 들어, 정서적 취약성을 줄이는 것에 대해 이야기를 나누기보다 정서가 우리에게 어떤 영향을 주는지 이해하고 특정 정서를 경험할 때 좋은 결정을 내릴 수 있도록 하는 데 초점을 두는 활동지를 만들었다.

활동지나 관찰일지 변형 예시는 Charlton & Dykstra(2011) 논문 부록에 실려 있어 참고 가능하다.

인지적 기능이 제한된 개인들(IQ 65-85)을 위한 DBT-SS(Brown, 2016) 또한 표준 DBT 기술 모듈들이 보통의 지능 수준을 가진 학습자들을 위해 고안된 것을 인정하고, 핵심 DBT 기술 개념들을 도출해내어 단순화한 DBT-기반 대처기술 교육과정이다. 300개의 기술들이 재분류되어 9개의 기술이 탄생하였고, 최대한 단순하고 쉬운 언어를 사용하여 기술들을 가르친다. 또한, 내담자가 자신의 현재 정서각성 수준에 따라 상황을 관리할 수 있는 가장 효과적인 기술을 선택할 수 있도록 안내하는 도구를 제공한다. DBT-SS는 내담자가 만나는 보호자 및 다른 전문가들과 자주 소통하고 훈련을 제공하면서 내담자가 새로 학습한 기술들을 일반화 할 수 있도록 촉진하기도 한다. 이 교육과정은 Brown(2016)이 매뉴얼화하여 책으로 출판하였다. 최근 스웨덴에서도 해당 프로그램이 파일럿 실행되었고, 참여자들의 문제행동이 유의하게 감소하고 전반적인 기능수준이 향상되었다고 보고되었다(Rosendahl-Santillo 외, 2021).

5. 결론

앞서 살펴보았듯이 DBT는 자해, 자살 문제를 비롯하여 다양한 위기에 처해 있는 한국의 교육사각지대 학습자의 사회정서적 어려움과 부적응을 효과적으로 감소시키기 위한 바람직한 예방 및 치료 접근으로 활용될 수 있는 근거기반 중재이다. 여러 이유로 교육 지원을 적절하게 받지 못하고 있는 교육사각지대에 있는 학습자들은 궁극적으로 유사한 문제를 보일 수 있으나 결코 동질적인 집단이 아니다. 이미 다양한 집단을 위해 DBT 변형 모델들이 개발되고 효과성이 검증되었듯이, 원리기반 치료인 DBT는 국내 교육사각지대 학습자 집단의 하위 유형에 적합하게 유연하게 조정될 수 있을 것으로 기대된다. DBT는 내담자의 고유 목표와 포부를 중심으로 구조화된다. 즉, 미리 정해진 특정 성과 기준에 맞추어 내담자의 문제를 해결하지 않는다. 국내의 다채로운 교육사각지대 학습자들이 DBT를 통해 각자 바라는 '살만한 삶'을 보다 명료하게 그릴 수 있게 되고, 그 지점에 보다 효과적으로 근접해지는 경험을 할 수 있게 되길 바란다. 국내 상담자들이 여전히 전통적인 접근법을 고수하는 경향이 있고, DBT 상담자 훈련과 보급 체계가 미흡하며, DBT 효과 검증 연구가 매우 부족하다(최현정, 2018)고 하지만, 필자는 DBT가 국내 초중고 학교에서 조만간 먼저 활성화되어 그 진가가 널리 알려지게 되지 않을까 기대해본다. 본 원고에서는 자세히 다루지는 못했지만 최근 미국에서는 DBT가 학교에서 활발하게 적용되기 시작했으며, 사회적, 행동적, 심리적인 문제를 보이는 위기 학생들을 대상으로 하는 CSB-DBT(학교-기반 종합 DBT; Mason, Catucci, Lusk, & Johnson, 2011)와 모든 학생들을 대상으로 예방적 차원에서 실시하는 사회정서학습 프로그램인 DBT STEPS-A(Mazza et al., 2016)가 주목받고 있다. 실제로 DBT를 통해 살만한 삶을 그려나가고, 그 삶을 살기 위한 DBT 기술들을 배워나가는 과정은 교육사각지대 학생들이나 위기학생들에게만 도움이 되는 것이 아니고, 모두에게 도움이 된다. 우리나라 교육사각지대 학생들을 대상으로 DBT 중재를 개발하여 적용할 때, 시행착오를 줄이기 위해 우선 비교적 건강한 아이들을 대상으로 중재의 실현가능성에 대한 사전 조사를 수행하는 것이 도움이 될 것으로 사료된다.

03

난독증 및 읽기 장애 학습자를 위한
연구기반 중재의 실제

신 재 현
(경인교육대학교 특수(통합)교육학과 교수)

1. 서언

글자를 잘 읽지 못하는 학생들이 주위에 적지 않다. 난독증이라는 이름으로 불리는 읽기 문제를 보이는 아동은 한 학급에 한두 명 정도는 있을 정도로 적지 않은 비율이지만, 교육 시스템 및 인식의 부재로 조기 진단과 중재 시기를 놓치는 경우가 많다. 이처럼 교육 지원의 사각지대에 놓일 수 있는 난독증을 비롯하여 한글 읽기에 어려움을 보이는 학생들을 위해 개발된 읽기 중재 프로그램을 적기에 투입하는 것이 무엇보다 중요하다. 이러한 중재 프로그램은 과학적인 연구 절차를 통해 그 효과가 입증된 소위 연구기반 또는 증거기반 중재여야 한다. 이 글에서는 체계적 문헌분석을 통해 난독증을 포함하여 한글 읽기에 어려움을 겪는 사각지대 학습자를 위해 실시된 국내 난독증 중재연구를 개관하고, 효과적인 읽기 중재 프로그램의 특성 및 구체적인 프로그램 예시를 살펴보고자 한다.

1) 읽기의 중요성과 읽기 문제 현황

읽기는 모든 학습의 기초가 되는 핵심적인 학업 기술로 읽기의 심각한 어려움은 학교생활과 학령기 이후의 성인기 삶에도 큰 영향을 미치게 된다(김동일 외, 2016; 신재현, 2017; Fletcher et al., 2019; Snow, 2002). 읽기 어려움은 조기에 진단하여 적절한 교육적 중재를 제공하는 것이 매우 중요한데, Juel(1988)의 연구에 의하면 초등학교 1학년 때 읽기를 잘하는 학생이 4학년 때도 잘 읽을 확률은 88%이고, 반대로 1학년 때 읽기에 문제가 있는 학생이 4학년 때 여전히 잘 읽지 못할 확률도 87%였다. 이는 조기 중재의 중요성을 말해주는 소위 "마태효과(Matthew effect)" (Stanovich, 1986)를 설명해주는 현상으로 초등 저학년에서 발생하는 읽기 격차를 최대한 빨리 파악하여 지원해야 함을 의미한다(Elleman et al., 2011).

읽기 문제는 다양한 형태와 수준으로 나타날 수 있으나, 일시적 현상이 아닌 발달적 문제에서 기인하는 가장 대표적인 유형은 난독증(dyslexia)이다. 난독증은 읽기 학습장애(learning disabilities in reading)의 하위 유형으로 읽기와 연관이 있는 미세한 신경학적 결함이 그 원인으로 지적되고 있으며, 언어권에 따라 조금씩 차이가 있기는 하지만 음운 인식(phonological awareness), 처리속도 결함이 난독과 관련이 깊은 것으로 알려져 있다(국립특수교육원, 2019; 이대식, 신재현, 2022;

National Reading Panel(NRP), 2000; Snowling, 2013). 이 외에도 발달적 문제뿐 아니라 다양한 환경적 요인으로 인해 나타나는 학습부진, 지적장애는 아니지만 평균적인 지능에서 1 표준편차 아래인 71~84 사이인 경계선 지능(또는 느린 학습자), 그리고 다문화 배경을 가지는 아동들에게서도 읽기 문제는 다양하게 나타날 수 있다(김애화 외, 2018).

문제는 이러한 난독증을 포함하여 다양한 읽기 문제를 지닌 학생들이 학교 현장에서 조기에 선별, 진단되고 필요한 효과적인 교육적 지원을 충분히 제공받고 있는가 하는 점이다. 난독증을 하위 유형으로 포함하는 학습장애는 지난 20여 년간 국내에서 지속 출현율이 감소하고 있으며, 2022년 기준 1,078명으로 전체 특수교육대상자 가운데 1%에 지나지 않는다(김동일, 2022). 또한, 학습부진 등 학습 지원이 필요한 학생들을 지원하기 위해 제정되어 최근 국회를 통과한 '기초학력보장법'의 경우 학습장애 학생은 지원의 대상이 되지 않음을 명시하고 있어, 난독증을 가진 학생들이 교육 지원의 사각지대에 놓일 가능성이 있다(김애화 외, 2018). 다행인 것은 2014년을 기점으로 근래 몇 년 동안 지자체에서 난독증 조례를 마련하여 난독증 학생의 진단 및 중재를 위한 지원 체계를 구축하고 있다는 점이다(신재현 외, 2020). 하지만 교육 현장에서 난독증을 포함하여 읽기 어려움을 보이는 학생들에게 개별 특성에 적합한 맞춤형 읽기 교수를 제공하는 것이 그리 쉬운 일은 아니다. 거의 대부분의 읽기 어려움을 보이는 학생들은 일반학급에서 수업을 받고 있는데, 여전히 많은 교사들이 난독증의 선별과 진단 및 읽기 지도의 전문성을 충분히 갖추지 못한 상황이기 때문이다(강은영, 김우리, 신재현, 2021; 신재현, 정평강, 2021; 이대식, 2019).

2) 난독증 중재 방법을 다룬 체계적 문헌분석의 필요성

난독증 및 읽기 문제를 지닌 다양한 학생들이 사각지대에 놓일 가능성이 큰 상황에서 시급한 과제 중 하나는 현장의 교사들에게 연구를 통해 효과가 검증된 소위 연구기반 교수 또는 중재(research-based instruction or interventions)를 소개하고 보급하는 일이다(신재현, 정평강, 2021; Cook, Cook, & Landrunm, 2013; Fuchs et al., 2012; 2014; 2017). 실제로 난독증 분야에서 확실한 과학적 근거가 없는 치료법이 사용되는 경우가 많아 이런 때일수록 관련 분야 전문가들이 중재의 적합성 및 효과성을 체계적으로 분석하는 일이 매우 중요하다(Snowling, 2012). 이러한 체계적 문헌분석 또는 메타분석(meta-analysis)을 통해 난독을 지닌 학생들에게 제공되는 교수의 유형, 내용과 원리, 절차 등을 종합적으로 살펴봄과 동시에 어떤 교수법이 가장 효과적인지 확인이 가능하다. 이를 통해 가장 효과가 큰 교수 방법을 선정하고 현장에서 활용할 수 있는 근거를 제공해줄 수 있다(길한아 외, 2018; 김용욱 외, 2010).

지금까지 국내의 많은 연구자들이 난독증 및 읽기장애 학생의 읽기 능력 향상을 위한 교수 및 중재적 접근을 종합적으로 분석하는 문헌연구 또는 메타분석을 실시해 왔는데, 이은림(1998)의 학습장애 학생 대상 중재 문헌 고찰을 시작으로 김애화(2006)와 정혜승(2007)의 학습장애 중재 문헌분석이 진행되었다. 이들 문헌연구는 학습장애 학생을 위한 다양한 중재접근을 소개하고 정리했다는 점에서 의미가 있지만, 중재의 구체적인 사항이나 효과성까지는 분석하지 않았다(전병운, 권회연, 2010). 이후 메타분석을 통해 중재의 효과성을 살펴본 연구로 직접교수 읽기 중재의 효과성을 살핀 메타분석(정광조, 이대식, 2014), 학습장애 및 학습부진 학생의 어휘 향상을 위한 중재 메타분석(김동일 외, 2015), 장애 학생의 음운 인식 및 단어재인 향상을 위한 중재 메타분석(신미경 외, 2016), 지적장애 학생을 대상으로 한 읽기 중재 메타분석(지정재 외, 2017), 경도 지적장애, 학습장애, 학습부진 학생 대상 읽기 중재 단일대상연구 메타분석(길한아 외, 2018) 등이 있다. 지금까지의 문헌연구에서 대체로 읽기의 다양한 영역(음운인식, 단어재인, 유창성, 어휘, 읽기이해 등)을 고루 다루는 경우가 많았는데, 난독의 핵심 문제인 단어 읽기과 유창성에 초점을 맞추어 중재효과를 살펴볼 필요가 있다. 또한, 연구대상 측면에서도 난독 증상을 보이는 다양한 집단(난독증, 읽기장애, 읽기부진, 다문화 등)을 대상으로 체계적인 난독 중재 문헌분석이 필요하다.

국내외 난독증 중재연구의 동향을 살펴보면 난독증의 주요 결함 중 하나인 음운 인식 능력 향상을 위한 음운 및 음소 인식 훈련과 단어 해독(decoding)을 교사의 명시적 교수 원리(교사 시범-교사의 도움과 오류 교정 하에 학생 연습-학생의 독립적 시도 순으로 서서히 비계를 줄여가는 방식)에 따라 지도하는 파닉스(phonics) 기반 프로그램의 효과가 큰 것으로 알려져 있다(Shaywitz & Shaywitz, 2020; Snowling, 2012) 이 밖에도 다 감각적(multi-sensory) 교수법의 활용, 실행기능 및 작업기억

등 인지능력 향상 훈련의 효과가 보고되기도 하였다(Yuzaidey et al., 2018). 국내에서 난독증 관련 연구는 2010년대 초중반 이후부터 활발히 이루어지기 시작했으며, 주로 초등학생을 대상으로 하여 조사 연구와 실험 연구 위주로 진행되어왔다(연준모, 김우리, 2021). 이 연구에 의하면 특히 다양한 읽기 중재 유형 가운데 글자(낱자)와 소리 간의 연결에 기반을 둔 파닉스 중심 중재가 많이 사용되는 것으로 나타났다.

위에서 기술한 바와 같이 난독증 및 다양한 읽기 문제를 지닌 학생들이 지원의 사각지대에 놓일 가능성이 큰 상황에서 효과적인 난독증 및 읽기장애 학생을 지도하기 위한 연구기반 읽기 교수의 분석과 평가, 그리고 이를 현장에 소개하고 보급하는 일이 매우 중요한 시점이다(김애화 외, 2020; 우정한, 2018; 이대식, 2019; Powell et al., 2017). 따라서 3장에서는 난독증 및 읽기장애 학생을 주요 대상으로 한글 읽기 향상을 위한 국내 중재 연구의 동향과 실제 연구 결과를 분석함으로써 중재의 효과성 정도를 살펴보고자 한다. 이를 통해, 국내 난독 및 읽기장애 학생의 읽기 능력 향상을 위한 중재에는 어떤 것들이 있는지 살펴보고 다양한 중재 기법 가운데 가장 효과적인 지도법은 무엇인지 확인해보고자 한다. 아울러 효과성이 가장 큰 난독 교수법의 지도 내용과 원리, 절차를 구체적으로 제시함으로써 난독증 지도를 위한 실제적인 가이드를 제공하고자 한다.

2. 체계적 문헌분석 절차

1) 분석 대상 연구 선정 절차

체계적 문헌분석 진행에 앞서 먼저 구체적인 연구 문제를 설정하였고 이에 합당한 연구물을 찾기 위해 문헌 검색을 실시하였다. "난독", "학습장애", "학습부진", "읽기장애", "읽기부진"과 "교수", "중재" 검색어 조합으로 누리미디어(DBpia), 한국학술정보(KISS), 교보 스콜라, 구글 스콜라(Google Scholar) 이상 4개의 검색엔진으로 1차 검색을 하였다. 검색 연도는 특별히 제한을 두지 않았으며 출판된 연구물을 분석대상으로 하였다. 1차 검색결과에서 중복을 제외하고 남은 총 387편의 논문을 대상으로 제목과 초록을 검토하여 적합하지 않은 논문을 제외하는 1차 선별작업을 실시하였다. 이 결과 52편의 논문이 선별되었으며, 본 연구의 포함 및 제외기준을 토대로 원문을 검토하는 2차 선별을 실시하였다. 포함 및 제외기준은 다음과 같다. 첫째, 난독증 및 읽기장애(부진) 아동을 대상으로 한 한글 읽기 교수 및 중재연구이어야 함, 둘째, 중재의 특성(중재 요소 및 절차, 중재 시간 및 기간 등)을 파악할 수 있어야 함, 셋째, 효과크기 분석이 가능한 데이터(예: 집단 실험연구의 경우 집단의 평균과 표준편차, 단일대상연구의 경우 각 구간별 데이터나 그래프 또는 PND 값)가 제시되어야 함, 넷째, 국내에서 우리나라 학생(다문화 학생 포함)을 대상으로 진행된 한글 읽기 중재연구이어야 함, 다섯째, 연구물의 유형은 동료심사(peer review) 저널에 출판된 논문이어야 함, 여섯째, 종속 변인으로 음운 인식, 단어인지(또는 해독), 읽기 유창성 중 하나 이상이 포함되어야 함.

추가로 검색엔진에서 누락된 연구가 있을 가능성을 고려하여 실험연구가 아닌 문헌연구나 메타분석 연구의 참고문헌을 별도로 참조하였으며 여기서 추가된 논문은 없었다. 최종적으로 16편의 연구가 분석대상으로 확정되었다.

2) 연구 분석틀

중재효과를 분석함에 있어, 중재 대상과 기간, 중재 방법 및 절차의 상세한 기술과 함께 중재의 효과와 지속 여부를 구체적으로 살펴보는 것이 중요하다 (NRP, 2000). 따라서 본 연구에서는 난독증 중재의 특성과 효과를 비교, 분석하기 위해 연구자 및 출판연도, 연구대상 및 인원, 중재 내용(주요 중재 요소 및 원리 등), 중재 기간(회기당 시간, 주당 회기, 총 회기 수 등), 주요 연구 결과, 연구 설계, 종속 변인, 효과크기를 중심으로 정리하였다. 이는 국내외 많은 연구자들이 중재 연구 정리 및 분석 시 일반적으로 사용하는 틀이기도 하다(예: 길한아 외, 2018; 김동일 외, 2021; 김우리, 고은영, 2012; 신미경 외, 2016; Wanzek et al., 2016).

3) 효과크기 산출

효과크기는 메타분석에 포함된 연구가 모두 단일대상연구였기 때문에 단일대상연구 효과크기 산출방법의 하나인 비 중복 비율(percentage of non-overlapping data, PND)을 산출하였다. PND는 중재 구간 데이터 중 기초선 데이터와 중복되지 않는 데이터의 비율로 정의되며, 0~100 사이의 값을 갖는데, 중재의 효과가 클수록 100에 가까워지게 된다. 이 연구에서는 중재와 유지, 그리고 일반화 구간 각각에 대하여 연구대상의 데이터를 구간별로 통합하여 산출하였다.

3. 난독 중재 연구의 동향과 중재 효과성

1) 난독증 중재 연구의 동향

우선 전반적인 중재 연구의 동향을 살펴보면 다음과 같다. 첫째, 난독증 대상 중재연구는 2000년대 초반부터 시작되었지만, 대부분의 연구는 2010년대 중반 이후에 집중되었다. 둘째, 연구대상은 초등 학년에 집중되어 있으며 중고등학교 나 학령기 이전 학생 대상 중재연구는 없었고 학령기 이전 학생을 대상으로 한 연구는 1편이었다. 셋째, 중재 방법 측면에서는 직접교수 또는 명시적 교수를 토 대로 발음(소리) 중심의 파닉스 지도가 주를 이루고 있었으며, 보편적 학습설계 적용, 스크립트화된 프로그램 적용, 동화를 활용한 중재 등이 이에 추가적인 수 단으로 활용되고 있었다. 반구 자극 중재는 1편의 연구에서만 사용되었다. 넷째, 중재 강도 측면에서 보면 10회기부터 40회기까지 다양한 중재 기간을 보였으며, 가장 일반적으로는 주 2~3회 20회기 내외의 중재가 적용되었다. 20~50분으로 비교적 다양했는데 다수의 연구에서 40분 내외의 회기별 중재 시간을 투입하고 있었다. 연구 설계로는 대상자 간 중다 간헐 기초선 설계가 가장 많았으며, 행동 간 중다 간헐 기초선 설계와 AB 설계도 각각 1편씩 적용되었다. 다섯째, 중재의 효과를 살펴본 종속 변인으로는 음운인식, 단어인식(재인), 무의미 단어 읽기, 읽기 유창성, 철자하기 등이 사용되었다.

2) 난독증 중재의 효과성 및 특징

중재효과는 단일대상연구의 효과크기 산출방법 중 하나인 PND를 사용하였 다. <표 3-1>에서 보는 바와 같이, 중재와 유지 구간에 대해서는 각 구간별 PND를 산출하였으며, 일반화 구간은 데이터가 제공된 연구에 한해서만 제시하 였다. 모든 연구를 통합한 평균 효과크기는 중재 구간 PND=96.26%, 유지 구간 PND=100%으로 나타났으며 일반화 구간에 대한 효과크기를 산출한 연구는 없었다. 일반화 구간의 경우에는 거의 모든 연구에서 별도로 평가를 진행하지 않았음을 확인할 수 있다. 또한, 전체적으로 중재와 유지 구간을 비교하면 유지 구간의 중재 효과크기가 상대적으로 더 크다는 것도 알 수 있다.

이 글에서 분석한 논문들 가운데 중재 구간과 유지 구간 모두에서 연구에 포함된 모든 종속 변인에 걸쳐서 PND＝100%인 연구는 4편이었다. 높은 중재효과를 보인 이 4편의 연구에서 사용된 중재의 특성(중재의 내용, 요소, 절차, 기간 등)을 조금 더 구체적으로 살펴보면 다음과 같다. 양민화(2019)의 연구에서는 한글 파닉스 교수를 1:1로 진행하였으며 회기당 45분씩 평균 17회기를 제공하였다. 중재 프로그램 세부 내용으로는 목표 음소 확인, 음소 구분, 소리 분류, 음소 인식 게임 등이 포함되었다. 이 중재의 특징은 비대면(원격)으로 진행하였음에도 불구하고 한글 파닉스 교수의 효과가 크게 나타났으며, 무엇보다 다문화 난독 아동에게도 효과가 있음을 확인했다는 점에 의미가 있다. 신수정, 강옥려(2018)의 연구에서는 명시적 교수에 기반으로 한 통합파닉스 훈련을 단계별로 음절(소) 수 세기, 변별, 합성, 탈락, 대치 다섯 가지로 구성하여 음절 및 음소 수준에서 각각 진행하였다. 회기당 25분씩 총 30회기를 진행하였는데, 무의미 단어를 포함한 단어 읽기과 읽기 유창성, 그리고 철자 쓰기에서 모두 큰 효과를 보였으며 그 중에서도 철자 쓰기에 대한 효과가 가장 크게 나타났다. 문연희, 박용한(2020)의 연구에서는 발음중심의 한글 지도 프로그램을 적용하였고 회기당 30분씩 총 15를 중재하였다. 교육과정평가원에서 개발한 한글 지도 프로그램인 '찬찬한글'을 기반으로 하여 음소인식, 단모음, 자음, 이중모음, 대표 받침을 중심으로 프로그램을 구성하였다. 그 결과 한글 해득 검사에서 읽기 정확도와 유창성(속도)가 모두 증가하였다. 끝으로 신은선 등(2020)의 연구에서는 보편적 학습설계(Universal Design in Learning, UDL) 기반 음운인식 프로그램을 적용하여 15회기 중재를 실시하였다. 구체적으로 음절 분리 개념 알기, 첫소리－끝소리 음절 분리하기, 음절 합성 개념 알기, 음절 합성하기 순으로 진행하였다. UDL 요소로는 그림카드, 음원 등 다양한 자료 제시 및 표상, 행동과 표현 등 참여 원리가 적용되었다. 그 결과 다문화 읽기 곤란 학생의 음운 인식 능력이 향상되었다.

앞서 설명한 높은 중재 효과크기를 보인 연구들에서 나타난 난독증 중재의 공통적인 특성을 요약해보면 다음과 같다. 첫째, 발음중심의 파닉스 교수가 적용되었다. 낱자와 소리값을 명시적이고 체계적으로 연합하는 훈련을 모든 회기에 포함함으로써 글자의 소리값을 신경학적으로 각인시킬 수 있다. 아울러 각 낱자의 소리가 날 때 만들어지는 입모양이나 혀의 위치, 입에서 나오는 바람의 세기 등을 함께 익힘으로써 낱자-소리 연합을 더 효과적으로 형성할 수 있게 한다. 둘째, 음운인식 훈련을 포함하였다. 난독증의 핵심 원인인 음운인식 능력의 결함을 중재하기 위하여 소리값의 단계별, 체계적 조작 훈련이 이루어질 수 있도록 하는 것이다. 여기서는 낱자 소리값의 합성, 분리, 탈락, 대치 훈련이 포함되며, 음절 수준의 훈련으로 시작하여 음소 수준의 음운인식 훈련까지 진행한다. 물론 학생의 읽기 발달 수준과 결함 영역을 고려하여 음절 또는 음소수준 중 어떤 훈련에 집중할 것인지 결정할 수 있다. 셋째, 직접 교수 또는 명시적 교수의 원리를 적용하였다. 교사의 명시적인 시범으로 시작하여 학습의 목표가 명확히 모델링될 수 있도록 하고, 이후 교사가 도움과 피드백을 제공하면서 학생이 시도해보도록 하며, 학생의 독립적인 시도로 마무리하는 절차를 거치는 것이다. 이러한 직접 교수나 명시적 교수 원리는 특수교육 교수 방법의 대표적 전략으로 난독증 교수 시에도 교수에 잘 반응하지 않는(non-responsive) 학생들에게 매우 효과적인 접근이 된다. 넷째, UDL 원리와 같이 다양한 자료 및 활동을 포함하여 교수를 진행하였다. 글자의 소리값을 익힐 때 글자의 모양을 보고 소리를 연합하는 일반적인 활동을 할 수도 있지만, 이에 더하여 실제 글자 모형을 활용하거나 글자를 손바닥이나 허공에 써보기도 하고 몸짓으로 글자를 만들어볼 수도 있다. 이처럼 다양한 자료와 매체, 활동을 포함함으로써 개별 학생의 흥미와 강점을 극대화할 수 있으며, 다 감각적 활동을 통하여 중재 효과를 높일 수 있다.

3) 대표적 한글 읽기 중재 프로그램 예시

그렇다면 어떤 읽기 중재 프로그램을 현장에서 적용할 수 있을까? 하는 물음이 생긴다. 지금부터는 난독 중재 효과가 높았던 연구 중에서 구체적인 중재 요소와 내용, 절차가 제시된 프로그램 예시를 제시하고자 한다. 첫 번째 프로그램 예시는 김애화 등(2011)의 연구로 스크립트화된 합성 파닉스 교수를 적용한 연구이다. 해당 프로그램은 음운인식과 단어인지 활동을 결합한 파닉스 교수로 글자 소리를 합쳐 단어와 글자를 만드는 합성 파닉스 활동을 중심으로 한다. 아울러 교사의 명시적인 시범, 안내된 연습과 독립적 연습의 반복, 구체물 및 키워드 그림 활용, 읽는 활동 외에 철자하기 활동 추가 등을 주요 요소로 하고 있다. 당연하겠지만 대상 학생의 읽기 수준에 따라 어려운 내용(받침 있는 단어 교수)에 대한 지도 여부를 결정한다. 이 중재 프로그램의 한 부분(받침 없는 글자에 대한 합성 파닉스 교수)을 예시로 제시하면 다음과 같다.

표 3-1   음운인식 활동과 결합한 합성 파닉스 교수 단계 예시

1단계: 낱자 이름과 소리 가르치기 1-1: 낱자 이름 가르치기(예: ㄱ → 기역) 1-2: 낱자 소리 가르치기(예: ㄱ → /그/) 1-3: 키워드 사용하여 낱자 소리 강화하기 1-4: 낱자 쓰기 활동
2단계: 음소 합성 예: '가' → /그/와 / ㅏ /를 합쳐서 /가/
3단계: 낱자-소리 대응 관계를 활용하여 CV 단어 읽기 예: 'ㅅ' 낱자 카드와 'ㅏ' 낱자 카드를 합쳐 '사'라는 글자 만들어보고 읽기
4단계: 낱자-소리 대응 관계를 활용하여 CV 단어 만들기 예: 'ㅅ' 낱자 카드와 'ㅓ' 낱자 카드를 합쳐 '서'라는 글자 만들어보기
5단계: CV 글자 읽고 쓰기 예: 사, 서 ...
6단계: 낱자-소리 대응 관계를 활용하여 CVCV 단어 읽기 예: 시소, 사자, 사과 ...
7단계: 배운 단어를 단어 은행에 저금하고 연습하기 - 지금까지 배운 단어들을 누적 연습하기

출처: 김애화 외, 2011

표-3-2 받침 없는 교수 1단계에 대한 스크립트화된 합성 파닉스 교수 절차 예시

단계	내용 및 절차
1. 낱자 이름 가르치기	시범 ○○야, ○○는 엄마 아빠가 멋있는 이름을 지어 주었지? ('ㅅ' 카드를 교사가 한 손으로 들고 'ㅅ'을 가리키며) 이 글자도 ○○처럼 이름이 있어. 얘 이름은 '시옷'이야. 다시 한번 잘 들어봐. (카드를 가리키며) 얘 이름은 '시옷'이야. 안내 지도 선생님과 같이 한번 해 볼까? ('ㅅ' 카드를 교사가 한 손으로 들고 'ㅅ'을 가리키며) 얘 이름이 뭐라고 했지? (이때 손 인형을 사용하여) '시옷'(선생님과 학생이 함께 대답한다). 잘했어. 한 번 더 반복(필요 시 몇 번 반복) 학생 연습 자 그럼 ○○가 혼자서 해 볼까? ('ㅅ' 카드를 학생 앞으로 가져가며) 얘 이름은? (학생 반응 - '시옷') 아주 좋았어. 한 번 더 반복(필요 시 몇 번 반복)
2. 낱자 소리 가르치기	시범 ('ㅅ' 카드를 교사가 한 손으로 들고 'ㅅ'을 가리키며) 얘를 보면 /ㅅ/라고 부르는 거야. 참 신기하지? 자 봐봐. /ㅅ/. ('ㅅ' 카드를 교사가 한 손으로 들고 'ㅅ'을 가리키며) 이제부터는 얘를 보면, /ㅅ/이라고 부르는 거야. 안내 지도 선생님이랑 같이 한번 해 볼까? (이때 손인형을 사용하여) /ㅅ/(선생님과 학생이 함께 한다). 잘했어. 한 번 더 반복(필요 시 몇 번 반복) 학생 연습 자 그럼 ○○가 혼자서 해 볼까? ('ㅅ' 카드를 학생 앞으로 가져가며) 무슨 소리? (학생 반응 -/ㅅ/) 너무 잘했어. 한 번 더 반복(필요 시 몇 번 반복)
3. 키워드 사용하여 낱자 소리 강화하기	시범 (사과 그림을 학생에게 보여주며) 이게 뭐지? (학생 반응-사과요) 맞아. 사과야. (사과 그림을 'ㅅ' 카드 위에 붙이면서) /ㅅ/사과, /ㅅ/사과 안내 지도 선생님이랑 같이 한번 해 볼까? /ㅅ/사과, /ㅅ/ 사과 (선생님과 학생이 함께 한다). 잘했어. 한 번 더 반복(필요 시 몇 번 반복)

	학생 연습 자 그럼 ○○가 혼자서 해 볼까? 너무 잘했어. 한 번 더 반복(필요 시 몇 번 반복)
4. 낱자 쓰기	시범 이번에는 선생님이 이 낱자를 써볼게. 낱자를 쓸 때는 이름과 소리를 말하면서 쓸 거야. 자 봐봐. (클립보드에 점선 낱자가 2개 쓰인 종이를 놓고 학생이 보도록 한 후, 낱자를 쓰면서 낱자 이름을 말하고, 바로 이어서 낱자 소리를 말한다. 이 과정을 2번 반복한다.) 안내 지도 선생님이랑 같이 한번 해 볼까? (교사가 신체적 촉구를 주면서 글자의 이름과 소리를 말하면서 쓴다.) 학생 연습 자 그럼 ○○가 혼자서 해 볼까?

출처: 김애화 외, 2011

다음으로 파닉스 중재 프로그램에 포함된 음운인식 활동이 파닉스 활동과 함께 어떻게 이루어지는 이애진, 양민화(2018)의 연구에서 제시한 활동 예시를 살펴보면 다음과 같다.

표 3-3 음운인식 활동이 포함된 파닉스 중재 활동 예시

교수활동	내용	예시
음소 수 세기	아동에게 1음절 단어를 불러주고 몇 개의 음소로 구성되어 있는지 세어보는 활동	교사: /강/에는 몇 개의 소리가 있나요?
목표 음소 확인	목표 음소와 대조 음소를 소리내어 보는 활동	교사: 오늘 배울 소리는 초성 /ㄱ/에요. 선생님을 따라 소리 내어 보아요. /ㄱ/.
음소 분절	단어를 듣고 목표 음소와 대조 음소 중 어떤 음소가 들어있는지 구분하는 활동	교사: /강/의 첫소리에는 /ㄱ/소리가 있나요? /ㄴ/소리가 있나요?

음소 분류	제시된 그림카드를 보고 같은 음소가 들어있는 카드끼리 분류하는 활동	교사: 그림카드를 보고 /ㄱ/ 소리가 있는 것은 왼쪽에, /ㄴ/소리가 있는 것은 오른쪽으로 나눠주세요.
음소인식 게임	게임형식을 이용하여 그림카드의 단어에 들어간 목표 음소와 대조 음소를 구분하는 것을 반복적으로 연습하는 활동	빙고 게임형식으로 교사와 아동이 서로 단어를 말하면 그림카드를 붙인 빙고판에서 해당 그림카드를 지우기
음절 조합	목표 음소와 대조 음소에 대응하는 자소를 확인하고 글자를 조합해보는 활동	교사: 선생님이 들려주는 단어를 듣고 낱자 카드로 글자를 만들어 주세요.
철자 분류	목표 음소와 대조 음소가 들어간 단어를 듣고 같은 음소가 들이있는 단어끼리 분류하여 철자하는 활동	교사: 선생님이 불러주는 단어에 /ㄱ/ 소리가 있으며 '고래' 그림카드 아래에 적어주고, /ㄴ/소리가 있으면 '나무' 그림카드 아래 적어주세요.
철자 게임	게임형식을 이용하여 단어를 듣고 해당 자소를 철자하는 것을 반복적으로 연습하는 활동	빙고게임 형식을 이용하여, 빙고판에 단어들을 적고 교사와 아동이 서로 단어를 말하면 빙고판에서 해당 단어를 지우기
문장쓰기	목표 자소가 들어간 단어를 1~2개 포함한 3~4 어절의 문장을 써보는 활동	교사: 선생님이 불러주는 문장을 써보세요. '고기 먹으러 가요.'
단어채집	목표 자소가 포함된 짧은 글을 읽으면서 목표 자소와 대조 자소가 들어간 단어를 찾아 읽어보는 활동	교사: 글을 읽으면서, 오늘 배운 /ㄱ/, /ㄴ/ 소리가 있는 단어들을 찾아보아요.

출처: 이애진, 양민화, 2018

표 3-4 분석 대상 연구 내용 및 효과크기

연구자 (연도)	연구대상 (n)	중재 내용	중재 기간	주요 연구 결과	설계	종속변인	효과크기(PND) 중재	유지	일반화
양민화 (2019)	다문화 배경 난독 (6명), 연령 및 읽기/쓰기 유사한 일반경 난독(6명)	원격 1:1 한글 파닉스 프로그램(목표 음소 확인 및 음소 구분, 소리 분류, 음소인식 게임 등)	20주 평균 17회기 (주2-3회) 회기당 45분	난독 아동을 위해 고안된 한글 파닉스 교수가 다문화 배경 난독 아동에게도 효과적임. 특히 원격지도의 효과도 확인함. 다문화 배경 아동도 원인이 다를 뿐 난독의 양상(읽기, 쓰기 및 인지처리)은 유사함	대상자간 중다간헐 기초선 설계	KDSA-CBA 철자검사	100	100	NA
하정숙 (2018)	읽기 능력이 부족한 경계선 지능 아동 2학년(3명) *선별: 느린 학습자 행동 관찰지, K-WISC-III, 기초학습기능검사	동화를 활용한 읽기중재 동화 속 단어 활용 탐지, 합성 등 음운인식 활동(직접교수 적용) 동화 활용 단어인지 사전 찾은 후 단어 카드 만들기 동화 활용 유창성 활동(교사주도-함께-학생주도 반복 읽기)	40분씩 주2-3회 총 17~20회기 *기초선 평균보다 70% 이상 점수가 3회 이상일 때 종료	동화를 활용한 읽기 중재로 아동의 음운인식, 단어인지, 읽기 유창성 향상에 효과적임	대상자간 중다간헐 기초선 설계	음운인식 (BASA 초기문해)	96.67	100	NA
						단어인식 (BASA 초기문해)	96.67	100	NA
						읽기유창성 (BASA)	95	100	NA
정혜림 외 (2016)	다문화가정 난독 의심군으로 진단된 유치원 아동	기본모음 중재를 중심으로 한 체계적인 한글 파닉스 직접교수(음소 확인, 음소 구분, 음소인식 게임, 자소 확인, 철자분류, 철자게임)	7주 10회기 (회기당 35분)	중재 후 모든 아동이 기본모음을 읽고 쓰는 능력의 향상을 보였으며, 대부분 아동이 숙달 수준에 도달한 상태임. 그러나 발달지체이거나 행동 문제가 있는 아동은 상대적으로 향상속도가 느렸음. 본 연구의 결과는 한글 파닉스 중재가 기초 읽기 쓰기 능력 향상에 효과적이며, 다문화가정 아동에게서 나타날 수 있는 읽기 쓰기 문제를 예방할 수 있음을 증명	단일대상 AB 설계	단어인지 (CV형태 2음절 비단어 읽기)	91.66	100	NA
						철자 (CV형태 2음절 비단어 받아쓰기)	87.14	100	NA
이지영 김정미 (2006)	초등 읽기장애 (단어읽기) 아동 3명 (1학년 2명, 3학년 1명)	단어재인과 읽기이해 혼합중재(글자소리 대응원리와 단어게임으로 구성된 단어재인훈련과 텍스트를 읽고 이해의 수준별 질문에 따라 명시적 정보를 찾는 읽기이해훈련)	주2회 총 24회기(회기당 50분)	세 아동 모두 단어재인과 읽기이해 혼합 중재를 통해 비단어 읽기기술이 전반적으로 향상됨. 그러나 이물을 수행 양상은 다소 다르게 나타남	대상자간 중다간헐 기초선	비단어 읽기	95.83	100	NA

연구자 / 대상	중재 내용	중재 시간/횟수	결과	종속변인	설계			
신수정·강옥려 (2018) / 지능이 정상이며 난독이 의심되는 초등 2학년(3명)	명시적 교수에 기반한 통합파닉스 훈련 -음절, 음소 수준 단계로 진행하였고 단계별로 음절(소) 수 세기, 변별, 합성, 탈락, 대치 5가지로 구성	회기당 25분씩 30차시	단어재인에서 대상 학생들은 모두 효과적인 것으로 나타났다. 음절 수준의 중재보다는 음소 수준의 중재가 더 효과적이었음 읽기 유 창성에서도 모두 향상도를 보였으나 중재 낮은 향상도를 보여줌. 철자쓰기에 대한 효과는 가장 큰 것으로 그 효과도 지속 유지되었음	단어재인 (무의미 단어 읽기)	대상자간 중다간헐 기초선 *검사는 중재 3차시마다 시행	100	100	NA
				읽기유창성 (BASA)		100	100	NA
				철자쓰기 (의미단어)		100	100	NA
김선화·박현숙 (2003) / 초등 3~6학년 난독증 학생(6명-L형, P형 각 3명)	반구를 자극하는 신경심리학적 중재(실험질적 오류 발생 L형 아동은 우반구 자극, 시간 지연 오류 발생 P형 아동은 좌반구 자극) *헴스팀(Hemstim) 이용 - L반구 직접 자극하는 반구-특정 자극과 읽기자료 변형을 통해 자극을 유도하는 반구-유도 자극으로 구성	회기당 20분씩 주5회	L형은 단어재인 정확도에서, P형은 읽기 유 창성에서 향상을 보임. 모든 학생들이 읽기 전략의 변화를 보였으며, 중재 종료 후 7주차 유지검사에서도 중재효과가 유지됨. 그러나 오류 유형이 변화하여 하위 유형이 뚜렷이 전환될 만큼 큰 폭의 변화는 없었음	단어재인 정확성(L형)	대상자간 중다간헐 기초선	83.1	91.6	NA
				읽기 유창성(P형)		74.5	100	NA
문연희·박용한 (2020) / 한글해득 미해득 초등 1학년(5명)	발음중심 한글지도 프로그램 (천천히글 보완: 음소인식, 단모음, 자음, 이중모음, 대표받침)	회기당 30분 총 15회	중재를 받은 학생의 한글해득 검사 정반응률이 평균 10%p 이상 향상되었고, 5명 중 4명에게서 중재효과가 큰 것으로 나타남. 또한, 중재를 받은 학생들은 중재 전과 비교하여 1분 동안 정확하게 읽은 낱말 수가 평균 12.5개 증가함	한글해득수준 정반응률	대상자간 중다간헐 기초선	100	100	NA
신은선 외 (2020) / 초등 저학년 다문화 읽기곤란 학생(2명)	보편적 학습설계 기반 음운인식 프로그램[음절 분리(첫소리-끝소리), 음절합성 개념 알기], 음절성 개 … UDL: 그림카드, 음원 등 다양한 자료 제시 및 표상, 행동과 표현, 참여 원리 작용	15회기	중재가 진행됨에 따라 다문화 읽기장애 학생의 음운인식능력이 향상되었고, 그 결과 사후검사에서 음운인식능력이 향 상됨. 전검사보다 사후검사에서 향상	음운인식 (읽기능력 및 난독증 진단검사, K-DAT)	대상자간 중다간헐 기초선	100	100	NA

연구	대상	중재 프로그램	중재 회기	중재 결과	실험설계	종속변인			
김애화 외 (2011)	초등 1~2학년 읽기 장애 아동(3명)	스크립트화된 합성 파닉스 교수 -음운인식과 단어인지 결합 -글자-소리를 합치는 교수 실시 -글자 파닉스 원리(시범, 연습, 구체물 활용, 키워드 그림 활용, 철자활동 추가 등)를 스크립트화하여 지도	회기당 평균 50분 회기당 15-21회기	중재의 실시와 함께 모든 참여자의 개별 평균 단어인지 점수가 기초선에 비해 급격히 향상된 것으로 나타남. 또한, 유지 기간동안 모든 참여자의 개별 평균 단어인지 점수가 중재 단계에서 비슷한 것으로 나타나 중재의 효과가 유지된 것으로 나타남	행동간 중다간헐 기초선	단어인지 평가지(연구자 개발) *2음절 단어 15개로 구성된 동형검사	97.5	100	NA
김복성 이대식 (2021)	난독 위험군 학생 2학년(3명), 3학년(1명)	음운인식 기반(인지, 합성, 대치) 낱자-소리 대응을 훈련하는 한글읽기(모음, 자음, 받침) 교수 -명시적 교수 원리 적용	주 3회 총 40회기(회기당 40분)	네 명의 대상자 모두 기초선 구간 대비 중재 구간에서 해독 능력이 긍정적인 변화를 확인하였음. 유지검사를 통해서 효과가 지속되고 있음도 확인함, 더불어 대상자들의 해독 능력 향상속도나 기능별 습득 정도에서 뚜렷한 차이가 있음을 확인	대상자간 중다간헐 기초선	해독 능력 *한글 모변자모음 수정한 검사	96.7	100	NA
차예은 김소희 (2019)	초등 다문화가정 아동(4명) *지능 85 이상 규준단어 읽기 정확도 80% 이상, 철자 정확도 70% 이하이면서 음운변동 단어 읽기 정확도 50% 이하, 철자 정확도 25% 이하	읽기 및 철자쓰기를 통합한 음운규칙 지도 프로그램(8개의 한글 음운규칙 12단계로 구성) *공통점 찾기-음운규칙 교수-단어카드 활동-글자자석을 통한 활동-가리고 기억하며 소리내어 쓰기 활동 순으로 제시	아동별 12~15회기(회기당 50분)	대상 아동들은 각 단계 음운규칙에서 높은 이 읽기 및 철자 정확도를 보였으며, 음운규칙 단어 읽기와 철자쓰기가 큰 폭으로 향상됨. 또한, 참여 아동들은 중재를 통해 학습한 음운규칙을 중재에 포함되지 않은 음운처럼 단어에도 일반화하였으며, 이러한 중재 효과는 중재 종료 한 달 후에도 유지됨	자연단 중다기초선	읽기 정확도 / 철자 정확도	98.2	100	100	NA
김수정 외 (2012)	초등 1학년 읽기부진 다문화 아동(3명)	직접교수 원리를 적용한 한글읽기 프로그램 *교사에 의한 명료한 시범, 점진적인 지원감소, 충분하고 다양한 예를 활용한 연습, 차, 모음자와 그에 대응하는 소리의 집중적이고 체계적인 학습 *Reading Mastery level 1을 기초로 김동일, 정광조(2005) 한글 읽기 프로그램 재구성	주 2~3회 총 16회기 회기당 60분	첫째, 직접교수 원리를 적용한 한글 읽기 프로그램은 읽기부진 다문화 아동의 단어 읽기 능력을 향상시킴. 둘째, 직접교수 원리를 적용한 한글 읽기 프로그램은 읽기부진 다문화 아동의 읽기유창성 향상에 긍정적인 영향을 미침	대상자간 중다간헐 기초선	단어 읽기(1~3음절 단어 20개) / 읽기 유창성(BASA 읽기)	91.7	100	100	NA

저자(연도)	대상	중재내용	중재회기	결과	설계	종속변인			
김애화 외 (2015)	초등 1~3학년 읽기장애 학생(4명) *구측단어는 읽기 단(80% 이상)이 음운변동 단어 읽기가 어려운 경우	체계적, 명시적 음운규칙 교수 *연음 규칙, 축약 규칙, 설측음화 규칙 등을 포함 7단계 교수 *각 단계 지도순서는 음운변동 단어 그림과 소개-규칙 지도-적용 원리 연습-음운규칙에 따른 단어 분류-단어 운행 적음 및 연습	주 3회 21회기(회기당 50분)	중재 실시와 함께 모든 연구 참여자의 음운변동에 비해 형성되는 단어인지 점수가 기초선에 비해 형성된 것으로 나타남. 또한, 유지 기간에 모든 참여자의 음운변동이 적용되는 단어인지 점수가 중재 단계와 비슷한 것으로 나타남	대상자간 중다간헐 기초선	음운변동 단어인지 *연구자 개발 단어인지 총괄평가지 (21문항)	96.4	100	NA
이애진·양민화 (2018)	심한 난독증을 겪는 초등학생(2학년 5명, 3학년 1명 총 6명)	음운인식과 파닉스 교육 원리를 한글 파닉스 교육 프로그램 *음소확인, 음소구분, 음소인식 게임, 자소확인, 철자분류, 철자게임 등 10개의 음운인식 및 파닉스 활동 구성	10주간 평균 24회기 (회기당 40분)	철자 능력은 물론, 난독증의 원인으로 지목되는 음운처리능력 전반이 지도 지식에서도 유의한 향상이 관찰됨. 그러나 작문 유창성에서는 유의한 변화가 없었음	단일대상 AB 설계	철자검사	95.8	100	NA
김은옥 외 (2016)	초등 저학년 난독증 학생(1학년 1명, 2학년 1명 총 2명)	한글의 특성을 고려한 한글 파닉스 접근법에 기초한 단어인지 지도 프로그램 *규칙단어(10회기)-음운변동 단어(10회기) 순으로 지도하며 각 회기별 글자와 소리 인식하기-단어가 들어가는 방법 읽기-의미단어 가-무의미 단어 읽기-확인하기의 순서로 진행 *다 감각적 교수와 직접 교수 원리 적용	주 3회 20회기 (회기당 40분)	첫째, 중재 회기가 진행됨에 따라 난독증 학생의 단어인지 능력이 향상되어 한글 파닉스 접근법에 기초한 단어인지 지도 프로그램은 난독증 학생의 단어인지 능력 향상에 효과가 있었음. 둘째, 규칙단어와 음운변동단어 등 단어유형별 단어인지 능력 또한 향상되었음	대상자간 중다간헐 기초선	단어인지 (검사당 단어 20개)	100	100	NA
정대영 외 (2019)	초등 학습장애 아동(2학년 2명, 3학년 1명 총 3명)	훈민정음 제자원리에 기반한 한글 파닉스 지도 프로그램 *형성 파닉스를 기반으로 한 천천한 글 프로그램(교육과정평가원, 2017)을 수정 보완하여 음운변동까지 8개의 단원 구성 *다감각적 교수와 직접 교수 원리 적용	주 3회 총 35회기	모든 연구 참여자의 단어 읽기와 단어 쓰기 성취도가 기초선에 비해 향상된 것으로 나타남. 이러한 결과는 훈민정음 제자 원리에 기반한 한글 파닉스 지도 프로그램이 학습장애 아동의 단어 읽기와 단어 쓰기 능력 향상에 효과적임을 의미함	교육과정 중심평가 측정에 의한 기준변동 설계	단어 읽기 (검사당 25문항)	96.2	100	NA
						단어 쓰기	88.5	100	NA

4. 결언

난독증 및 읽기장애 학생의 출현율은 국내외 연구를 종합해보면 4~5%에 이른다(김애화 외, 2019; 김윤옥 외, 2015; 우정한, 2018; 유한익, 2018). 결코 적지 않은 비율로 글자를 읽지 못하는 학생이 학교 교실에 있으며, 조기 진단과 중재가 필요한 많은 학생들이 지원의 사각지대에 놓여 있다고 볼 수 있다. 이러한 상황에서 3장의 목표는 난독의 문제를 지닌 학생들을 효과적으로 지도할 수 있는 교수 및 중재 프로그램에는 어떤 것들이 있으며, 효과적인 한글 중재 프로그램의 공통적인 특징은 무엇인지 알아보는 것이었다.

학생의 읽기 문제의 영역과 반응 속도에 따라 적용되는 읽기 중재의 내용이나 방식은 다양하게 이루어질 수 있으나, 본 연구를 통해 확인한 난독증 중재연구의 특징을 종합해보면 다음과 같은 몇 가지 공통점을 발견할 수 있다. 첫째, 음운인식 훈련(합성, 분리, 탈락, 대치)과 글자-소리 대응 훈련을 병행하는 음운인식 기반의 합성 파닉스 교수를 적용한다(예: Rack et al., 1992). 둘째, 중재 회기 내 개별 활동 진행 시 명시적 교수, 즉 교사의 시범-안내된 연습-독립적 연습 순으로 진행한다. 셋째, 다양한 자료(예: 구체물)와 다감각적 활동을 포함함으로써 보다 효과적인 파닉스 학습이 될 수 있도록 돕는다. 사실 이러한 중재 프로그램의 특징들은 국내외 다수의 난독증 학생 대상 중재 연구에서 확인할 수 있는 부분이다(예: 김동일 외, 2016; 김애화 외, 2011; 신재현 외, 2019; 양민화 외, 2016; 이애진 외, 2016; Graham et al., 2002; NRP, 2000; Wanzek et al., 2016). 그 외에도 본격적인 중재를 시작하기 전 사전 평가를 통해 아동의 수준과 교육적 요구, 동기화 정도 등을 살펴보는 것이 이후 중재에 도움이 된다(김애화 외, 2011).

16편의 한글 읽기 중재 연구 중에서 가장 그 효과가 낮은 것은 반구 자극 중재였다. 또한, 연구도 1편으로 누적된 효과성을 확인하기 어려운 상황이다. 지금까지 국내외 연구를 종합해보면 이러한 반구 자극이나 청지각 훈련 등은 난독증 중재 효과가 없는 것으로 알려져 있다(신재현, 2019; Fletcher et al., 2016; Shaywitz & Shaywitz, 2020). 난독증 중재에 있어 누적된 연구를 통해 그 효과가 검증된 연구기반 중재를 적용하는 것이 무엇보다 중요하다. 그렇기 때문에 본 연구와 같이 체계적인 문헌분석이나 메타분석을 통해 중재의 효과를 종합적으로 고찰하여 연구기반 여부를 확인하는 과정이 중요할 것이다. 아울러 이러한 연구결과를 현장의 교사나 전문가들이 쉽게 접근하여 비교하고 자신의 학생들에게 적합한 교수 및 중재 프로그램을 선정할 수 있도록 돕는 연구기반중재 안내 및 평가 플랫폼(예: What Works Clearinghouse, https://ies.ed.gov/ncee/wwc/FWW)이 구축될 필요가 있다(신재현, 2019).

다음으로 난독증 중재 선행연구들에서 볼 수 있듯이 난독 또는 읽기장애로 진단되거나 강력하게 의심되는 위험군(at-risk)뿐만 아니라 다문화 배경이면서 난독 증상을 보이는 학생이나 경계선 지능 의심 학생들에게도 위와 같은 중재 프로그램의 효과가 있었다는 점을 주목할 필요가 있다. 한 사례로 다문화 배경의 유무에도 불구하고 음운인식 능력의 부족으로 인한 난독의 양상은 비슷하며 한글 파닉스 교수의 효과가 동일하게 나타날 수 있음을 보고하고 있다(양민화, 2019). 경계선 지능(의심) 학생도 난독의 증상을 보이는 경우라면 본 연구에서 살펴본 한글 파닉스 중재가 효과적일 수 있음을 예상할 수 있다. 따라서 학교 현장에서는 학습장애로 진단을 받았든 난독 증상을 보이는 진단 전 위험군 학생이든, 다문화 배경이든, 경계선 지능(위험)이든 간에 관계 없이 한글 읽기 어려움이라는 양상과 교육적 요구에 따라 한글 조기 중재가 이루어질 필요가 있다.

또한, 거의 모든 연구에서 교사와 아동이 1:1로 개별화된 중재를 실시하였으며, 대체로 회기당 최소 25분 이상, 주 2회 이상, 그리고 총 20회기 이상의 중재를 제공했음을 알 수 있다. 교사-학생 간의 상호작용 증가와 학생 반응에 보다 민감하게 교사가 반응할 수 있다는 점에서 소집단 중재나 1:1 개별 중재의 효과는 당연히 높을 수밖에 없다(Al Otaiba et al., 2014; Fuch et al., 2017; Griffiths & Stuart, 2013; Hatcher et al., 2006). 회기당 중재 시간과 관련해서는 1회기 시간이 30분을 넘지 않도록 권고하기도 하나(NRP, 2000), 다수의 연구에서 20~50분 정도의 중재 시간을 보여주었다(Wanzek & Vaughn, 2008). 일부 연구에서 20회기 미만의 중재를 제공한 경우 사후검사에서 만족할 만한 향상이 보이지 않았다는 점(예: 양민화, 2019)을 고려할 때, 최소한 20회기 이상의 중재가 필요할 것으로 보여진다.

추후 연구의 시사점으로는 국내 난독 중재 연구 동향을 살펴보았을 때 대부분의 연구에서 아동의 중재에 대한 반응(responsiveness to interventions)을 토대로 교수의 내용, 강도, 포맷(형식) 등을 수정하는 소위 데이터기반교수(data–based instruction, DBI)를 적용하지는 않았다는 점을 지적할 수 있다. DBI는 개별화된 중재의 효과를 극대화할 수 있는 증거기반교수로 현재 많은 연구가 진행되고 있음을 고려할 때(신재현, 2019a, 2019c; 정평강 외, 2017; Deno, 1985; McMaster et al., 2017; McMaster et al., 2020; Stecker et al., 2005), 향후 국내 난독 및 읽기장애 연구에서도 DBI를 적용한 연구가 보다 많이 이루어질 필요가 있겠다. 뿐만 아니라, 집단 실험연구보다는 단일대상연구가 많이 이루어지고 있으며, 집단 실험연구 내에서도 통제집단과의 비교가 아닌 단일집단 사전–사후 연구가 많았다. 단일집단에 대한 사전–사후 설계에서는 효과크기가 과대추정되는 경향이 있으므로 결과 해석에 유의할 필요가 있다.

아울러 본 문헌분석에서 학령기 이전 대상 연구는 유치원 아동 중재 연구 1편뿐이었지만 해당 연구의 중재는 효과적이었다. 현재 누리과정에서는 문자 교육이 포함되어 있지 않지만 한글 읽기 위험 아동이나 다문화 아동을 고려할 때 적절한 조기 진단 및 중재가 필요하며 이를 위한 교육과정 및 정책상 변화가 필요하다(정혜림 외, 2016). 그런가 하면 대부분의 난독증 및 읽기장애 중재 연구가 초등학령기에 집중되어 있는데(연준모, 김우리, 2021; 전병운, 권회연, 2010), 난독은 전 생애적이고 적절한 중재가 제공되지 않을 경우 읽기 어려움이 누적될 수 있음을 고려할 때 중학교 이후 및 성인기 난독 중재 연구도 보다 활발히 이루어질 필요가 있겠다(김동일, 고혜정, 2018).

이 글에서는 체계적 문헌분석을 통해 국내에서 출판된 난독증 중재 연구물을 중재의 특성과 효과크기를 종합적으로 검토함으로써 어떠한 교수 또는 중재법이 가장 효과적인지 살펴볼 수 있었다. 이러한 과정을 통해 향후 새로운 난독증 학생을 대상으로 교수법을 적용하고자 할 때 해당 내용과 방법이 연구 및 증거기반을 갖추고 있는지 평가할 수 있으며, 연구자의 시행착오를 줄이는 동시에 연구의 신뢰도를 높일 수 있게 된다(신우종, 2015). 어떤 중재 방법 혹은 프로그램의 증거기반(evidence–base)을 확인하기 위해서는 우선 개별 연구가 방법론적으로 신뢰롭고 타당하면서 동시에 중재의 효과성을 입증하여야 한다. 이에 더하여 질적, 양적으로 질 높은 연구들이 일정 수준 이상으로 축적되어야 한다(신재현, 2019; Cook & Odom, 2013). 이와 관련하여 하나의 기준으로 집단비교연구의 경우 연구

방법론적으로 질 높은 연구 2편 이상 혹은 수용 가능한 방법론적 질적 수준을 갖춘 연구 4편 이상이 축적된 경우에 해당 영역 중재의 증거기반이 있다고 본다 (Gersten et al., 2005). 특수교육 분야에서 많이 이루어지고 있는 단일대상연구의 경우에는 서로 다른 연구자와 서로 다른 지역적 배경을 가지는 5편 이상의 질 높은 연구를 증거기반의 기준으로 제시한 바 있다(Horner et al., 2005). 향후 보다 다양한 학년(연령) 수준과 배경을 갖는 학생들을 대상으로 중재 연구를 확대해 가면서 난독 중재의 효과를 지속 축적해나갈 필요가 있다.

논의해볼 문제

1. 이 글을 통해 나타난 난독증 학생을 위한 국내의 읽기 중재연구 동향은 어떠한가?
2. 이러한 동향분석을 토대로 했을 때, 향후 어떠한 영역에서 추가적인 연구가 이루어져야 한다고 생각하는가?
3. 국내외 난독증 중재연구를 종합적으로 고려해볼 때, 효과적인 난독증 중재 프로그램이 가지는 공통적인 특징은 무엇인가?

04

○○○○○

교육사각지대 학습자를 위한
효과적인 읽기이해 지도방법

조 영 희

(백석대학교 특수교육과 교수)

1. 교육사각지대 학습자를 위한 읽기이해 지도의 필요성

읽기는 학교에서 학습을 하는 데 필요할 뿐만 아니라 일상적인 개인의 여가 생활이나 활동을 할 때에도 중요한 역할을 하는 삶의 필수 기술이다(김동일, 이대식, 신종호, 2016). 따라서 읽기의 어려움은 전반적인 학습의 어려움을 가져올 뿐만 아니라 사회적, 정서적 적응에도 영향을 미치기 때문에 학령기에 반드시 성취해야 할 결정적 과업이다(이일화, 김동일, 2003). 이처럼 읽기가 학습에서 차지하는 비율은 전부라 해도 과언이 아닐 정도로 학습에 있어 읽기는 필수적이다. 그런데 성공적인 읽기를 위해서는 다양한 지식과 기술이 요구된다. 먼저, 읽기는 해독과 읽기이해로 나뉠 수 있으며 해독기술이 완성되더라도 읽기유창성, 어휘력, 사전지식, 추론능력 등의 부족으로 읽기이해에 많은 어려움을 겪을 수 있다(Vaughn. Gersten & Chard, 2000). 읽기이해는 읽기의 궁극적인 목표로 텍스트에서 정확하고 효과적으로 의미를 파악해내는 능력으로 정의된다(McCardle, Scarborough, & Catts, 2001). 읽기이해를 향상시키기 위한 중재 프로그램과 함께 읽기이해에 영향을 주는 변인에 대한 연구는 오랫동안 이루어졌다. 읽기이해 예측변인에 관한 선행연구(Catts, Herrera, Nielsen, & Bridges, 2015; Jenkins, Fuchs, Van Den Broek, Espin, & Deno, 2003)는 단어인지의 정확성과 읽기 속도의 어려움이 모든 연령대의 서툰 독자들에게 보이는 흔한 문제점이라고 하였다. 또한, 전략적 정보처리나 배경지식 활용에서의 실패, 초인지적 인식 부족, 어휘나 텍스트구조에 대한 지식 부족, 낮은 읽기유창성, 수동적인 읽기 등이 학생의 읽기이해를 방해하는 요인으로 작용한다고도 하였다(Gersten, Fuchs, Williams, & Baker, 2001).

지금까지 진행되어 온 읽기 연구를 통해 읽기가 어떤 하위요소로 구성되어 있으며 읽기에 어려움이 있는 학생들은 어떤 영역에서 어려움을 보이는지를 살펴보면 다음과 같다. 읽기모델의 초기 모델이라고 할 수 있는 Gough & Tunmer(1986)가 제안한 단순읽기모델(The simple view of reading, SVR)은 읽기가 해독(Decoding)과 언어이해(Linguistic Comprehension)의 결과물이라고 하였다. 여기에서 해독은 단어인지(Word Recognition)와 가까운 의미로 문자와 소리의 규칙을 활용하거나 자동적으로 문자로 된 부호를 보고 의미를 연상시키는 과정이다. 반면에 언어이해(Linguistic Comprehension)는 주어진 단어, 문장, 문맥정보를 해석하는 과정을 말한다. 언어이해를 듣기이해(Listening Comprehension)로 해석한 연구(Ouellette & Beers, 2010)도 있으나 Tunmer & Chapman(2012)은 단순읽기모델에서 말하는 언어이해가 듣기이해와 동일한 개념이 아니며 그보다 더 복잡한 개념이라고 하였다. 읽기를 단어인지와 읽기이해로 구분한 Gough & Tunmer(1986)는 단순읽기모델의 구성요소에 따라 읽기장애(Reading Disability)를 세 가지로 구분하였는데, 하나는 난독증(Dyslexia)으로 이들은 해독에 어려움을 보이는 학생들이고, 해독에는 문제가 없지만 이해에 어려움을 보이는 학생을 과독증(Hyperlexia) 그리고 해독과 읽기이해에 모두 어려움을 보이는 학생들로 구분하였다.

이중처리결함(Double—Deficit Hypothesis)모형을 제안한 Wolf와 Bowers(1999)는 읽기장애학생들이 단어인지의 한 가지 결함뿐만 아니라 처리속도에 결함을 가지고 있다고 주장하면서 유창성을 읽기능력을 구성하는 중요한 요소로 제안하였다. 이후 유창성은 많은 노력을 들이지 않고 빠르고 정확하게 읽는 능력으로 읽기능력을 측정하는 데 주요 지표(Indicator)로 활용되고 있다(Fuchs et al., 2001). 한편 읽기 구성요소 모델을 제시한 Joshi(2005)는 어휘능력은 해독과 언어이해를 연결하는 요소라고 제안하였으며 이미 해독이 완성된 경우에도 어휘능력의 부족으로 읽기이해에 어려움을 겪을 수 있다고 하였다. 위의 내용을 종합해보면, 성공적인 읽기를 위해서는 음운인식, 글자해독, 읽기유창성, 어휘, 읽기이해와 관련된 지식과 기술이 필요하다(National Institute of Child Health and Human Development, 2000). 이들 중 기본적인 읽기기술에 해당되는 음운인식과 글자해독은 취학 전이나 초등학교 저학년 때 주로 학습하는 기술인 반면, 읽기유창성, 어휘, 읽기이해는 초등학교 전 학년에 걸쳐 중요하게 다루어지는 기술이다(김애화, 황민아, 2008).

교육사각지대 학습자들은 특히 읽기이해로 불리는 독해력, 문해력에 많은 어려움을 보인다. 교육사각지대 학습자의 유형이 다양한 만큼 그 원인도 난독증, 경계선 지능 학생 등 개인적 차원의 문제부터 학습부진 및 심리정서적인 원인으로 인한 읽기의 어려움처럼 환경적인 문제까지 다양하다. 그러면 교육사각지대 학습자들의 독해의 어려움의 원인 및 특성, 유형을 정리하면 다음과 같다.

첫째, 경계선지능아동은 경계선 수준의 지적 기능(Borderline Intellectual Functioning)을 가진 아동을 말한다. 이들은 표준화된 지능검사에서 표준편차 -1 에서 -2 사이에 해당되는 IQ 71~84에 속한다(American Psychiatric Association,

2013). 경계선지능아동은 정규분포 상에서 13.59%를 차지하는데 이 비율은 특수교육대상자들에 비해 6배나 많은 수치이다. 최근 사회적·교육적 측면에서 경계선지능아동에 대한 관심이 높아지고 있는 것이 사실이지만 이들은 특수교육 지원 대상의 범주에 포함되지 않는다. 또한 경계선지능아동에 대한 구체적인 제도적 지원정책뿐 아니라 공교육적 차원의 교육지도 및 안내가 거의 없는 상황이며 결과적으로 이들은 교육지원의 사각지대에 속하는 실정이다(강옥려, 2016).

경계선지능아동은 반복적이고 익숙한 일상생활에서는 '정상'인 것으로 보일 수 있으나 새로운 생활기능, 판단, 학업, 생소하거나 스트레스를 받는 환경 등과 같은 실질적인 능력이 필요한 경우에는 인지능력의 한계와 심각한 적응문제를 가지고 있다(김근하, 김동일, 2007). 평균 이하의 인지능력으로 인해 이들의 학업능력은 하위 8% 수준이며 학습에 있어 다양한 어려움을 겪고 있다(강옥려, 2016). 학습경험의 실패는 단지 학업만의 문제가 아닌 또래관계에서 열등감과 소외감으로 나타나고, 심한 좌절과 자존감 상실로 이어지기도 한다(김춘경, 1998). 또한, 학년이 올라갈수록 학습부진, 문제행동, 불만족 및 불안감, 사회성 결여, 우울증 및 낮은 자존감을 경험하게 되며, 이후 청소년 시기에는 더욱 심화된 문제가 나타날 수 있다. 즉, 경계선지능아동은 적지 않은 집단임에도 불구하고, 학업뿐만 아니라 다양한 발달영역에서 복합적인 어려움을 겪고 있음을 알 수 있다. 경계선지능아동의 인지적 특성은 학령기가 되어 학업을 시작하면서부터 두드러지게 나타난다. 대체로 즉각적이고 단순한 것에는 문제가 없으나 고차원적인 사고, 추론능력, 논리력 등에 어려움을 보이며(정희정, 이재연, 2005), 추론적인 이해를 요구하는 사회과목이나 수학에서의 문장제 문제에서 어려움을 보인다(김진아, 강옥려, 2017). 또한, 시청각에도 문제를 보이는데, 청각 집중력이 떨어져 받아쓰기가 어렵고, 긴 이야기에 집중하지 못한다. 이들은 말로 하는 지시 사항을 이해하지 못해 반복해서 설명해야 하고, 이전과 다른 방식으로 지시하면 반응하기까지 시간이 오래 걸리며, 해야 할 과제를 말로만 지시할 경우 과제의 완성이 어렵다(박현숙, 2018). 시각에 관련해서는 시각−공간 조직에 어려움이 나타나 정교한 활동이 서투르고, 책을 읽을 때 단어나 줄을 빠뜨리거나 위치를 잊어버리고, 단어와 문장을 왜곡한다. 주의집중과 관련해서도 이들은 일반아동에 비해 주의집중기간이 비교적 짧고, 강도가 약하며(Farrell & Shaw, 2010), 금방 산만해지기 쉽다. 이는 결과적으로 기억력이 부족한 특성을 드러내는데, 이들의 기억력은 지적장애 아동만큼 낮지는 않지만 장기적으로 정보를 기억하고 활용하는 능력이 부족하여 기억력이 부진하다(박현숙, 2018). 강옥려(2016)는 경계선 지적기능 아동의 일반적인 인지적 특징으로 다음과 같이 정의하였다. 첫째, 추상적인 개념을 이해하는데 어려움을 겪고, 이로 인해 구체적인 자료를 더 선호하며, 학습동기가 저하된다. 둘째, 지식을 조직하는 것, 즉 이미 학습한 정보와 새롭게 배운 정보를 조직하는데 문제를 보이며, 저장할 때에도 문제를 갖게 된다. 셋째, 단순히 기계적으로 기억하는 것은 가능하지만, 일반화의 어려움으로 깊이 있는 학습을 잘하지 못하기 때문에 적용하고 활용하는 학습 성취도 검사나 시험에서는 실패하기 쉽다. 넷째, 주의집중 시간이 짧고, 집중하는 능력 및 강도가 부족하여 학습의 효과를 증가시키기 어렵다. 경계선지능아동은 언어발달에 있어 지체의 정도가 심한 지적장애 아동과는 달리 일상적인 의사소통 상황에서 큰 문제가 두드러지지 않아 취학 전 시기에는 단지 조금 늦은 아이로 취급되고 방치되기 쉽다(유경, 정은희, 김락형, 2008). 따라서 대부분 '말이 늦었다'라는 보고가 공통적으로 나타나는데(정희정, 이재연, 2005), 연령이 높아질수록 경계선지능아동은 어휘력이 더욱 지체되고 언어의 어려움으로 인한 심리적 위축감으로 인해 구두 표현을 잘못해, 낮은 학업성취까지 이어지게 된다. 경계선지능아동은 글자를 정확하게 인식하거나 소리 내어 읽는 것, 내용을 파악하는 능력에서 일반아동들에 비해 미숙하며, 문단에 대한 인식, 맞춤법, 띄어쓰기, 문장부호 사용하기 등에 대해서도 어려움이 많다(박찬선, 장세희, 2015). 또한, 구두 표현과 듣기에서의 어려움으로 인하여 다른 사람들이 말하는 것을 듣고, 이해하는 능력과 메시지를 기억하는 능력이 부족하다(강옥려, 2016). 따라서 글을 읽고 쓰는 동안 산만하고 낙서를 많이 하고, 다른 사람에게 자신이 읽고 쓰는 것을 보여주려 하지 않으며, 읽기와 쓰기에 대한 동기나 흥미가 떨어져 결과적으로 자신의 생각을 분명하게 읽거나 쓰려고 하지 않는다. 이러한 특성을 가진 경계선지능아동은 의사소통을 통한 또래와 타협 및 협력하기가 어렵고, 또래와 관계 맺기가 어려울 수 있다. 이세별, 강옥려(2020)는 경계선지능아동의 언어적 특성을 다음과 같이 정의하였다. 첫째, 말하기 영역에서는 자신의 생각을 표현할 때, 적합한 어휘를 떠올리는 데에 어려움이 있으며, 제한된 어휘를 사용하고, 대신 몸짓이나 반복적인 말을 쓰며, 문법적인 실수를 자주 한다(박현숙, 2018). 둘째,

듣기 영역에서는 반복해서 설명해야 이해하거나 이전과 다른 방식의 지시를 할 경우 반응하기까지 시간이 오래 걸리고 활동 순서를 말로 전달하면 과제 완성이 어려워지는 특성이 있다(박현숙, 2018). 셋째, 읽기 영역에서 경계선급 지능 아동의 단어인지와 읽기 유창성은 고학년이 되면 일반아동 수준의 성취를 보이나, 읽기 이해에서는 고학년이 되어도 저학년 일반아동보다 낮은 것으로 나타났다(김주영, 2018). 넷째, 쓰기 영역에서는 철자법에서 많은 어려움을 보이며(MacMillan et al., 1998), 언어지식, 텍스트맥락 지식, 명제적 지식, 절차적 지식 등 쓰기의 하위요소에서 일반아동들에 비해서 지체되었다(유경, 정은희, 2008). 다섯째, 어휘 영역에서는 단어의 의미 추론능력, 어휘의 중의성 이해 등을 포함하여 수용어휘력 측면에서 결함을 보인다(김민경, 2015). 여섯째, 문법 영역에서는 조사의 사용이 일반 아동들에 비해서 부족하고(임종아, 황민아, 2006), 문법 형태소 사용도 단순언어장애와 유사한 정도로 일반 아동에 비해 지체된다(김수영, 배소영, 2002).

기초학습능력인 읽기, 쓰기, 수학 학습에서 경계선지능아동은 단순한 수준에서의 이해나 암기는 가능하지만 복잡하거나 깊이 있는 학습의 경우 일반아동만큼 성취하기가 어렵다. 읽기 학습의 경우 글을 읽을 수는 있으나 내용을 이해하지 못하는 경우가 많고, 고학년이 되어도 비유적인 표현을 이해하는 능력이 떨어지는 것으로 나타났다(김주영, 2018). 쓰기 학습의 경우 철자법을 어려워하고, 어휘력이 부족해 자기 생각을 글로 표현하는 데 어려움이 있다. 또한, 표현하고 싶은 내용을 선택하고 사건의 전후 관계를 어떠한 순서로 맞게 써야 하는지 파악하지 못하는 경우가 많다. 정희정, 이재연(2008)의 연구에서는 모든 인지 영역에서 낮은 기능을 보였던 경계선지능아동의 학업 성취도가 최하위 수준인 것으로 나타났다. 이처럼 기초학습에 어려움을 겪는 경계선지능아동의 문제는 학업성취의 실패로 이어진다. 이들은 일반 학교에 다니고는 있으나 각 학년에서 요구하는 학습수준을 제대로 습득 혹은 따라가지 못하고, 학년이 올라갈수록 기초학습능력을 갖추지 못해 일반아동들과 격차가 점점 벌어지게 된다. 이처럼 학습에서의 반복적 실패가 누적되면서 새로운 지식과 기술을 얻는 과정, 언어력의 발달은 더욱 부정적인 영향을 받게 된다(박현숙, 2018). 잦은 학습실패는 지식의 축적을 방해하고, 학습을 포기하게 만들면서 학습과정에서의 정신훈련이 부족한 상태를 초래하고 이 때문에 결국 지능이 낮아지는 현상이 생긴다(Jankowska et al, 2014). 노원경 외(2020) 연구에서는 경계선지능아동의 학습부진 원인을 다음과 같이 정리하였다. 첫째, 인지적인 이해의 속도가 또래보다 느리거나 기본적으로 이해할 수 있는 양이 부족하다. 둘째, 이해의 속도에는 문제가 없으나 기초 학습(읽기, 쓰기, 셈하기)에 대한 연습량이 부족하다. 셋째, 초등학교 입학 전 혹은 저학년 시절에 경험한 학습 실패로 인해 마음의 상처가 있다. 넷째, 학습을 어떻게 해야 하는지를 모르거나, 학습에 필요한 주의 집중력이 부족하다. 다섯째, 학습을 하고자 하는 의지와 목표가 없다. 여섯째, 무엇이라도 해 봐야겠다는 생각 자체가 없으며, 이러한 상태가 오랫동안 지속되다 보니 무기력한 상태를 문제로 인식하지 못한다.

2. 증거기반 읽기이해 교수법 개관

교육사각지대 학습자를 위한 증거기반 읽기이해 전략을 살펴보기 위해 읽기에 어려움을 있는 학생들에게 활용된 읽기이해 교수방법에 관한 메타분석의 결과를 살펴보는 것이 필요하다. 메타분석이란 많은 개별 연구들의 결과를 하나로 종합하는 수량적인 접근 방법으로서, 개별의 연구들의 결과를 동일한 측정치로 환산하여 종합적인 결론을 이끌어내는 분석법이다. 이는 제기된 어떤 문제에 대한 일반적 결론을 도출하기 위하여 이미 통계적으로 분석된 연구결과들을 분석하는 분석의 분석(analysis of analysis)(Kavale & Glass, 1981)을 의미한다. 교육사각지대 학습자들이 주요한 특성으로 보이는 독해력의 문제를 해결하기 위해서는 증거기반 읽기이해 교수법에 대한 연구결과가 필요한데, 효과적인 중재임을 증명하기 위한 그 증거를 우리는 메타분석의 결과를 통해 알 수 있다. 읽기의 중요성만큼이나 읽기의 최종적인 완성단계인 읽기이해를 향상시키기 위한 읽기이해 교수법의 중요성에 대한 인식이 증가하면서 1980년 후반부터 학습장애 학생을 위한 읽기이해 전략을 개발하고 그 효과성을 검증하는 연구가 본격적으로 이루어졌으며, 국내외에서 읽기장애를 가진 학생들에게 다양한 읽기 교수전략을 적용한 연구와 함께 읽기중재나 특정 교수전략이 학생들에게 어떤 측면에서 영향을 미치는가에 관한 연구도 진행되었다(김애화, 2006).

1) 국내 효과적인 읽기이해 교수법에 대한 메타분석 결과

김동일 외(2009)는 1999년부터 2008년까지 발표된 국내 학습장애 관련 연구 289편에 대한 동향연구에서 읽기이해 교수방법으로 자기점검 전략, 과정 중심 읽기 전략, 질문 전략, 컴퓨터 활용 전략, 인지적 도식화 전략, PREP, 책 읽기 전략, 이야기 재현 전략 등을 소개하였다.

또한 이예다나, 손승현(2010)은 2000년부터 2009년까지 국내에서 발표된 학습장애 관련 단일대상연구, (준)실험설계연구인 45편의 학술지 연구를 분석한 바 있다. 이 연구에서 소개된 읽기장애 및 학습장애 학생들을 위한 읽기이해 교수방법으로는 컴퓨터 활용 전략, 반복 읽기, SQ3R, 사전지식 활용 전략, 그래픽 조직자 전략, 질문 전략, 인지적 도식화 전략, 자기점검 전략, 상보적 전략 등이었다.

김우리, 고은영(2012)은 1993년부터 2012년까지의 학습장애를 대상으로 한 읽기이해 중재 프로그램에 대한 메타분석에서 단일대상연구 12편과 13편의 (준)실험설계연구를 포함하여 분석하였다. 이 연구에서는 효과적으로 제시된 읽기이해 전략 교수법으로는 인지적 도식화 전략, 책 읽기 전략, 자기점검하기 전략, 상보적 전략, SQ3R, PREP, 요약하기 전략 등을 소개하였다.

또한, 김용욱, 김경미(2013)는 2000년부터 2012년 6월까지의 읽기장애의 독해력 관련 단일대상연구 및 (준)실험설계 연구 23편을 분석하였다. 이 연구에서 소개한 읽기이해 교수법에는 예측하기, 질문 만들기 전략, SQ3R, 그래픽 조직자, 이야기 문법 교수, 자기 점검 전략, KWL 기법을 소개하였고 이를 예측하기, 이해점검, 정교화, 조직화 전략으로 구분하여 소개하였다.

김민정(2017)은 2007년부터 2016년까지의 학습장애 읽기유창성과 읽기이해 중재방법에 대한 메타분석에서 학위논문과 학술지 게재논문 75편을 대상으로 읽기이해 중재방법인 인지 도식화 전략, 자기점검, 다시 말하기, 중심 내용 찾기, 요약하기, 반복 읽기, 비판적 사고 기술, 책 읽기 등의 단일전략을 활용한 중재방법과 이상의 전략을 사용한 복합전략인 상보적 전략, 협동 전략적 읽기, PREP, SQ3R 등의 효과성을 검증하였다.

뒤이어 길한아 외(2018)는 학습장애를 포함한 교육사각지대 학습자인 읽기에 어려움이 있는 학생들의 읽기중재방법에 대한 단일대상연구를 중심으로 2001년

부터 2017년까지 국내 연구보고서 및 등재·등재후보 학술지에 발표된 43편의 단일대상 연구를 중심으로 메타분석을 실시하였다. 길한아 외(2018)는 연구에서 직접교수와 활동중심 교수로 구분하여 효과크기를 검증하였으며 연구에서 분석한 연구의 읽기이해 전략을 살펴보면 다음과 같다. 메타분석 대상으로 포함된 연구에서는 SQ3R, 이야기 지도 전략, 상보적 전략을 활용한 읽기, 이야기 문법 중재, 이야기 구성도 완성 훈련, 중심내용 찾기 전략, 요약하기, 인지적 도식화 전략, 이야기 재연 전략 등의 교수법에 대한 연구들이 포함되었다.

고선희(2020)는 2000년부터 2019년까지 학술지에 게재된 읽기이해부진 학생들을 위한 중재방법에 대한 41편을 분석하여 읽기이해 중재에 대한 동향분석을 실시하였다. 동향연구에서 이들이 제시한 읽기이해 교수방법으로는 핵심단어 찾기 전략, 중심내용 파악 전략, 요약하기, 그래픽 조직자, 이야기 문법 교수, 추론, 질문 만들기, 본문 회고전략, 주인공 의도 파악, 배경지식 지도, 자기점검 전략, 상보적 전략, SQ3R, 과정 중심 읽기 전략 등이다.

2) 국외 효과적인 읽기이해 교수법에 대한 메타분석 결과

효과적인 읽기이해 교수법에 대한 국외 연구를 살펴보면 Watson, et al.(2012)은 증거기반의 읽기이해 교수법으로 배경지식에 대한 직접적 교수, 그래픽 조직자, 텍스트 구조 이해, 이야기 재연 전략, 요약하기 등을 제시하였다. 또한 NRP(2000)와 RAND Reading Study Group(2002)은 읽기이해의 효과적인 교수법으로 학생들에게 자신의 읽은 것에 대한 자기점검전략, 읽은 내용에 대한 조직화를 위한 그래픽 조직자 활용, 질문 만들기 전략, 중심내용 적기 등 요약하기, 다양한 전략 활용하기 등을 제시하였다. 또한 Gersten, Fuchs, Williams, & Baker(2001)는 20년 동안의 읽기이해에 어려움을 보이는 학생들을 위한 읽기이해 전략에 대한 동향연구에서 이야기글과 설명글 구조에 대한 이해, 어휘지식, 배경지식 활용, 읽기유창성 능력, 자기점검전략 등을 효과적인 중재방법으로 소개하였다.

Faggella-Luby와 Deshler(2008)는 1999년부터 2008년까지의 학습장애 학생을 위한 읽기이해 중재방법에 대한 메타분석의 결과를 정리한 결과 설명글과 이야기글에 대한 글의 구조에 대한 지식, 어휘능력, 배경지식 활성화, 읽기이해 전략 등이 필요하다고 보았다. Berkeley, Scruggs, & Mastropieri(2010)은 1995년부터 2006년까지의 학습장애학생들의 읽기이해 교수법에 대한 메타분석 연구에서 질문하기 및 전략 활용하기, 텍스트 구조 이해, 하위 읽기기술 향상, 기타 교수법 등으로 교수방법을 구분하여 효과크기를 분석한 결과 질문하기 및 전략 활용하기가 가장 높았다고 하였다.

이처럼 국외에서도 읽기에 어려움이 있는 학습장애 학생을 대상으로 한 다양한 읽기이해 교수법이 활용되고 있는 것을 알 수 있다. Solis, et al.(2012)은 1997년부터 2009년에 걸친 30년간의 학습장애를 지닌 중학생을 대상으로 한 읽기이해 교수법 관련 선행연구를 분석하였다. 이 연구는 30년간의 효과적인 읽기이해 교수법으로 요약하기, 자기점검을 포함한 요약하기, 다전략 활용, 기타 교수법으로 소개하였다. Lee & Tsai(2017)는 읽기에 어려움을 보이는 교육사각지대에 있는 학생들을 대상으로 실험연구를 메타분석하여 읽기이해 교수법에 대한 효과성을 검증하였다. 이 연구에서는 상보적 읽기지도가 가장 높은 효과크기를 보인다고 하였다. 몇몇 연구들은 특정 읽기이해 교수방법에 대해 체계적 문헌연구를 진행하였다. Dexter, Park, & Hughes(2011)는 청소년을 대상으로 읽기이해 전략 중 그래픽조직자를 활용하여 과학 관련 읽기에 적용한 연구들을 메타분석한 결과 전체 효과크기가 1.052의 높은 효과크기를 보이는 것으로 나타났다. Ciullo & Reutebuch(2013)는 학습장애 학생들에게 활용된 컴퓨터 기반의 그래픽조직자 활용의 효과성을 문헌연구를 통해 검증한 바 있다. Joseph, et al.(2016)은 자기질문하기 전략이 학습장애의 유무와 관계없이 모든 학년의 학생들의 읽기이해능력을 향상시키는 데 효과가 있다고 하였다. 또한 Hebert, et al.(2016)은 45편의 설명글 구조에 대한 지도와 관련된 연구를 메타분석한 결과 글의 구조에 대한 직접교수법은 학습장애 학생들에게 효과적인 읽기이해 교수법이라고 하였다. Wright & Cervetti(2017)는 읽기이해에 영향을 미치는 어휘교수에 대한 체계적 문헌연구에서 어휘관련 지도의 효과성을 검증하였다.

3. 교육사각지대 학습자를 위한 읽기이해 지도전략의 실제

1) 그래픽 조직자 전략(강옥려, 2004)

(1) 개관

그래픽 조직자는 교과자료에 있는 중요한 아이디어나 내용들 간의 논리적인 관계를 나타내는 시각적, 언어적인 표현이다(Horton & Lovitt, 1989). 그래픽 조직자는 관련이 없거나 덜 중요한 정보들은 제거하고 중요한 정보만을 의미 있는 방법으로 통합하여 특징들을 강조하기 때문에 흔히 중요하지 않은 상세한 정보나 혹은 관련 없는 정보에 주의를 두는 경향이 있는 읽기 학습장애 학생들에게 유용하다(Bernard, 1990; DiCecco & Gleason, 2002). 그래픽 조직자는 학생들에게 개념과 개념들 간의 위계적인 관계를 시각화해주고, 의미 있게 연속적인 학습에 대한 사전 지식을 활성화시키기 때문에 좋은 교수적 도구이며(Novak & Gowin, 1984), 주어진 내용의 자료를 시각적으로 구조화시키는 의미 있는 교수법이다(DiCecco & Gleason, 2002). 그래픽 조직자는 교과자료를 효율적으로 조직하여 학생들이 읽기를 할 때 직면하게 되는 읽기이해 장벽을 최소화시켜 주기 때문에 읽기이해와 사회과 및 과학과 내용교과의 학습에 활용하기에 좋은 전략이다.

(2) 주요 단계 및 절차

본 장에서 그래픽 조직자를 활용하기 위해 교육사각지대 학습자들이 읽기이해를 수행하는 읽기자료의 특성인 이야기글과 설명글을 구분하여 제시하였다.

① 이야기글

이야기글에는 동화, 우화, 신화, 소설, 연극대본 등을 포함하는데, 이야기글에는 이야기 문법을 포함하고 있다. 이야기 문법 요소에는 상황, 주인공, 줄거리, 주제 등이 포함된다. 이야기글의 읽기이해를 지도하는 전략은 다음의 절차에 따라 실시할 수 있다.

첫째, 읽기 전 단계로 이야기의 내용이나 목적 등을 학생들에게 알게 한다. 이는 이야기글에 대한 배경지식 활성화 단계로 이야기글과 관련하여 학생들이 알고 있는 배경지식을 점검하고 이야기글 이해를 도울 수 있는 정보를 교사가 제공하는 단계이다. 둘째, 적극적 읽기 단계로 이 단계에서는 읽기를 하면서 이야기가 언제 어디서 일어났는지, 누가 주인공인지, 어떤 사건이 발생하였는지, 해결책은 어떤 것이 있었는지, 그에 대한 결과를 어떠하였는지, 결과에 대한 반응은 무엇인지, 최종적으로 이야기 글이 담고 있는 주제는 어떤 것인지 구어로 질문하여 찾게 한다. 이 단계에서 교사는 학생들에게 질문하기 전략을 활용하여 이야기 글에 담겨있는 문법 요소를 확인하고 구어로 이에 대한 점검을 하는 단계이다. 학생들은 교사의 질문에 대한 답변을 하면서 스스로 읽은 내용에 대한 자기점검을 하게 된다.

셋째, 그래픽조직자 구성 단계로 이 단계에서는 이야기 문법 요소가 담긴 종이를 보고 이야기 문법에 맞게 이야기에 관하여 구두로 다시 말하게 하면서 이야

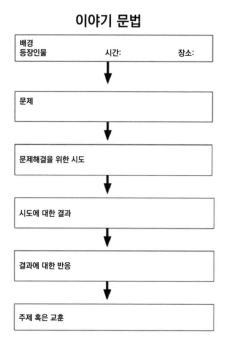

그림 4-1 이야기글 그래픽 조직자 예시
출처: 강옥려, 2004

기 문법이 담겨있는 그래픽조직자를 완성하게 한다. 이 때 교사는 아동의 능력에 따라 이야기 문법이 담겨있는 그래픽조직자를 다양한 형태로 완성할 수 있도록 독려하며, 학생들의 읽기수준에 따라 2단계와 3단계를 통합하여 이야기를 읽으면서 교사와 함께 작성할 수도 있고, 이야기를 다 읽고 나서 교사와 함께 그래픽조직자를 완성할 수 있으며, 이야기를 읽고 나서 학생 스스로 독립적으로 작성하도록 할 수 있다. 또한 학생들의 심화자료로서 이야기 글에 제시된 결말이 아닌 이야기의 끝을 바꾸어 계획한다든지, 학생들이 스스로 새로운 이야기를 꾸며낼 수 있도록 하거나, 이야기에 새로운 사건을 추가하여 변화된 이야기를 구성할 수 있도록 독려할 수 있다. 이야기글 지도 시 그래픽 조직자로 활용할 수 있는 예를 <그림 4-1>과 같다.

② 설명글

설명글의 목적은 읽는 사람에게 한 주제에 대한 정보를 제공하기 위함이다. 설명글의 구조는 주로 설득, 설명, 분류, 연속, 비교/대조, 열거, 문제-해결, 묘사 등을 포함한다. 대부분의 사회과와 과학과와 같은 내용교과들은 설명글의 구조를 지니고 있다. 교육사각지대 학습자들은 설명글을 읽을 때 이야기글과 달리 다양한 글의 구조를 만나게 되는데 이야기글은 주로 이야기 문법에 초점을 두고 있는 글이 대부분인 반면, 설명글의 구조는 위에 언급한 것처럼 이야기글보다 훨씬 더 광범위한 구조를 사용하고 있다. 설명글은 글에 담겨 있는 중요한 정보들 간의 관계를 포함하는 조직으로 나타낼 수 있으므로 설명글의 구조와 유형에 따라 그래픽 조직자의 구성 유형도 다양할 수밖에 없다. 본 장에서는 설명글의 정보유형으로 대표적인 위계식, 중앙식, 비교/대조, 방향, 표본, 원인-결과 등으로 구분하여 그래픽 조직자를 제시하였다. 설명글의 읽기이해를 지도하는 전략을 다음의 절차에 따라 실시할 수 있다.

첫째, 읽기 단계로 학생들에게 읽기자료를 읽게 한다.

둘째, 그래픽 조직자 구성 단계로 학생들은 읽기자료를 다시 읽으면서 그래픽 조직자를 완성한다. 이때 교사는 그래픽 조직자에 나타난 정보들 간의 관계에 주의하도록 가르치거나, 명확한 설명을 제공하여 학생들이 그래픽 조직자를 완성할 수 있도록 돕는다. 학생들이 그래픽 조직자를 구성할 때 학생들의 읽기수준에 따라 전체 읽기 자료를 부분으로 나누어 읽게 한 후 다시 읽으면서 그래픽 조직자를 구성하도록 도울 수 있다. 또한 학생 스스로 자신만의 방식(예: 다이어그램, 주

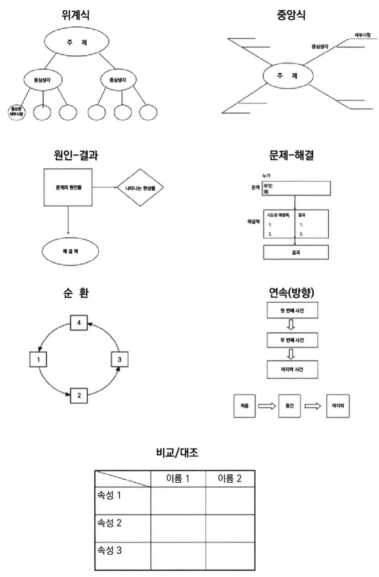

출처: Tinzman, M. Jones, B. F., & Pierce, J. (1992). Changing social needs: Changing how we think about curriculum and instruction. In C. Collins & J. N. Manglerl(Eds.). Teaching thinking: An agenda for the 21st century. Hillsdate. NJ: Lawrence Eribaum

그림 4-2 설명글 그래픽 조직자 예시

출처: 강옥려, 2004

제 적기, 질문과 답 만들기, 주요 단어들에 대해 정의하기)으로 설명글의 내용을 정리하여 먼저 노트하게 한 다음 그래픽 조직자를 구성하게 도울 수 있다.

셋째, 학습하기 단계로 학생들이 완성한 그래픽 조직자를 활용하여 학습하는 단계다. 이는 내용교과를 지도할 때 추가되는 단계로 단순히 읽기이해를 위해서는 이 단계를 삭제하여도 좋다. 설명글 지도 시 그래픽 조직자로 활용할 수 있는 예는 <그림 4-2>와 같다.

(3) 교사 및 전문가를 위한 지도상의 유의점

그래픽 조직자를 읽기 과정 중 읽기 전, 읽기 중, 읽기 후 어떤 단계에 사용해야 하는가에 대한 논란이 많으나, 교사는 그래픽 조직자를 읽기의 단계 중 어느 특정 단계에 사용하거나 또는 두 단계에 걸쳐서 연속적으로 사용할 수 있다. 또한 누가 그래픽 조직자를 구성할 것인가에 관해 교사는 학생들의 읽기 수준을 고려하여 교사가 작성하든지, 교사와 학생이 함께 작성하든지, 학생 스스로 작성하도록 할 수 있다.

2) 어휘 주석(이수덕, 김승미, 이은주, 2017)

(1) 개관

어휘주석(vocabulary gloss)은 목표어휘에 대한 이해를 향상시키기 위해서 본문의 여백이나 하단에 목표어휘의 정의나 동의어, 예문 등을 제시하여 목표어휘의 의미를 한층 자세히 설명해주는 것이다. 어휘 주석은 어휘 상세화 방법 중 하나로 읽기이해에 어려움을 있는 교육사각지대 학습자들이 가지고 있는 읽기이해 능력보다 높은 수준의 본문을 이해할 가능성이 높인다. 또한 어휘 주석이 정확한 의미를 제공해 주기 때문에 읽기이해 과정에서 나타나는 의미 추측 오류를 줄일 수 있다. 더욱이 목표어휘를 읽은 후 주석의 어휘설명을 확인하고, 주석의 정보를 바탕으로 목표어휘의 의미를 파악하는 과정을 거치면서 수차례 학습자는 목표어휘에 주의를 기울이게 된다.

어휘 주석의 유형은 의미주석(meaning gloss), 의미예문주석(meaning-example gloss)으로 구분할 수 있다. 의미주석은 텍스트에 나오는 목표어휘가 잘 이해되는 유의어나 낱말의 의미(정답지)를 제공하는 주석이다. 의미예문주석은 의미주석과 함께, 어휘의 의미를 잘 이해할 수 있는 짧은 예문을 제시하는 주석이다. 교사는 예문작성 시 교육사각지대 학습자의 특성을 고려하여 이들이 이해하기 쉽게 작성하는 것이 필요하다. 의미주석과 의미예문주석의 예는 <표 4-1>과 같다.

표 4-1 의미주석과 의미예문주속의 예

구분	예
지문	정월 대보름에는 여러 가지 기습이 있습니다. 대보름 전날 밤에 잠을 자면 눈썹이 하얗게 센다고 하여, 아이들은 졸린 눈으로 날이 밝기를 기다렸습니다. 참지 못해 잠이 든 아이들이 아침에 깨면, 정말 눈썹이 하얘져 있었습니다. 어른들이 진말을 묻혀 놓았기 때문입니다.
의미주석	* 기습: 풍습, 옛날부터 전해져 오는 습관 * 진말: 밀가루
의미예문 주석	* 기습: 풍습, 옛날부터 전해져 오는 습관 (예) 우리나라는 설날에 떡국을 먹는 기습이 있다. * 진말: 밀가루 (예) 하얀 진말로 맛있는 빵을 만든다.

출처: 이수덕, 김승미, 이은주, 2017

(2) 주요 단계 및 절차

어휘 주석을 활용한 중재의 단계는 다음과 같다.

첫째, 읽기 지문의 선택 단계이다. 이 단계에서는 학생들의 읽기 수준에 맞는 읽기 지문을 선택한다. 이 단계에서 교사는 학생들의 흥미를 고려하여 학생들이 관심 있어 하는 주제의 읽기 지문을 선택할 수 있으며, 읽기수준을 고려하여 읽기 지문의 지문 길이를 정할 수 있다. 이 과정에서 전체 읽기 자료를 사용하기보다 학생들의 수준에 맞게 부분적으로 사용할 수 있다.

둘째, 읽기 지문 수정 단계이다. 이 과정에서는 해당 지문을 통해 지도하고자 하는 어휘를 제외한 모든 어휘를 학생들이 이미 알고 있는 어휘로 수정하는 과정이다. 교사는 이 과정에서 학년별 어휘 목록 또는 어휘 등급을 확인하여 중재하고자 하는 학생의 해당 학년보다 저학년에 출현한 어휘로 수정하거나 등급이 낮은 유의어로 수정한다(예: 명성이 자자하다 → 유명하다).

셋째, 어휘 주석 개발 단계이다. 모든 목표어휘는 국립국어원의 표준국어대사전(2016)과 포털사이트 국어사전 등을 활용하여 어휘 주석을 학생들의 수준에 따라 의미주석과 의미예문주석으로 제시하는 단계이다. 주석의 제시 방법은 지문 내 글자의 모양과 크기와 동일하게 제시하고, 목표어휘 표시는 어휘 첫 글자 위에 별표(*)로 표시한다. 주석은 본문 하단에 본문과 주석을 구분하는 점선의 아래에 제시한다.

(3) 교사 및 전문가를 위한 지도상의 유의점

교사는 학생들의 읽기수준에 대한 정확한 진단을 통해 학생들에게 이해하기 쉬운 주석을 제공할 필요가 있다. 읽기수준이 낮은 학생들에게는 의미예문주석으로 시작하여 의미주석, 주석이 없는 무주석의 읽기자료를 읽기 순으로 학생들의 읽기수준에 따라 차별화하여 어휘 주석을 제공한다. 또한 학생들의 읽기 수준에 따라 어휘 주석에 별표 또는 글자색 등을 달리하여 주의력이 낮은 학생들에게는 시각적인 단서를 제공할 필요가 있다. 또한 본 장에서 제시한 어휘 주석의 형태 이외에도 그림 주석, 멀티미디어 주석, 선다형 주석 등 다양한 어휘 주석의 형태가 있으므로 학생의 읽기이해 수준을 고려하여 적절한 어휘 주석을 제공할 필요가 있다.

3) 요약하기(변명원, 강은영, 이재원, 2018)

(1) 개관

요약하기(summarization) 전략은 글의 구조의 이해를 돕는 전략으로 글에서 얻는 정보들을 통합하고 일반화하는 전략이다. 학생들은 이 전략을 통해 글의 핵심 내용을 이해하고 기억하게 된다(National Reading Panel, 2000). 요약하기 전략은 2015 개정 중학교 국어과 교육과정의 성취기준으로 제시되며 구체적인 요약하기 전략으로 선택하기, 삭제하기, 일반화하기, 재구성하기 등으로 제시하고 있다. 읽기과정에서 요약하기 전략을 활용할 때에는 삭제, 선택, 일반화, 재구성 같은 요약하기의 규칙을 기계적으로 적용할 것이 아니라, 주장이나 정보의 확인,

내용의 타당성이나 적절성 평가 등의 읽기 목적에 따라 글의 구조 등 특성을 고려하여 효과적으로 요약하는 시범을 보이도록 명시하고 있으며, 교육과정상에도 요약하기는 중요한 국어 능력의 하나로 인식되고 있다(교육부, 2015).

(2) 주요 단계 및 절차

요약하기를 활용한 중재의 단계는 다음과 같다.

첫째, 동기유발 단계이다. 이 단계는 읽기 자료에 대한 내용에 대한 학생들의 관심을 유도하고 시각적인 자료를 제공하여 읽기 자료에 대한 배경지식을 활성화 한다. 이 단계에서는 학생들의 동기유발을 위해 읽기자료와 관련된 시청각 자료를 활용하는 것도 도움이 된다.

둘째, 규칙 설명하기 단계이다. 이 단계는 요약하기 규칙인 선택하기, 삭제하기, 일반화하기, 재구성하기 단계를 설명한다. 이 단계에서는 요약하기 규칙을 설명함과 동시에 학생들이 읽기 지문의 특성상 단서 단어가 등장하는 경우 이 단계에서 단서 단어를 제공하여 추후 단계의 요약하기 단계를 도울 수 있다. 예를 들어, 비교-대조 설명글의 경우 단서 단어는 비교단어인 마찬가지로, 유사하게, 그리고, ~역시, ~와 같이, 동일한 등의 단어이며, 대조단어로는 그러나, 하지만, 그렇지만, 반면에, 한편, 그와 달리 등이 될 수 있다.

셋째, 읽기 단계이다. 이 단계에서는 읽기 지문을 학생들은 읽기 지문을 소리내어 또는 눈으로 읽는다.

넷째, 요약하기 단계이다. 이 단계는 학생들이 교사의 요약하기 시범에 따라 학생들이 요약하는 단계이다. 다수의 문단으로 구성되어 있는 글의 경우 첫째 문단을 교사가 지문에 요약할 핵심 내용 및 중요 단어 등을 표시하면서 시범을 보이고, 둘째 문단은 교사와 학생이 함께 교사가 시범을 요약하기를 실시하고, 세번째 문단 이상에서는 학생들이 스스로 요약할 수 있도록 안내한다. 요약하기 시범 이후에 학생을 읽기 수준에 따라 여러 차례 교사의 시범을 반복하여 제시하거나 교사와 학생이 함께 요약하기 활동도 여러 차례 제공할 수 있다. 또한 이 단계 이후에 그래픽 조직자 전략을 함께 활용하여 그래픽 조직자로 요약하기 내용을 정리하게 할 수 있다. 요약하기 방법에 대한 구체적인 단계별 설명은 <표 4-2>와 같다.

표 4-2 요약하기 방법

선택하기	글이나 문단의 핵심 내용을 담고 있는 중심 단어나 중심 문장을 찾고, 중심 문장이나 중심 문장을 보조하는 뒷받침 문장을 구분하여 중심 단어나 중심 문장을 선택
삭제하기	세부 내용이나 반복되는 내용, 예로 든 내용 등을 삭제하여 중심 내용을 찾음
일반화하기	중심 문장 없이 세부 내용들만 제시된 경우, 세부 내용을 포함하는 상위 개념으로 일반화 함
재구성하기	중심 내용을 자신의 말로 간결하고 명료하게 재구성하여 요약함

(3) 교사 및 전문가를 위한 지도상의 유의점

요약하기 전략 활용 시 읽는 자료의 특성에 따라 단서 단어 및 이야기 문법 등에 대한 사전 지도로 학생들이 중요한 내용을 요약할 수 있도록 지원한다. 또한 요약단계 시 학생들의 읽기수준을 고려하여 독립적인 요약하기 활동을 할 수 있을 때까지 교사는 시범과 지원의 강도를 서서히 줄여가면서 최종적으로는 학생 스스로 전략을 활용할 수 있도록 독려한다.

4) SQ3R(이태수, 2007)

(1) 개관

SQ3R은 Robinson이 1941년에 고안한 것으로 읽기자료를 훑어보기(Survey), 질문 만들기(Question), 답을 찾으며 읽기(Read), 반복 회상하기(Recite), 검토하기(Review)의 5단계로 구성된 읽기이해 전략이다. SQ3R 전략은 이미 우리나라에서 여러 차례 수행된 선행연구에서 그 효과성이 검증된 대표적인 읽기이해를 위한 증거기반의 중재방법이다. SQ3R은 학생들의 독자적인 읽기 활동을 가능하게 하며, 다양한 읽기 자료에 사용될 수 있다는 장점을 지니고 있다. SQ3R은 학생들이 각 교과목에서 학습한 지식 정보를 잊어버리지 않고 기억하는 데 도움을 주며, 특히 낮은 주의집중력을 지닌 교육사각지대 학습자들이 주의 집중할 수 있는 능력을 길러주며, 읽은 내용의 요점과 보조 항목들을 의미 있는 형태로 조직하는데 도움을 줌으로써 읽기이해에 매우 효과적인 방법으로 알려져 있다(Betts, 1946).

(2) 주요 단계 및 절차

SQ3R의 주요 단계 및 절차는 다음과 같다.

첫째, 훑어보기 단계이다. 이 단계는 책을 읽기 전에 글의 제목이나 각 장, 절의 소제목 및 요약부분을 대충 훑어보고 글의 내용을 파악하는 단계이다. 학생들은 이를 통해 읽을 것에 대한 전체적인 개관을 가지게 되며 읽을 내용에 대해 미리 생각해 볼 수 있는 기회를 가지게 된다.

둘째, 질문 만들기 단계이다. 1단계를 통해 훑어본 것 중에 조금 더 구체적으로 알고 싶은 것, 중요할 것 같은 것에 대한 문제를 만드는 단계이다. 이 단계에서는 절과 각 절의 소제목들을 육하원칙에 따라 의문문으로 바꾸어 보는 단계이다. 이 단계를 통해 질문을 가진 학생들은 이후 단계에서 글을 읽을 때 스스로 답을 찾기 위한 도전적인 자세로 읽게 되며, 읽는 것에 대한 흥미와 관심도 유지할 수 있게 된다.

셋째, 읽기 단계이다. 이 단계는 문제에 대한 구체적인 답을 글에서 찾기 위해 읽는 단계로 메모하면서 읽기가 도움이 될 수 있다. 또한 각 장의 주요한 단어들에 밑줄을 치거나 여러 부호로 표시하기도 한다.

넷째, 반복 회상하기 단계이다. 이 단계는 문제에 대해 작성해 둔 답을 암기하거나 읽은 내용의 줄거리와 주요 부분을 다시 회상하는 단계이다. 이 단계에서는 머릿속으로 질문과 해답들을 모두 암송하거나 특별히 좋았던 구절을 음미하는 단계이다. 교사들은 이 단계에서 학생들에게 책을 보지 않고 요점들을 자신의 말로 다시 표현해보는 활동을 기획할 수 있다.

다섯째, 검토하기 단계이다. 이 단계는 글을 읽으면서 내용 회상의 정확도를 확인하고 주제를 중심으로 글 내용을 정리하여 전체의 의미를 재구성하는 단계이다. 학생들은 이 단계에서 각 요점을 떠올리고 그 아래에 있는 세부 내용을 재생산하려고 노력하게 된다. <그림 4-3>은 SQ3R 전략을 활용할 수 있도록 개발된 학습지의 예이다.

1. 훑어보기(S)

   주어진 글의 전체를 훑어보세요. 제목과 소제목을 천천히 살펴보면서 읽어보세요.

   (1) 다음에 대해 기록해 볼까요?
      제목 :
      소제목 :

   (2) 어떤 내용의 글일까요? 우리 생각나는 대로 써봅시다.

2. 질문하기(Q)

   글을 읽으면서 제목과 중요하다고 생각되는 것이나 더 알고 싶은 것을 질문으로 만들어보세요.

3. 읽기(R)

   위에서 만든 문제에 답을 찾아볼까요? 글을 읽으면서 문제의 답이라고 생각되는 부분에 밑줄을 긋
   고, 그 내용을 적어봅시다.

4. 암송하기(R)

   자신이 만든 질문을 떠올리고, 질문에 대한 답을 머리 속으로 정리해봅시다. 문제의 답과 중요한
   부분을 이야기해봅시다. 그리고 그 답을 자신의 말로 만들어서 적어봅시다.

5. 복습(R)

   공책을 보지 말고, 요점과 중요한 내용을 나열해봅시다. 그리고 내용간의 관계에 대하여 생각해봅
   시다. 지금까지 읽고 공부한 내용을 생각나는 대로 써 봅시다.

그림 4-3 SQ3R 전략을 활용한 학습지의 예

출처: 이태수, 2007

(3) 교사 및 전문가를 위한 지도상의 유의점

교사는 각 단계를 거치는 동안 독립적으로 각 단계를 수행하기 어려운 교육
사각지대 학습자를 위해 촉진 질문을 통해 학생 스스로 또는 교사와 함께 수행할
수 있도록 돕는다. 또한 두 번째 단계에서 소제목 등을 보고 스스로 질문을 만들
지 못하는 학생들을 위해 교사가 시범을 제공할 필요가 있다.

5) 상보적 읽기 전략(POSSE)(김윤희, 김자경, 백은정, 2011)

(1) 개관

상보적 읽기 전략(POSSE)는 Englert와 Mariage(1990)가 개발한 것으로 추측하기

(predict), 조직하기(organize), 탐색/요약하기(research/summarize), 평가하기(evaluation)를 과정으로 하는 설명글의 이해를 위해 개발된 읽기 전략이다. 대화로 사회적 상호작용을 통해 의미를 구성해 나가고, 발판교수의 요소들을 포함하며, 의미의 구성 및 내용파악을 시각적으로 돕기 위해 의미망 지도(semantic mapping)를 활용하기도 한다. 상보적 읽기 전략은 협력적 학습 집단, 발판교수, 대화방식에 의한 전략 학습으로 요약하기, 질문하기, 명료화하기, 예측하기의 절차로 진행되는 기존의 상보적 읽기 전략을 설명글 이해에 맞게 개발된 것으로 읽기를 어려워하는 학생들의 읽기 이해력 증진에 효과성이 검증된 증거기반 교수법이다.

(2) 주요 단계 및 절차

상보적 읽기 전략의 주요 단계 및 절차는 다음과 같다.

첫째, 예측하기 단계이다. 이 단계는 배경지식을 활성화하는 단계로 제목과 사진에서 얻은 단서를 사용하여 무엇에 대한 글인지를 추측하는 것이다. 학생들은 자신이 글의 주제와 관련하여 이미 알고 있는 정보들을 바탕으로 브레인스토밍하며 가능한 주제를 파악한다.

둘째, 조직하기 단계이다. 이 단계는 활성화된 배경지식을 조직하는 단계로 브레인스토밍한 내용을 의미망 지도로 조직함으로써 읽기 준비를 한다. 학생들은 글에 포함될 수 있는 정보의 범주를 예측하여, 배경지식에서 추측한 상세부분에 초점을 맞추기보다는 이해를 촉진하는 보다 넓은 범주에 대한 추측을 학습하도록 한다. 글의 범주를 추측한 후 의미망 지도를 만들기 위해 추측한 범주 안에 브레인스토밍한 내용을 분류한다. 분류 후에는 교사와 학생이 브레인스토밍한 결과로 새롭게 학습된 내용에 대해 토의함으로써 의미망 지도를 점검한다.

셋째, 탐색 및 요약하기 단계이다. 이 단계는 텍스트의 실제 의미를 파악하고 요약하는 단계로 탐색단계에서는 학생들은 글의 구조를 찾으면서 읽는다. 이때 학생 자신들은 자신이 추측한 것을 확인하며 글쓴이가 의도하는 범주와 상세부분을 파악하며 읽는다. 요약단계에서 학생들은 중심내용에 대한 질문을 하고 중심내용을 파악함으로써 글의 의미구조를 파악한다. 이 단계에서 학생들은 다른 학생들과 토의를 진행하면서 학생들은 특정 중심 내용을 선택하는 근거에 대해 토의하고 동의하는 과정을 가진다. 그 후에 중심생각에 대해 질문하면서 상세부분을 채우면서 요약과정을 완성해 나간다.

넷째, 평가하기 단계이다. 이 단계에서는 읽을 내용을 가지고 비교, 명료화, 예측하기 활동을 진행한다. 비교하기 단계에서는 조직하기와 탐색/요약하기 과정에서 만들어진 2개의 의미망 지도를 비교한다. 선행지식으로 추측했던 부분과 추측하지 못했던 부분을 글을 읽고 배운 새로운 정보와 관련하여 토의를 하고 추측한 내용과 실제 기사 내용의 관계를 점검하고 요약한다. 명료화 단계에서는 학생들이 글에 있는 잘 모르는 어휘와 불분명한 뜻을 질문하도록 하여 너무 빈약하게 다룬 내용에 대한 집단의 토의를 자극할 뿐만 아니라 모호한 부분을 명확히 하도록 한다. 평가 단계에서는 글의 다음 내용을 예측하는 것이다. 예측은 글에서 제

제재		김치	
학습과정		교수-학습 활동	유의점
도입	예측하기	• '김치'에 대해 알고 있는 것 이야기 해보기 • '김치'라는 글은 무엇에 대한 이야기인지 생각해보기	• 학습할 내용과 관련하여 학생들의 배경지식을 이끌어낸다.
전개	명료화하기	• 학습지에 제시된 '김치' 읽기 • 이해가 되지 않거나 어려운 낱말이 있는지 물어본다. • 어려운 내용이나, 모르는 낱말 등을 학생들 스스로 이야기를 통해 의미를 찾아낸다.	• 글의 앞 뒤 내용을 살펴 어려운 낱말의 뜻을 유추한다.
	요약하기	• 글 읽고 문단별로 중심 문장 찾아보기 • 단락별로 중심문장이라고 생각하는 문장을 찾아 교사와 학생들이 함께 중심 문장을 찾는다. • 단락별로 내용 요약하기	• 잘 찾지 못하면 교사가 도움을 줄 수 있다.
	질문만들기	• 읽은 글을 바탕으로 질문 만들어보기 • 읽기 자료를 다시 읽으며 학생들 각자 질문을 만든다.	• 답이 완전하지 못하면 서로 협력하여 좋은 답을 찾아낸다.
	질문하기	• 학생들이 만든 질문에 대해 토의하기 • 질문을 수정하기도 하고 만든 질문에 학생들이 답을 한다.	
정리	예측하기	• 이어질 글의 내용은 무엇일지 질문한다. • 타당한 이유를 밝히며 이어질 내용을 예측한다.	• 앞의 내용을 잘 살펴보고 이어질 내용 이야기하기

그림 4-4 상보적 읽기 전략을 활용한 읽기 교수 및 학습 과정안의 예시

출처: 김윤희 외, 2011

공된 정보와 조직화 단계에서 나온 의미망 지도가 기초로 사용될 수 있으며, 학생들은 그들이 예측한 것을 읽어보는 활동을 한다. 상보적 읽기 전략을 활용한 읽기 교수 및 학습 과정안의 예시는 <그림 4-4>와 같다.

(3) 교사 및 전문가를 위한 지도상의 유의점

상보적 읽기 전략은 교사 주도의 교수방법이 아닌 비고츠키의 사회적 구성주의 이론에 근거한 교수법으로 학생 스스로 점검하여 능동적인 학습자가 되는 학생중심의 교수방법이다. 따라서 상보적 읽기 전략을 적용할 때 교사는 전략을 제공하고 학생이 도움을 받아 교사와 학생, 학생과 학생 간의 상호작용적 대화를 사용하여 읽기를 수행하기 때문에 교사는 각 단계마다 직접적인 개입보다 촉진 질문을 통해 각 단계의 학생들의 읽기이해 과정을 독려하는 것이 중요하다.

05

교육사각지대 학습자를 위한
효과적인 쓰기 지도 방법

고 혜 정

(순천향대학교 특수교육과 교수)

1. 교육사각지대 학습자의 쓰기 특성

1) 쓰기의 구성과 발달 단계

쓰기란 문자를 사용하여 무엇인가를 표현하는 것이다. 쓰기 위해서는 여러 능력들이 필요하다. 가령, '꽃밭에 꽃이 피었습니다.'라는 문장을 쓴 학생은 쓰기에 필요한 여러 능력을 가지고 있다. 먼저 연필을 쥐고 종이 위에 알맞은 크기로 초성과 종성을 알아볼 수 있도록 쓸 수 있는 '글자쓰기' 능력을 가지고 있다고 볼수 있다. 또한 '꽃밭'과 '피었습니다'를 쓰기 위해서는 '읃' 소리로 발음되는 종성을 각각 'ㅊ'과 'ㅌ', 'ㅆ'으로 구분하여 바르게 쓰고, '꼬치'로 연음되어 발음되지만 쓸 때에는 '꽃이'라고 쓸 수 있는 '철자하기' 능력을 가지고 있다고 볼 수 있다. 또한, 3어절로 띄어쓰기 할 수 있으며, '에'와 '이'와 같은 조사사용, '었'과 같은 과거를 나타내는 문법 지식과 구문론적 지식도 갖추고 있는 것으로 볼 수 있다. 따라서, 쓰기는 자신의 생각, 감정, 경험을 표현하기 위하여 고도의 지적 사고과정을 거치며, 다양한 언어적 기술과 철자법 등의 문법지식을 사용해야 하며, 근육의 움직임과 시운동지각 등이 요구되는 복합적인 인지처리 과정인 것이다(고혜정, 박현숙, 2005).

일반적으로 쓰기는 크게 세 가지 영역으로 구성된다(김동일, 2002; Mercer & Mercer, 2001). 첫 번째는 글씨쓰기(handwriting) 영역이다. 글씨쓰기는 용어 그대로 글씨를 알아볼 수 있도록 쓰는 능력을 의미하며, 바른 자세로 연필을 바르게 쥐고 적절한 위치에 알맞은 형태로 문자쓰기를 수행하는 것이다(Graham, Harris, & Adkins, 2018). 두 번째는 철자하기(spelling) 영역이다. 철자하기는 음운론적 규칙에 맞게 한글의 자음과 모음을 결합하여 정확하게 부호화하는 것으로, 다른 문자를 쓰거나 생략하거나 더하기도 한다. 철자하기에서는 음운변동 등으로 인하여 읽었을 때와 다르게 부호화하여야 하는 쓰기 과제에서 특히 어려움을 겪게 된다. 세 번째는 작문하기(composition) 영역이다. 작문하기는 기본적으로 글의 내용을 구성하여 문법론적 형태에 맞게 글을 생성해내는 것으로, 쓰기표현력(written expression)이라 부르기도 한다. 이렇듯, 쓰기는 단순히 단어를 정확하게 철자하는 것에서 나아가 여러 형태의 글자들을 적절히 배열하여 자신의 의견을 표현하거나 다른 사람과 의사소통할 수 있는 수단이 되는 것이다.

쓰기는 의사소통에서 말하기와 같이 표현하기 기능을 가지고 있으며, 문자언어를 사용한다. 쓰기는 현대사회를 살아가는 우리가 가정, 학교, 사회에서 사용하는 기능이다. 마트에 가서 구입해야할 것을 쓰고, 알고 싶은 정보를 찾기 위하여 검색창에 검색어를 쓰고, 친구와 대화를 하기 위해 대화 내용을 메신저에 쓰고, 중요한 계약을 하기 위해 필요한 내용을 쓰는 등, 쓰는 활동은 생활 전반에 걸쳐 일어나고 있기 때문에 쓰기에서 어려움을 겪을 경우 일상생활에서의 어려움을 겪을 수 있다. 특히, 쓰기는 학습영역에 있어 필수적인 것이다(Bazermanet et al., 2017). 학습과제로 쓰기활동을 할 수 있으며, 학생들의 학습정도를 파악하는 방법으로 지필평가를 실시하는 경우가 많아, 쓰기의 미숙으로 이러한 평가결과가 좋지 않게 나오기도 한다. 실제로, 쓰기는 읽기보다 학습자의 학습능력을 더욱 잘 판단할 수 있는 준거가 되기도 한다(김동일, 신종호, 이대식, 2016). 또래에 비해 쓰기 능력이 낮은 학생은 국어를 비롯한 다른 과목영역에서도 실패할 위험이 크고, 학업에 대한 부정적인 태도를 형성하거나 자존감이나 효능감 및 다른 정서적 측면에서의 문제를 가질 수도 있다(Learner, 2003).

쓰기의 발달단계는 <그림 5-1>과 같이, 크게 취학 전, 초등학교, 중학교, 고등학교 이후로 나뉘어질 수 있다. 취학 전(유아기)의 쓰기 행동은 그리기, 긁적거리기, 글자와 비슷한 형태로 쓰기, 음소와 자소가 대응되지 않는 글자쓰기, 따라 쓰기, 철자 만들어내기, 일반적 글자쓰기 등으로 제시된다(Sulzby, 1989). 유아들은 의도적으로 무엇인가를 표현하고자 그려보고, 조금 더 글자와 비슷한 형태로 베껴 써나가기도 하며, 창의적으로 글자를 꾸며보기도 하는 등, 점차 일반적인 쓰기형태를 수행하게 된다. 이후 학령기로 접어들면서 쓰기는 학습을 위한 도구로 주된 기능을 하게 되며, 초등학교 저학년 때는 한글에 대한 정확한 정자법을 익혀 즉각적인 재인이 가능하도록 하는 철자하기에 집중하게 된다. 또한, 이야기 글을 쓸 수 있게 된다. 중학생이 되면 쓰기의 속도와 유창성이 증가하며 독자를 이해하며 다양한 어휘를 구사하며 독자적인 스타일로 글을 쓰게 된다. 이후, 고등학교 이후 시기부터는 자신의 주장을 논리적으로 전개하는 논설문 쓰기가 가능해지며 본인의 사고와 감정을 의사소통하기 위한 개인적 목적성을 가지고 글을 쓴다(전병운 외, 2018; Chall, 1983).

그림 5-1 쓰기능력의 발달단계

2) 교육사각지대 학습자의 쓰기영역의 어려움

쓰기를 어려워하는 대표적인 학습자들은 누가 있을까? 사실, 쓰기는 일반학생, 성인조차도 힘들어하는 영역이다. 철자 오류나 띄어쓰기 오류 등은 누구나 쉽게 범할 수 있는 오류이지만, 학습에 전반적인 어려움을 가지고 있는 학생의 경우 여러 가지 요인이 복합적으로 작용하는 고차원적인 쓰기에서 특히 많은 어려움을 겪게 된다. 그 대표적인 학습자는 학습부진학생과 학습장애학생이다.

학습부진학생은 단순히 성적부진뿐 아니라, 시험불안, 낮은 학습 흥미도, 부정적 자아개념, 학습 무력감 등의 정서적인 문제를 가질 수 있다(김동일, 2010). 이는 심리적 위축 상태로 일종의 낙인효과로 나타나기도 하여 학년이 올라갈수록 더욱 심해지는 경향을 보인다. 학습부진학생은 쓰기에서 기초적인 문장 구성을 어려워하며, 쓰기를 매우 어렵게 생각하여 글쓰기를 회피하는 경향을 보이기도 하며, 철자의 오류가 반복되고, 쓰기에서 미숙한 내용을 쓰는 것으로 나타났다(양정윤, 강옥려, 2014). 특히, 이러한 학습부진학생들은 대부분이 통합 환경에 배치되어져 쓰기에 더욱 어려움을 겪고 있을 것이다(최수미, 유인화, 김동일, 박예실, 2018).

쓰기에 큰 어려움을 겪고 있어 쓰기학습장애로 진단받은 학습장애학생이라도 통합학급에서 대부분의 수업이 이루어질 것이며, 장애로 진단받지 않은 학습장애 학생들도 상당수 존재할 것이며, 이 밖에도 다양한 문화적, 언어적 배경을 가져 쓰기학습에 큰 어려움을 겪는 학생들이 맞춤화된 쓰기교육을 받지 못하고 교육 사각지대에 놓여있을 확률은 매우 높을 것이다. 실제로 다문화 가정의 학생들은 일반가정의 학생들보다 어휘력이 부족하며, 읽기유창성과 쓰기능력이 떨어지며 국어교과목에서 어려움을 호소하고 있다고 보고되고 있다(김지애, 2010).

다문화 학생뿐 아니라 경계선 지능 학생 역시 쓰기의 어려움이 예상된다. 경계선 지능 학생은 추상적인 개념을 이해하기 어려워하며, 지식을 체계적으로 조직화하여 지식 간의 관계를 파악하는 데에 어려움이 있고, 학습 내용을 일반화하고 적용하는 데 제한된 능력을 보인다. 주의 집중하는 시간이 짧고 표현능력이 부족하며 학년이 올라갈수록 실패와 좌절을 경험하면서 학습 동기가 하락한다(강옥려, 2016, 정희정, 이재연, 2008). 또한, 듣기와 말하기에는 문제가 없으나 인쇄물을 통해 인식되는 문자를 해독(decoding)하는 데 어려움을 가지는 학생 역시, 어휘와 배경지식에 대한 성장이 저해되어 읽기 이해와 읽기 경험이 감소하는 특징을 보여 쓰기에서도 큰 어려움을 보인다(우정한, 김용욱, 김인서, 김영모, 2016).

실제 이 같은 학습부진학생들은 글쓰기에서 글을 쓰는 시간이 매우 짧으며 글을 쓰며 철자와 작문에서의 문법적인 측면의 검토도 부족한 특징을 보인다(김애화, 김의정, 2018).

2. 교육사각지대 학습자의 쓰기 능력 평가

1) 국내의 쓰기검사도구

현재 국내의 쓰기와 관련된 진단검사도구와 검사도구 개발연구는 매우 미흡한 상태이다. 학생들의 교육적 지원을 결정짓기 위해서는 무엇보다 학생들이 어떠한 부분에 어려움을 겪고 있는지, 현재의 학습정도를 정확하게 파악하는 것이 우선적으로 이루어져야 한다(고혜정, 김우리, 김동일, 2013). 읽기에 비해, 쓰기에 어려움을 겪는 쓰기학습부진 및 쓰기학습장애 학생을 제대로 진단하고, 이들의 쓰기능력을 평가할 평가척도는 제대로 개발되어 있지 않다(김화수, 민은진, 장희정, 2016).

　국내의 대표적인 쓰기검사도구의 타당화 연구 결과를 소개하면 다음 <표 5-1>과 같다. 표는 쓰기의 '검사 영역', '검사 대상', '검사 실시 방법', '측정학적 적합성'으로 제시하였다. 표에서 나타나듯이, 국내의 쓰기검사 도구는 초등학생을 대상으로 대부분의 검사가 철자하기와 작문하기 영역으로 이루어져 있다. 작문의 경우, 삽화나, 이야기 서두 문장을 제시하여 문장이나 글을 쓰는 형태로 이루어지고 있고, 글의 다양한 면을 평가하고 있다.

　일반적으로 쓰기평가는 정량적 평가와 정성적 평가로 나뉘어 측정되는데, 주로 측정하고 있는 변인은 글의 내용, 글의 조직, 글의 표현, 글의 길이, 글의 어휘 다양성, 글의 유창성, 글의 정확성(철자, 띄어쓰기, 문장부호 사용, 문법 사용) 등이 측정된다(Berninger, Abbott, Abbott, Graham & Richards, 2002; Jitendra, 2006). <표 5-1>에서 살펴본 검사도구 타당화 연구에서는 글의 길이 등은 정확하게 쓴 음절 수, 어절 수와 같은 정량적인 평가기준이 제시되고 있으며, 글의 내용에 대한 평가기준은 5점 척도 등을 활용하여 평가자의 주관적인 판단으로 이루어지는 정성적인 경우가 대다수인 것을 알 수 있다.

표 5-1 국내 쓰기검사도구 타당화 연구 분석표

연구자 (년도)	논문명	학년	대상 (수)	검사 도구	제시방식	소요 시간	응답 방식	채점방식	채점(측정)내용	신뢰도 유형	신뢰도 측정 방법	타당도 유형	타당도 측정방법	민감도
1 김동일, 김미순, 배성직 (2003)	학습부진 아동의 진단과 중재를 위한 쓰기검사 체제개발과 타당화	초등 학생 4학년	552명 (일반 학생 527명, 부진 학생 25명)	김동일, 임승권 (2000) 의 쓰기 검사	이야기 서두검사	1분 생각, 3분 쓰기	작문 하기	-정량평가 -교사관찰 쓰기능력평정척도(언어 능력, 읽기 능력, 쓰기 능력, 읽기유창성/ 쓰기유창성/ 5점척도)	총 단어 수, 정확한 단어 수, 총 음절 수, 정확한 음절 수, (총 단어 수, 총 음절 수, 정확한 음절 수)/단어 수)/음절 수 오류유형(틀린 단어 수, 틀린 음절 수, 삽입, 생략, 소리나는 대치, 대도, 글씨체, 띄어쓰기)	평정자간 신뢰도	평정도에 대한 일치도	내용 타당도	전문가의료평정	쓰기유창성 발달 지표 (총 음절, 정확 음절, 총 단어, 정확한 음절, 정확한 단어, 단위 수의 발달 경향성 파악
											공인 타당도	교과평정, 기초 승기능검사 소견과의 '쓰기' 검사와의 상관		
				상황검사	1분 생각, 3분 쓰기	작문 하기			검사-재검사 신뢰도	상관 분석	준거 타당도	읽기유창성검사 (BASA)와의 상관	
									동형검사 신뢰도	상관 분석	판별 타당화	일반학급과 특수학급 간 수행치이 비교(교사평정, 기초학습기능검사)	
2 김애화 (2016)	쓰기교육 과정중심 측정 (CBM-W)의 요인 구조에 관한 연구	초등 학생 1~6 학년	596명	(1)이야기 글검사 (2)설명 글검사	서두 제시형	각각 8분씩	작문 하기	어절 단위로 채점 '어절'을 기준으로 채점, 유형별 채점	전체 어절 수, 전체 문장 수, 문장당 어절 수, 올바르게 철자한 어절 수, 어휘 다양도, 올바른 구두점 수, 올바른 어절 수, 철자한 어절이 맞는 구두점이 백분율, 올바른 계 이어진 어절이 백분율, 올바른 구두점의 백분율	문항내적 합치도	Cronbach α 계수	확인적 요인 분석	CBM-W는 4개 하위요인(요인1: 유창성기반/ 요인2: 정확성기반/ 요인3: 문장복잡성과 관련된 채점유형/ 요인4: 철자 및 구두점 측면의 채점 유형)	

연구자 (연도)	논문명	대상	학년	대상 (수)	검사 도구	제시방식	소요 시간	응답 방식	채점방식	채점(측정)내용	신뢰도 유형	신뢰도 측정 방법	타당도 유형	타당도 측정방법	민감도
3	김영태, 재현순, 정경희, 김영란, 배소영, 최은영, 정상임, 김효정 (2020)	아동 간편 읽기 및 쓰기 발달 검사(QRW) 개발을 위한 타당도 및 민감도와 특이도 연구	유아 ~ 초등	만 4세 ~ 5학 년	426 명	Quick Assess ment of Childhoo dReading and Writing (QRW)- (1) 음운인식 영역	녹음된 지시문 제공	20~ 40분	지시문 에 따라 응답	0, 1점 부여	음절, 음절체와 받침, 음소의 세 음운단위 수준에 따라 각 4문항씩 총 12문항	검사- 재검사 신뢰도	상관 분석	내용 타당도	전문가 의뢰 평정 (5점 척도)	민감도 및 특이성: QRW 음운식, QRW읽기, QRW쓰기의 ROC 분석
					QRW- (2) 글자소, 단어 및 문장 읽기 영역	글자로 제시된 단어 및 문장을 보고 소리내어 읽도록 지시		소리 내어 읽음	정반응 수 합산	단어 읽기 과제는 의미단어 3음독과 무의미 단어 3 항목 으로 구성하였으며, 문장 읽 기 과제는 의미 문장 6개와 무의미 문장 3개를 통해 28 개 항목			공인 타당도	1) KOLRA 해독과 QRW 음운인식의 상관계수 2) KOLRA 해독과 QRW 읽기 간의 상관계수 3) KISE- BAAT와 QRW 쓰기간의 상관계수	
					QRW- (3) 쓰기 영역	녹음된 단어와 문장 제시		듣고 반응 기록지 예쓰기	정반응 수 합산	단어 받아쓰기 과제는 1음절 의 의미단어 11항목, 문장 쓰기 과제는 음운규칙 유형, 복모음, 겹받침, 'ㅆ'받침의 수 등의 양상과 음절복잡도, 문 장길이(2-40철),자소-음소 일치 유무, 문장구조(명사구, 부사구, 동사구)등을 고려한 여 총 29개의 어절 항목			발달적 타당도	QRW 음운인식, QRW 읽기, QRW 쓰기에서 연령 및 학년 간 차이 분석을 위해 일원변량분석	

연구자(년도)	논문명	대상	학년	대상(수)	검사도구	제시방식	소요시간	응답방식	제작방식	채점(측정)내용	신뢰도유형	신뢰도측정방법	타당도유형	타당도측정방법	타당도
4	양민화, 나종민, 이애진, 김보배 (2016)	한글 철자 발달 검사 (Korean Developmental Spelling Assessment : KDSA) 의 개발과 신뢰도 연구	초등 학생	1~2 학년	1049명: 1학년 504/ 2학년 545명 *특수교육 대상 제외	한글철자 발달검사 1) 5개 음운 유형 2) 6개 형태소 유형	1) 5개 음운 유형(연음, 기본초성, 기본모음, 기본종성, 거센소리/ 된소리조성, w/y계열모음) 2) 6개 형태소 유형(대표음, 이중모음, 경받침, 겹받침, 이중모음, 자음동화)유형별 총 5개씩 총 30개 단어	10-15분	단어, 단어가 불러주면 듣고 단어의 철자 쓰기	단어의 목표 철 자 유형이 정확 하게 철자되어 있으면 1점, 정확하지 않으 면 0점.	1) 5개 음운 유형(연음, 기본초성, 기본모음, 거센소리/ 된소리조성, w/y계열모음) 2) 6개 형태소유형(대표음, 이중모음, 경받침, 겹받침, 자음동화)	문항내적 일치도, 반분 신뢰도	척도 상관 관계, 반분 상관 계수	타당도 유형	KISE-BAAT의 소검사와의상관	단일화귀분석 에서 산출된 기울기의 t-값
5	여승수 (2014)	쓰기학습 장애 조기 선별을 위한 초등학교 저학년용 CBM 쓰기 검사의 적합성 연구	초등 학생	1~2 학년	138명 (1학년 71명, 2학년 67명)	단어 및 문장따라 쓰기	쓰기교과서에서 무작위 발췌 제작	1분	따라 쓰기	음절 수	정확하게 따라 쓴 음절의 총합	동형검사 신뢰도	피어슨의 상관계수	준거 타당도		
					음절자극 검사	쓰기교과서에서 무작위로 단어 선 정 후 음절완성 제시-20개의 음절 제시	2분	작문 하기	어절 수와 음절 수	어절 수와 음절 중 어절 수, 맞게 쓰인 어절이 연속된 획 수, 총 음절수					
					그림- 단어자극 검사	쓰기교과서에서 무작위로 발췌 제 작 -20개의 그 림 및 해당 단어 제시	2분	작문 하기	어절 수와 음절 수	어절 수와 음절 중 어절 수, 맞게 쓰인 어절이 연속된 획 수, 총 음절수					
					문장완성 검사	초등학교1-2학 년 쓰기교과서에 포함된 첫 어절을 무작위로 선정	2분	작문 하기	어절 수와 음절 수	어절 수와 음절 중 어절 수, 맞게 쓰인 어절이 연속된 획 수, 총 음절수					

2) 쓰기검사의 실제: BASA 기초학습기능 수행평가체제: '쓰기검사'

학습부진 또는 학습장애학생, 다양한 언어적, 문화적 배경을 가진 학생의 쓰기 능력을 평가하기 위하여 교육현장에서 사용되는 대표적인 국내 검사도구로는 기초학습기능 수행평가체제 쓰기검사(Basic Academic Skills Assessment: Written Expression; 김동일, 2008)가 있다. 이 검사의 구성과 함께 쓰기의 정량적, 정성적 평가기준을 살펴보고자 한다.

기초학습기능 수행평가체제 쓰기검사(BASA-쓰기검사)는 교육과정중심평가에 기반하여 쓰기 능력의 발달 수준을 측정 및 평가하고자 개발되었다. 검사는 이야기 서두제시검사의 형태로 실시하며, 학생이 주어진 시간 내에 얼마나 많은 글자를, 얼마나 정확하게 쓰는가를 측정한다. 이를 위해, 검사자는 아동에게 이야기 서두를 제시한 후 1분간 생각하고, 3분간 이야기 서두에 이어질 내용을 쓰도록 한다.

검사는 기초평가와 형성평가로 나누어 실시한다. 검사의 채점은 쓰기 유창성 수준을 측정하는 정량적 평가를 기본으로 하되, 아동의 쓰기 수행에 대한 부가적인 정보를 얻기 위해 정성적 평가를 실시할 수 있다. 기초평가에서는 기본 쓰기 수행 수준을 측정하기 위해 실시하며 이야기 서두 제시 검사를 1회 실시한다. 아동의 검사수행 태도에 근거하여 검사 결과를 신뢰하기 어려울 때는 검사를 총 2회 실시한 후 더 높은 점수를 채택하여 아동의 기초선을 설정한다. 이때, 정량적 평가는 쓰기 유창성 평가로 아동이 쓴 글에서 정확한 음절의 수를 계산(정확히 쓴 음절의 수=총음절-오류음절의 수)해서 기록한다. 더불어 오류의 유형(소리 나는 대로 쓰기, 삽입, 생략, 대치)을 파악한다.

정성적 평가는 부가적 평가로서 아동의 쓰기 능력에 대한 구체적인 정보를 얻기 위해 실시한다. 글의 형식, 조직, 문체, 표현, 내용, 주제 영역으로 나누어 분석적 평가를 실시한다. 검사자는 정성적 평가의 6개 평가 준거에 대해 5점 척도를 사용한다. 즉, <그림 5-2>와 같이 A, B, C가 실제 BASA 쓰기 검사에서 작성한 쓰기결과물을 글의 형식, 글의 조직, 글의 문체, 글의 표현, 글의 내용, 글의 주제 영역으로 나누어 채점자가 각각 1점에서 5점까지의 점수를 부여한다. 그러나 예를 들어 글의 내용에 대한 점수를 부여한다고 할 때, 채점자에 따라서 점수가 달라질 수 있기 때문에 2명 이상의 채점자를 통해 채점자간 신뢰도를 산출하는 방법을 사용하거나, 객관성을 유지할 수 있는 루브릭을 활용하여 보다 객관적인 평가가 이루어질 수 있도록 하여야 할 것이다.

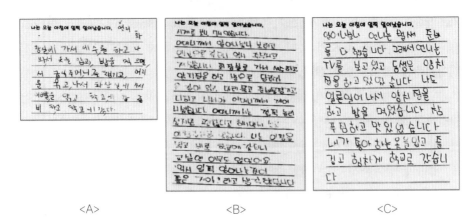

<A>   <B>   <C>

그림 5-2 BASA 쓰기 검사에서 작성한 쓰기결과물

한편, 형성평가는 기초평가를 통해 쓰기 수행 수준을 확인한 후, 다양한 이야기 서두를 활용하여 지속적으로 대상아동의 쓰기 발달을 모니터링하는데 사용할 수 있다. 매 검사 회기마다 검사자는 무선적으로 하나의 검사 자료를 뽑아서 형성평가를 실시하여, 대상아동의 쓰기 수행을 점검한다. 검사의 채점은 정량적 평가를 기본으로 하되, 필요하다면 정성적 평가를 통해 아동의 쓰기 수행에 대한 부가적 정보를 얻을 수 있다. 기초평가를 실시하여 아동의 기초선을 확인한 후, 형성평가를 통하여 아동의 지속적인 성장을 점검할 수 있다. 실시시간은 총 4분(1분 생각하기, 3분 작성)이며, 3분 동안 작성한 분량에 '//'표시를 한다. 아동이 이야기를 끝까지 완성하기를 원한다면 계속 쓰도록 하지만 '//'까지만 분석하도록 한다.

BASA 쓰기검사는 학생들의 쓰기 능력 성장에 대한 변화를 점검할 수 있을 뿐만 아니라 교사의 교수 방법에 대한 점검에 활용할 수 있으며, 오류분석을 통해 개별화교육 프로그램을 작성하게 된다. 이를 통해 현재 쓰기 능력 수준이 파악되면 구체적으로 교육목표를 세우고 실제 적용할 수 있는 쓰기지도 방안을 선정, 제시하고, 추후 쓰기능력의 변화를 다시 측정하는 과정이 순환되어 학생의 쓰기 능력 변화를 꾸준히 측정할 수 있다.

3. 교육사각지대 학습자를 위한 효과적인 쓰기 교수법

많은 연구자들이 교육현장에서 학습자들의 쓰기능력을 향상시키기 위한 교수 전략들을 제시하였다. 학습자들의 쓰기능력 향상에 효과적으로 작용한 증거기반 교수방법을 찾기 위해 연구자들은 교수법을 적용한 사전−사후 연구설계법, 단일대상연구 설계법으로 계획된 실험연구를 실시하여 그 효과성을 찾고자 하였으며, 이러한 연구들을 모아 효과크기를 직접 산출하여 어떤 교수법이 가장 효과적인지를 나타내는 메타분석을 실시하기도 하였다. 홍성두(2010)는 중재가 증거기반 교수로 입증되기 위해서는, 중재 연구의 다양한 결과들이 아동에게 효과가 있음이 지속적이고 반복적으로 누적되어야 한다고 하였고, 이를 위해 연구들을 종합적으로 분석해볼 필요가 있다고 하였다.

국내외 쓰기중재에 대한 종합적인 분석결과 연구를 통해 밝혀진 증거기반교수로 제시되는 쓰기교수법으로는 그래픽조직자 활용 교수법, 과정중심교수법, 명시적교수법, 초인지교수법 등이 있으며(김애화, 김의정, 김자경, 최승숙, 2020), 본고에서는 그래픽 조직자 활용 교수법과 과정중심 교수법을 구체적으로 살펴보고자 한다.

1) 그래픽 조직자를 활용한 쓰기 교수법

그래픽조직자(Graphic Organizer)는 텍스트의 내용, 구조, 주요 개념들을 도형, 선, 화살표, 부호, 지도 등으로 시각적으로 보여주는 학습 전략이자 학습 도구이다(강옥려, 2004). 그래픽조직자는 학습 목적에 따라 다양한 방식으로 표현될 수 있으며, Dexter와 Hughes(2011)는 <그림 5−3>과 같이 그래픽조직자를 시각

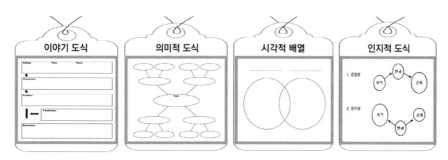

그림 5-3 그래픽 조직자의 대표적 유형

적 배열(visual display), 인지적 도식(cognitive mapping), 의미적 도식(semantic mapping), 의미 특성 분석(semantic feature analysis), 이야기 도식(story maps) 등으로 분류하였다.

김우리 외(2013)는 그래픽조직자가 사용된 읽기, 쓰기, 수학중재 연구를 메타분석하였는데, 그 중 쓰기 표현력에 관한 연구들을 분석하여 효과성 크기를 <표 5-2>, <표 5-3>과 같이 산출하였다. 분석 결과, 그래픽 조직자는 특히 쓰기 표현력 향상에 유의미한 영향을 미쳤으며, 초등학교 고학년의 쓰기교과 학습에 유용한 교수학습 도구이자 전략으로 사용될 수 있었다. 또한, 쓰기의 경우, 그래픽 조직자 중에서 의미적 도식이 주로 사용되고 있음을 발견하였다. 글을 구체적으로 작성하기 이전에 계획하기 단계에서 의미적 도식이 효과가 높은 것으로 나타났고, 글의 유형에 따라 이야기 도식을 선택하여 사용하기도 하는 것을 알 수 있었다.

표 5-2 그래픽 조직자 활용 쓰기 집단실험연구의 효과성

도식	연구	중재	연구 설계	연구 대상	집단 크기	중재 기간	평가도구(효과크기)
인지적 도식	이선화, 김자경, 서주영 (2006)	단일중재: 그래픽조직자를 활용한 글쓰기	단일 집단	쓰기 장애 초 4-6 (n=8)	일대일	10회기 (5주)	글쓰기-내용향상(2.36) 글쓰기-구문성숙도(0.70) 글쓰기-작문길이(1.02)
의미적 도식	강옥려, 이서현 (2010)	복합중재: 주장하는 글쓰기, 블렌디드러닝	단일 집단	쓰기 장애 초 6 (n=13)	소집단, 일대일	9회기 (5주)	글쓰기-내용향상(0.92) 글쓰기-글의조직(1.21) 글쓰기-글의표현(0.83)
	박성희 (2012)	복합중재: 그래픽조직자, 쓰기 과정전략 교수	제시하지 않음	쓰기 장애 초 4-5 (n=36)	대집단	18회기 (9주)	글쓰기-질적내용(0.90), 질적구조(4.53) 글쓰기-구문성숙도(1.66), 어휘다양성 (-0.25) 글쓰기-전체문장수 (2.25), 전체어휘수 (1.23)
	심정와 (2000)	복합중재: 그래픽조직자	(준) 집단	쓰기 장애	대집단	30회기 (12주)	글쓰기-글의 내용(0.81) 글쓰기-글의 길이(0.94)

		사용, 워드프로세싱 프로그램 이용	설계	초 5-6 (n=20)			
이야기 도식	고혜정, 박현숙 (2005)	복합중재: 이야기도식, 초인지전략	(준)집단 설계	쓰기 장애 초 4-6 (n=26)	대집단	10회기 (5주)	글쓰기-글의 길이(1.64), 글의 내용(1.30) 글쓰기-어휘다양성(0.37), 글 유창성(1.48)

표 5-3 그래픽 조직자 활용 쓰기 단일대상연구의 효과성

도식	연구	중재	연구설계	연구대상	평가도구(PND)
인지적 도식	정대영, 최미숙 (2007)	복합중재: 심상그리기, 과정중심 글쓰기	중다간헐 기초선 설계	쓰기장애 초 5(n=3)	글쓰기-글의 길이(92.2%) 글쓰기-글의 내용(92.2%)
의미적 도식	정혜승, 김소희 (2011)	단일중재: 그래픽조직자 전략	동시중재 설계	쓰기장애 초 5-6 (n=4)	글쓰기-글의 길이(100%) 글쓰기-글의 내용(100%)
이야기 도식	김자경 외 (2011)	복합중재: 루브릭평가 활용 과정중심 쓰기, 도식 활동	반전 설계	쓰기장애 초 5-6 (n=3)	글쓰기-글의 내용(63.3%) 글쓰기-전체단어수(60%) 글쓰기-어휘다양성(56.7%)

2) 과정중심 쓰기교수법

쓰기는 써야할 내용을 미리 구상하고, 적절한 어휘를 선택하고, 문장을 구성해야 하며, 정확한 철자를 사용하여 글자를 써야하는 등 각각의 하위 요소들이 성공적으로 통합되어 이루어지는 종합적인 능력(고혜정, 박현숙, 2005)으로 하나의 과정 내에서 이루어져야 한다. 증거기반교수로 증명된 쓰기교수법에는 대표적으로 과정중심 작문하기 전략이 있다(홍성두, 정광조, 조은혜, 2017). 과정중심 쓰기교수법을 적용하여 쓰기에 어려움을 겪는 다양한 학생들의 글쓰기 능력의 향상을 검증하는 연구들(김자경, 김지훈, 정세영, 구자현, 2011; 방선주, 김은경, 2010; 한은혜, 김동일, 2022)이 최근까지도 활발하게 발표되고 있다.

방선주, 김은경(2010)은 자폐성 장애학생의 쓰기능력을 향상시키기 위하여 마인드맵을 시각적 지원과 함께 쓰기과정중심 교수법을 적용하여 쓰기의 표현 정

확성, 내용의 풍부성, 내용 사이의 연관성이 모두 향상되었다고 하였고, 김자경 등(2011)은 쓰기학습장애아동에게 루브릭 평가를 활용하여 과정중심 쓰기교수를 실시하여, 이들의 쓰기 능력과 쓰기효능감이 향상되었다고 하였다. 가장 최근에는 한은혜, 김동일(2022)이 코로나19 상황에 따른 원격교육에서의 과정중심 쓰기 프로그램이 쓰기학습장애위험 학생의 쓰기능력과 쓰기동기에 미치는 영향을 살펴보았으며, 그 결과 긍정적인 효과가 나타났다고 하였다.

과정중심 작문하기(process approach to writing instruction)는 쓰기 전, 쓰기 중, 쓰기 후 활동까지 쓰기의 전반적인 과정과 각 단계에서 해야 할 과제들을 체계적으로 가르치는 쓰기교수법이다(Graham et al, 2012). 즉, 쓰기를 결과물에 의한 하나의 결과로 보는 것이 아닌, 역동적인 의미 구성의 과정으로 보고, 그 과정을 세분화하여서 각 과정을 전략적으로 지도할 수 있도록 한 글쓰기의 한 방법이다. Graham과 Perin(2007)은 과정중심 글쓰기는 글을 계획하고 작성하고 수정하는 일련의 과정을 통해 글을 전개하므로, 계획하기 단계에서 준비한 내용이 글의 내용을 풍부하게 만들며, 교정하기 단계에서 부족한 내용을 보충할 수 있는 기회를 제공할 수 있어 많은 양의 단어와 문장을 구사할 수 있다고 하였다. 즉, 학습자들은 각 단계별로 의미 있는 역동적인 행위를 하게 되며, 나름대로의 쓰기 전략을 사용할 수 있게 되고, 작문 능력과 문제 해결 능력을 갖게 된다(이재승, 1999).

과정중심 작문하기는 쓰기 전, 쓰기 중, 쓰기 후로 크게 3개의 과정으로도 나눌 수 있지만 계획하기, 내용 생성하기, 내용 조직하기, 표현하기, 수정하기의 5단계로 좀 더 세분화하여 지도할 수 있다. 각 단계를 살펴보면 다음과 같다.

(1) 계획하기 지도

글을 쓰기 위한 준비를 하는 단계이다. 글을 쓰는 목적이 무엇인지, 내가 쓸 글이 어떤 글인지, 내가 쓴 글을 읽을 독자는 누구인지를 확인해보도록 한다. 학생이 글의 목적을 파악하는 것에 어려움을 느낀다면 함께 이야기 나누어보도록 한다. 오늘 글을 쓰는 목적이 편지쓰기에 있다면, 편지란 어떤 글인지 왜 쓰는지 함께 이야기해보거나, 관련 동영상을 시청하며 편지글의 목적을 이해할 수 있도록 도와줄 수 있다.

(2) 내용 생성하기 지도

글을 쓰기 위해 다양한 아이디어를 생각해내는 단계이다. 내용 생성하기 지도 방법으로는 브레인스토밍(brainstorming), 열거해보기(listing), 이야기 나누기, 읽기, 명상하기 등이 있다. 이 단계에서는 학생들이 글 속에 담길 내용을 생성하기 위해 관련된 다양한 생각들을 떠올리고 생각들을 수집하는 데에 집중하도록 한다. 오늘의 글쓰기가 편지 쓰기라면 '편지'하면 떠오르는 생각들을 단어, 노래, 그림, 장면, 이야기 등으로 자유롭게 말과 글, 몸짓 등으로 표현하도록 한다. 어떤 학생은 편지와 관련하여 '소식, 반가움, 두근두근'이라는 단어들을 열거할 수도 있고, 어떤 학생은 편지함에 들어있는 편지를 직접 꺼내어들고 집 안으로 들어오는 동안 빨리 뜯어서 읽고 싶었던 느낌을 떠올릴 수도 있다. 이러한 활동은 다소 시간이 걸릴 수 있지만 글을 쓰는데 어려움이 있는 학생들의 경우, 글을 직접 쓰기 전에 쓰기에 대한 부담감을 줄이고, 아이디어를 생성하는 데에 도움이 되므로, 편안하고 자유로운 분위기 속에 충분히 이루어질 수 있도록 해야 한다.

(3) 내용 조직하기 지도

내용 조직하기 활동은 내용 생성하기를 통해 떠올리고 수집했던 아이디어들을 적절히 배열하는 단계이다. 내용 조직하기 지도 방법으로는 비슷한 아이디어끼리 묶어보는 클러스팅(clustering), 친구들과 함께 쓰고 싶은 내용을 이야기하고 묶어보고 확장시켜나가는 토론 활동, 중심개념과 관련된 아이디어를 연결시켜나가는 마인드맵핑(mind-mapping) 등이 있다. <그림 5-4>와 같이, 편지를 받을 대상, 전하고 싶은 말을 생성하여 편지를 직접 쓰기 전 마인드맵핑에 개요를 써넣어보도록 한다.

이러한 내용 조직하기 활동은 아이디어 간의 관계를 연결 짓고, 아이디어를 확장해나가고 체계화할 수 있으며, 이는 글을 작성하였을 때, 글의 내용이 응집력 있게 연계되고, 통일성 있게 한다.

내용 조직하기 단계에서는 어떠한 유형의 글을 작성하는가에 따라 아이디어를 시각적으로 나타내는 방법이 다양해질 수 있는데, 이야기 글의 경우 이야기문법요소를 담은 이야기지도를 완성하여 글을 쓸 수도 있고, 설명글의 경우 글의 뼈대를 만드는 활동인 개요 짜기 등의 조직하기 전략이 사용되어질 수 있다.

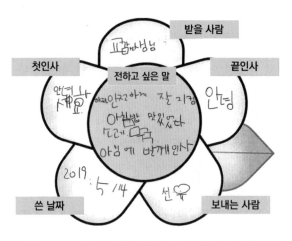

그림 5-4 편지쓰기를 위한 마이드맵핑과 표현하기

(4) 표현하기 지도

표현하기 지도에서는 초고를 쓰는 단계이다. 앞서 생성하고 조직화한 내용을 참고하여 실제 한편의 글을 작성하는 것이다. 표현하기를 지도함에 있어서 중요한 점은 글씨나 맞춤법 등과 같은 기계적인 측면에 초점을 두지 않고, 내용 생성에 초점을 두도록 하는 것이다. 쓰고자 하는 내용이 독자들에게 잘 전달될 수 있도록 내용에 충실하게 처음부터 끝까지 글을 완성할 수 있도록 격려하도록 한다.

(5) 수정하기 지도

초고를 쓴 다음에 내용과 형식을 수정하는 단계이다. 쓴 글을 전체적으로 훑어 읽기, 친구와 함께 읽기, 바꾸어 읽기 등을 할 수 있다. 피드백을 받아 내용의 일관성이 떨어지는 불필요한 내용은 삭제하고, 중요한 내용은 위치나 표현을 수정하고, 필요한 내용이나 표현은 추가할 수 있도록 지도한다. 또한, 수정하기 단계에서 자기평가 형식의 체크리스트를 활용할 수 있다. 예를 들어, '편지쓰기에서 대상을 썼는가? 인사말을 썼는가? 주요 내용을 썼는가?' 등을 스스로 체크해보면서 내용을 수정하도록 하는 것이다. 수정하기 단계에서도 역시, 글의 내용을 수정하는 데에 1차적인 관심을 두고, 그 후 철자와 띄어쓰기 오류, 문장부호 등의 문법적인 측면에서의 오류를 점검하고 수정이 이루어질 수 있도록 한다.

4. 후속 연구 및 교육 현장을 위한 제언

쓰기에 어려움을 보이는 학생들은 이후 학업과 일상생활에서도 여러 어려움을 겪게 될 수 있기 때문에 무엇보다 학생들이 쓰기 활동을 편안하게 자연스럽게 받아들일 수 있도록 하는 것이 필요할 것이다. 또한, 아동들이 쓰기 결과물이 아닌 쓰기의 전 과정에 역동적으로 적극적으로 참여할 수 있도록 지도해야 할 것이다.

또한, 쓰기는 여러 하위영역으로 이루어진 매우 종합적인 능력이기 때문에 모든 하위영역이 고루 향상될 수 있도록 글의 내용 구성, 글자쓰기, 철자, 국어학적 문법과 같은 쓰기 각 영역에 대해 체계적이고 지속적인 지도와 평가가 함께 실시되어야 할 것이다. 또한, 효과적인 지도를 위한 정확한 진단을 위하여 쓰기검사 도구 개발도 활발히 이루어져야할 것이다.

06

ooooo

교육사각지대 학습자를 위한
효과적인 철자쓰기 지도방법

김 희 은
(위덕대학교 특수교육학부 교수)

1. 교육사각지대 학습자를 위한 철자쓰기 지도의 필요성

1) 철자

쓰기는 일반적으로 글씨쓰기(handwriting), 철자쓰기(spelling), 작문(written expression-composition)으로 구분될 수 있다(김동일 외, 2016). 쓰기의 복합적인 의사소통의 방법이지만 철자 자체는 소통을 목적으로 하는 것보다 정확한 의사소통을 할 수 있도록 하는 수단적 역할을 한다고 볼 수 있다. 철자는 단어를 인식하고 정확한 철자를 배열할 수 있도록 맞춤법에 따라 정확히 쓰는 것을 뜻하며, 이후 작문 능력에 주요한 영향을 미치는 요인이다(김애화 외, 2013; 이재국 외, 2015; Graham, 1985; Graham et al., 1997). 한글은 상대적으로 자소-음소 대응도가 높은 표층표기체계(shallow orthography)에 해당하며 가로로 글자를 쓰는 영어와 다르게 초정-중성-종성 음절 블록으로 표기되는 특성을 가진다(이재국 외, 2015). 특히 한글은 마지막 종성에 따라 음운규칙이 적용되고 낱자와 소리가 다른 경우를 나타내기 때문에 한글 철자 쓰기 발달에 마지막 종성, 즉 받침 쓰기는 철자능력에 중요한 역할을 한다.

이러한 철자발달은 읽기발달과도 밀접하게 관련이 있어 읽기에 어려움이 있는 학습자는 철자능력에도 낮은 성취를 나타낼 수 있다. 철자쓰기는 음운인식, 자모지식과 같은 읽기 초기 능력과 상관이 높다. 예를 들어 음운적 결함으로 인한 난독증일 경우 읽기와 철자의 어려움이 함께 나타날 수 있으며(Galuschka et al, 2020), 낮은 읽기 능력을 가진 학습자들은 청년이 되어 읽기능력을 습득한 뒤에도 여전히 철자에 어려움을 경험할 수 있다(Berninger, 2008). 철자를 익히는 것은 초기 읽기 능력뿐만 아니라 받침, 음운규칙과 같은 맞춤법 규칙지식이 요구되기 때문에 읽기보다 복합적이고 정확한 능력이다(Bosman & Van Orden, 1997), 읽기의 경우 부분적인 지식으로 단어 인식이 가능하지만 철자는 절자원리를 정확히 이해하는 것과 같은 정확한 정보를 익히기 위한 의도적인 노력이 필요하다.

철자의 심각한 어려움(예: 추가, 생략, 대체 등)은 특정 학습장애와 난독증의 초기 지표가 되며 제한된 철자기술은 향후 작문에 어려움을 가질 가능성과 높은 상관을 보인다(MacArthur et al., 1996). 철자를 하는 것에 투입되는 시간이 길 경우 양질의 글쓰기에 어려움이 있으며, 필자의 의도를 정확히 전달하기 어렵기 때문에(Darch, Kim & Johnson 2000; 최승숙, 2010) 철자는 학년 초반에 반드시 습득되어야 할 기초학습능력이다. 이를 위해서 읽고, 쓰기 등 기초학습에 어려움이 있는 학습자들을 위한 철자 교육에 노력이 필요하다. 선행연구에 따르면 학습장애학생들의 철자발달은 특이한 양상을 나타내는 것이 아니라 일반학생들과 비슷하게 발달하고 교사의 촉진이나 명시적인 교수가 제공되었을 때 향상되었다. 따라서 철자에 어려움을 나타내는 학습자를 지도할 때 정확한 철자진단평가와 효과적인 철자 중재가 준비되어야 할 것이다(Fulk et al, 1995).

  2) 철자의 발달

  철자는 단계적으로 발달하기 때문에 철자의 발달 단계를 아는 것은 효과적인 교육을 설계하기 위해 중요하다. Bear(2008)과 동료들은 철자 발달의 포괄적인 모델을 개발하여 발달 경로에 대한 설명을 제시하였다.

표 6-1 철자발달 단계(Bear et al., 2008)

단계	내용
발생기/음운 전 철자하기(학령기 이전~유치원)	이 발달 단계에 아동은 글자가 의미를 전달하고 쓰일 수 있다는 것을 이해하지만, 소리-문자 관계에 대한 지식은 가지고 있지 않다. 아동은 글자와 숫자가 임의로 연결되어 여러 행으로 구성되는 '이야기'를 쓸 수도 있다. 아동은 글자가 말소리의 부분을 나타낸다는 기본 개념인 알파벳 원리를 이해하지 못한다(Moats, 2000). 초기 단계에서 음소 인식에 대한 교수는 쉽게 들리는 글자와 소리의 관계를 가르치고, 말소리를 들으며 정자법에 맞지 않더라도 소리나는 대로 철자하기를 장려하는 것과 연결된다.
초기 자모음 이름/유사 음운적 철자하기(유치원 저학년~중학년)	이 단계에서 아동은 알파벳 원리를 발견하고 소리-글자 관계에 대한 지식을 얻는다. 아동은 글자가 나타내는 소리의 단서로 글자 이름에 의존하는 경향이 있으며(Bear et al., 2008; Read, 1971) 단어에서 가장 두드러진 소리, 특히 첫 자음 끝 자음을 자주 쓰게 된다. 아동은 겹자음의 두 번째 소리뿐만 아니라 단어의 모음 소리를 종종 생략하게 된다. 이 단계에서는 교수는 각 말소리를 듣고 기록하고, 겹자음 및 이중글자를 공부하는 데 초점을 둔다. *아동의 초기 철자하기 시도는 소리-글자 관계에 대한 이해를 발달시키는 창구가 된다.

중후기 자모음 이름/음운적 철자하기(초등학교 1~2학년 초반)	이 단계에서 아동은 단어의 자음과 모음 소리를 나타내지만 주로 각 소리에 대해 하나의 글자를 쓴다. 짧은 모음 소리는 혼동하며, 긴 모음을 나타내지만 묵음은 나타내지 않는다. 또한 아동은 종종 끝 자음 이전의 비음 소리처럼 덜 구분되는 말소리를 생략하곤 한다(예: jump를 jup로 씀). 이단계의 교수는 아동이 각각의 개별적인 음소를 식별하여 기록하고, 겹자음과 이중글자를 철자하며, 올바른 모음 철자를 선택하도록 돕는 데 초점을 둔다.
과도기/단어 패턴 내에서 철자하기(1학년~4학년)	이 단계의 초기에 아동은 대부분의 이중글자, 겹자음을 숙지했으며, 자음 바로 앞에 있는 비음을 포함한다(예:jump). 각 음절에는 모음 소리가 있다. 이 시점에서 아동은 소리와 그에 상응하는 글자에 대한 인식을 내면화했으며, 정자법의 패턴을 더 잘 알게 되었다(Moats, 2000). 아동은 더 이상 소리별로 접근하지 않으며 일반적인 철자 패턴과 자모음 철자를 올바르게 사용하기 시작한다. 아동은 단어의 시각적 특징에 더 많은 관심을 기울이고, 교수는 일반자모음 패턴과 –dege와 같은 더 복잡한 자음 단위에 중점을 둔다.
음절과 접사 철자하기(초등학교 고학년~중학교)	이 단계에서 학생들은 다음절 단어를 철자해야 한다. 학생은 음절이 합쳐지거나 접사가 추가될 때 오류를 범한다(예: hopeful을 hopefull로 씀). 이 단계가 끝날 때까지 학생들은 대부분 2음절 및 3음절 단어, 흔한 접두사 및 접미사, 덜 흔한 모음 패턴을 철자할 수 있다. 이 단계에서 교수는 어근은 접사를 포함한 형태소의 추가에 초점을 둔다.
파생 관계 철자하기(중학교~성인기)	이 단계에서 학생은 대부분의 단어를 정확하게 철자하지만 파생어에 대한 지식은 아직 부족하다. schwa 소리를 포함하는 단어, 접사의 추가 또는 형용사에서 명사로의 변화에서는 여전히 오류가 발생한다(Bear et al., 2008). 교수는 단어 구조, 단어 어원 및 단어 의미 간의 관계에 대한 학습에 중점을 둔다. 학생들은 단어 어원을 비롯하여 다른 언어의 단어 철자를 탐구할 수 있다.

출처: 김동일 역(2022). 기초·기본학력보장 증거기반 교육의 실제. 서울: 학지사 p.153- 156
   Bear, D., Invernizzi, M., Templeton, S., & Johnston, F. (2008). Words their way: Word study for phonics, vocabulary, and spelling instruction (4th ed.). Upper Saddle River, NJ: Prentice-Hall.

또한 Berninger(2006) 등은 3중 단어 구성이론(triple word–form theory)이 아동의 철자 발달 초기에 영향을 미치는 것으로 설명하였다. 음운 지식(phonological knowledge), 형태소 지식(morphological knoweldge), 철자 표기 지식(orthographical knowledge) 세 가지 요소들을 기반으로 철자가 발달된다. 요소별 설명은 아래의 <표 6-2>와 같다.

표 6-2 3중 단어 구성이론(Triple word-form theory)

음운 지식	형태소 지식	철자 표기 지식
소리의 가장 작은 단위 음소를 인식하고 나의 표상으로 부호화하고 조작할 수 있는 능력 음소와 자소의 대응 규칙을 배울 수 있게 하며 자소와 음소가 일치되는 어절을 쓸 수 있도록 함	구어와 문어에 존재하는 어휘형태소(lexical morpheme) 및 문법형태소(grammatical morpheme)를 표상하고 조작할 수 있도록 함 고차원적인 의미적 연관성을 습득하며 철자 발달에 이를 수 있게 함	문자 체계마다 허용되는 글자의 조합 형태, 조합 순서, 글자군에 대한 표상 뜻함 자소와 음소가 불일치하는 어절의 정확한 철자쓰기를 가능하게 함

출처: 신가영, 설아영, 조혜숙, 남기춘, 배소영(2015). 초등학생의 철자 발달과 오류 패턴 분석. 언어치료연구, 24(2), 61-72.

신가영 외(2015)는 3중 단어 구성 이론(Triple word-form theory)을 바탕으로 한글 발달 과정을 설명하였다. 성공적으로 한글을 철자하기 위해서는 음운 지식, 형태소 지식, 표기 지식 모두 중요하다. 초기에는 자소와 음소가 일치되는 어절 (예: 가방)의 경우 음운지식을 사용하여 소리나는대로 적지만 불일치하는 경우(예: '구름이'을 '구르미'로 씀) 소리나는대로 적는 오류를 나타낼 수 있다. 자소와 음소가 불일치하는 경우는 음운규칙(예: 연음화, 경음화 등)을 배우면서 오류를 줄일 수 있다. 또한 문법형태소와 어휘형태소 지식은 철자쓰기에 영향을 미친다. 한글은 자소와 음소일치가 높은 언어이기 때문에 유아들도 철자능력이 좋은 편에 속하지만, 종성이 포함될 낱글자 쓰기는 철자능력에 따라 차이가 난다. 종성의 경우 음운규칙 적용으로 자소와 음소 대응이 불일치되는 경우가 많기 때문에 철자능력 발달에서 종성이 포함된 낱글자 쓰기는 아동의 철자능력을 확인하는데 중요한 지표가 된다.

3) 철자부진의 원인

낮은 철자능력에 대한 원인은 다양하게 접근할 수 있다. 기본적인 언어의 어려움(Torgesen & Kail, 1980), 기억(Swanson, 1987), 음운인식(Wagner, 1986), 시지각(Wallace & McLoughlin, 1988), 비효율적인 학습 전략(Graham & Freeman, 1985) 등이 대표적으로 낮은 철자능력에 영향을 미친다(Fulk et al, 1995).

한글 철자에 대하여 이대식(2020)은 낮은 철자능력에 대한 원인에 대하여 비숫하게 들리는 소리를 혼동하거나, 주의산만, 단기 청기억력 부족, 글자－소리 대응학습의 부족 등을 제시하였으며 자세한 내용은 <표 6-3>에 제시하였다. 또한 최승숙(2010)은 인지적인 요인들도 철자기능에 영향을 줌을 강조하였다. 시·청각 단기기억능력, 지각－운동 협응능력, 시각변별, 음운인식 능력, 기억능력 등이 글자를 쓸 때 정확하게 보고, 듣고 기억하여 쓰는 것에 영향을 미치며 기억억능력은 정확하게 인식하고 정보를 산출하는 과정 중에 단기, 작동, 장기기억 능력 형태로 영향을 미치며, 상징에 대한 시각기억, 단어단위 기억, 철자규칙 기억과 연관이 있다. 마지막으로 한글 맞춤법을 이해하고 규칙을 적용할 수 있는 학습능력이 부족할 경우 철자에서 낮은 성취를 보인다.

표 6-3 철자 부진 원인

○ 기본적인 글자 쓰기 능력
　소근육 운동 능력 미흡, 단기 시기억력 미흡, 지각-운동 협응 능력 부족, 메타인지 부족
○ 단기 청기억력
　단기 청기억력 부족
○ 글자-소리 대응 인식
　음운인식 부진, 글자-소리 대응 학습 불완전 혹은 미학습
○ 음운인식 능력
　말소리 구별 능력 어려움 및 자음 모음 소리 구별의 어려움
○ 맞춤법 지식
　맞춤법 규칙 이해가 어려운 경우 문자와 발음 관계를 이해하는 데 부정적 영향

출처: 이대식(2020). 학습부진 및 학습장애 교육 교수-학습이론과 모형의 조건. 서울: 학지사, 최승숙(2010). 쓰기부진 학생의 철자쓰기 특성과 중재에 관한 이론적 접근. 특수아동교육연구, 12(1), 47-66.

4) 교육사각지대 학습자의 철자 특성

(1) 일반적인 특성

기초학습(읽기, 쓰기 등)에 어려움이 있는 학습자의 일반적인 특성은 다음과 같다. 낮은 읽기 수준을 가진 학습자의 경우 음운 인식에서 어려움이 나타나며, 읽기가 가능할 경우에도 철자에 오류가 나타날 수 있다. 또한 한글읽기가 가능할 경우에도 철자 규칙, 글자 패턴, 단어 구조, 철자 기억에 대한 이해가 부족하여

표 6-4 읽기에 어려움이 있는 학습자들의 철자 사례

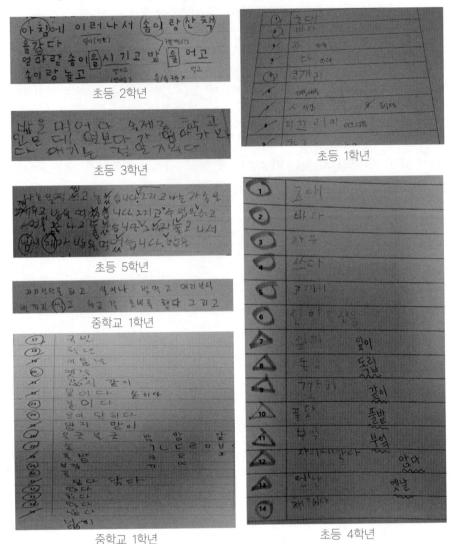

초등 2학년

초등 3학년

초등 5학년

중학교 1학년

중학교 1학년

초등 1학년

초등 4학년

철자에 어려움을 나타낼 수 있다(김동일 역, 2022; 송엽 외, 2016). 또한 선행연구들에 따르면 쓰기에 심각한 결함이 있는 아동의 경우 글자와 소리연결에 어려움을 나타내고 철자 기술에 어려움을 나타내었다. <표 6-4>에 실제 쓰기부진을 나타내는 학생들의 철자 사례를 제시하였다.

(2) 오류유형에 따른 특성

김애화(2009) 연구에 따르면 철자부진 아동은 일반아동에 비하여 철자 발달이 지연되는 특성을 보이나 발달 패턴은 유사한 것으로 나타났다. 또한 일반적으로 표기처리오류, 음운처리오류, 형태처리 순서로 오류를 나타냈고, 철자부진 학생들은 규칙 단어 및 음운변동 적용 단어에서 일반학생들과 상당한 수준 차이를 나타냈으며 3-4학년 이후 철자발달이 고착된 현상이 보였다. 선행연구들에 따르면 초등학생들은 일반적으로 <표 6-5>의 소리의 형태 중에 'ㄷ' 대표음 받침과 구개음화에서 오류를 보인 것으로 나타났으며, 쓰기장애 아동들의 경우 정상발달을 보이는 아동들보다 받침에서 음운적 오류가 많이 나타나고, 겹받침으로 끝나거나 음가가 변하는 경우 오류가 많이 나타났다(신성웅, 조수철, 2001). 형태에 관한 오류에서는 체언과 조사의 유형에서 소리가 아닌 어법에 따라 적는 과정에서 가장 많은 오류가 나타나고 학생들이 체언을 적을 때 기본형을 고정하여 적는 것을 이해하지 못

표 6-5 철자 쓰기 오류 진단 항목

구분	진단항목	오류
소리 관련 오류	된소리	된소리로 표기 → ㄱ:ㄲ, ㄷ:ㄸ. ㅂ:ㅃ, ㅅ:ㅆ, ㅈ:ㅉ
	구개음화	ㄷ을 ㅈ,ㅌ을 ㅊ으로 표기
	'ㄷ' 대표음 받침	'낫다'를 '낟다' 혹은 '이었다'를 '이얻다'로 표기'
	모음	'ㅖ'는 'ㅔ'로 'ㅢ'는 'ㅣ'로 혼동하거나 'ㅐ'와 'ㅔ'의 혼동, 'ㅚ'와 'ㅟ'의 혼동, 'ㅗ'와 'ㅜ'의 혼동, 단모음과 이중모음의 혼동 등의 오류
	끝소리 규칙(연음 및 절음 규칙)	빗을→비슬, 웃어른→우더른으로 표기
형태 관련 오류	체언과 조사	밭이→바티, 바치로 표기
	어간과 어미	옳지→올치, 뚫린→뚤린으로 표기
	접미사가 붙어서 된말 표기 오류	밝기→발끼, 찬찬히→'찬차히'로 표기
	합성어 및 접두사어 표기 오류	냇물→낸물, 넘어뜨린→'너머뜨린'으로 표기
	준말	힘들잖아요→'힘들자나요'로 표기

출처: 이대식(2020) p. 446.

하고 소리가 나는 대로 적는 오류가 나타났다(최승숙, 2010). 학생들은 접사가 어근 뒤에 붙어 새로운 단어를 형성하거나 체언이나 용언 어간 뒤에 조사와 어미가 붙어서 문법적 기능을 나타내는 한글의 형태적 특성을 이해하는 데 어려움은 형태에 관한 오류에 영향을 미친다(최승숙, 2010).

2. 효과적인 철자 교수법 개관

1) 국외 철자 교수법 효과성 연구 개관

Fulk와 동료(1995)는 38개 철자관련 실험연구를 분석하여 교수적 기술(instructional techniques), 컴퓨터 보조 교수(computer-assisted instruction), 학생 연구 기술(student study techniques), 감각의 종류(sensory-modality) 훈련중재연구의 효과를 검토하였다. 각각 중재에 대한 설명은 다음의 <표 6-6>에 자세히 기술하였다.

표 6-6 효과적인 중재

1. 교수적 기술(instructional techniques)
종류
강화 절차(Reinforcement Procedures): 정확히 철자에 강화제공(예: 스티커 또는 칭찬)
유추와 훈련(Analogy and Training): 철자패턴을 강조한 유추 훈련(예: 유사한 철자가 포함된 라임단어 지도)
지속적인 시간 지연(Constant Time Delay): 목표단어 철자를 가리고 기억하여 쓰도록 할 때 점차 시간을 늘려 기억하기 훈련
과제 변화(Task Variations): 학습양, 즉각적인 피드백과 분산된 연습 등

효과
모델링 모방(imitation modeling), 평가 정정 방법(the test correction method), 강화를 제공하는 긍정적 연습(positive practice with reinforce), 유추 훈련(analogy training), 지속적인 시간 지연(constant time delay), 제한된 학습양(limited list length), 분산된 연습(distributed practice)

2. 컴퓨터 보조 교수(computer-assisted instruction, CAI)
종류
개별 CAI 프로그램(Individual CAI Program): 철자 학습 컴퓨터 프로그램
CAI로 지속적인 시간지연(Constant Time Delay with CAI): 시간을 점차 지연하여 기억하고 컴퓨터 그래프로 나타냄

컴퓨터 연습(Computer Practice): 컴퓨터로 철자 연습

효과
개별 철자 교수 제시(Presenting individual spelling instruction), 지속적인 시간 지연 제시
(Presenting constant time delay), 컴퓨터 연습활동에 긍정적 태도 격려(Enhancing
positive attitudes toward computer practice activities), 활동 중에 과제참여 비율 증가
(Increasing on-task rates during practice activities), 오류 모방 및 모델링 제공
(Providing error imitation and modeling)

3. 학생 연구 기술(student study techniques)
종류
또래 교수(Peer Tutoring): 또래 지도가 포함된 철자 교수
체계적 연구(Systematic Study): 체계적인 철자 연구 과정

효과
또래교수(Peer tutoring), 구조화된 연구 환경(Structured study conditions), 3단계(복사,
기억해서 쓰기, 비교)Add-a Word 교수(Add-a Word instruction with 3-step
study(copy, write from memory, compare), 개별/그룹 환경에서 5단계 연구 전략(말하
기, 쓰고 말하기, 검토, 따라쓰고 말하기, 쓰고 검토)(5-step study strategies(say, write
and say, check, trace and say, write and check) under individual and group
conditions), 집중과 구두점 자기 점검(Self-monitoring of attention and of written
productions.)

4. 감각의 종류(sensory-modality)
Multisensory/Modality training: 다감각을 사용한 훈련(예: 손 끝으로 철자하기)

효과
다감각 교수(Multisensory instruction), 복합 중재 패키지 다감각 교수(Multisensory
instruction within a complex intervention package), 쓰고 말하기 방법(Write-and-say
methods), 손가락철자 연구(Fingerspelling study)

참고: Fulk et al(1995). Spelling intervention for students with disabilities: A review. The
Journal of Special Education, 28(4), 488-513.

Williams와 동료들은(2017), 유치원부터 12학년까지의 철자성취에 효과적인
읽기중재와 철자 중재들 10편의 효과성을 분석하였다. 효과적인 철자 중재의 특
성은 다음과 같다. 첫째, 소리-낱자 지도에 명시적인 교수법을 사용, 둘째, 단어
철자 시 자기교정 전략 사용(철자 단어보기, 단어를 덮기, 단어 쓰기, 쓰여진 단어와
실제 단어를 비교하기), 셋째, 또래교수 사용기, 넷째, 낱자-소리 쓰기와 단어 읽
기 분절을 하기를 하며 정확도를 높인 다음 유창성을 향상한다. 읽기 중재의 경

우 음운인식, 파닉스, 유창성, 어휘, 읽기이해 지도시 명시적 지도를 체계적으로 사용할 때 철자성취에 향상에 효과적으로 나타났다.

Galuschka(2020)가 난독증학생들에게 효과적인 철자 중재 34편에 대한 메타분석을 한 결과 자-소(phoneme-grapheme)간의 관계성을 지도하는 파닉스(phonics) 교수법, 형태소(morphological) 교수법과 철자(orthographic) 원리를 지도하는 것이 철자쓰기 능력 향상에 효과가 있는 것으로 나타났다.

2) 국내 철자 교수법 효과성 연구 개관

국외 철자교수에 대한 문헌시기와 비교하여 국내 연구는 다소 늦게 시작되었다. 김동일 등(2021)이 학습부진 및 학습장애 학생 대상 철자관련 교수의 효과를 메타분석으로 연구한 결과 교수전략으로는 읽기, 철자, 작문을 통합한 전략이 가장 높은 효과를 나타냈으며, 작문 중심 전략, 철자 중심전략, 읽기와 철자의 통합 전략, 읽기 중심 전략 순으로 효과를 나타냈다. 교수 단위에서는 음운과 의미의 통합교수, 의미가 있는 말의 단위 중심 교수, 음운 단위의 교수 순서로 나타났으며, 철자 지도는 저학년 시기일수록 더욱 효과적으로 나타났다. 최한나 등(2013)이 학습장애 학생들의 철자능력 향상에 관한 중재연구 65편을 분석한 결과는 다음과 같다. 철자 중재는 맞춤법 원리 교수, 컴퓨터보조교수(CAI), 또래교수, 고반응 행동 전략을 사용하였으며, 작문 중재는 컴퓨터보조교수(CAI), 과정중심글쓰기, 책만들기, 협동학습, 이야기문법 전략을 사용하였으며, 읽기중재는 컴퓨터보조교수(CAI), 음운인식, 동요 부르기 활동이 포함되고, 읽기와 철자 통합 중재는 컴퓨터보조교수(CAI), 통합 문해교수, 삽화이용 대체사고전략, 또래교수, 협동학습 전략, 읽기와 작문 통합 중재는 통합 문해교수, 책 만들기 활동이 포함되었다.

3. 중재 전략 소개

1) 일반적인 지도원리

철자 중재를 계획할 때 지도 내용과 순서는 단계별로 진행해야 한다. 예를 들어, 철자 쓰기 내용은 첫 번째 단계에서는 가장 기본적인 자모음 소리를 구별하고 쓰는 내용을 지도하며 두 번째 단계에서는 앞서 지도한 자모음이 포함된 단어를 듣고 받아쓰기 마지막 단계에서는 단어가 포함된 문장을 듣고 받아쓰기로 확장해 나갈 수 있다(이대식, 2020). 또한 철자 쓰기 지도 순서는 가장 기초 능력인 음운인식 능력 지도를 우선적으로 실시한 뒤 고빈도 규칙 낱말 듣고 쓰기, 저빈도 불규칙 낱말 듣고 쓰기 어구나 문장 듣고 쓰기로 나아간다(이대식, 2020). 글자의 형태는 기본 자음모음 형태에서 이중모음, 종성, 음운규칙 적용된 단어로 난이도를 높여 지도할 수 있다.

2) 일반적인 중재 전략

일반적인 철자 중재는 다음의 <표 6-7>과 같이 진행될 수 있다. 또한 효과적인 중재를 설계하기 위해서 철자 오류유형을 분석하고 오류유형에 따른 집중지도를 계획해야 한다.

표 6-7 쓰기부진 학생 대상 효과적인 철자 쓰기 지도 방법

교수 원칙	적용
1. 구체적인 교수	
명시적 교수	철자 개념과 기술들이 일련의 단계에 따라 직접적으로 지도됨 교사는 분명하고 일관된 언어를 사용하고 새로운 내용에 대하여 충분한 설명을 제공함
확대된 교사 모델링	교사는 학생이 철자 쓰기를 독립적으로 수행하기 전에 철자 쓰기 기술과 전략을 충분히 설명하고 시범 보임 학습자에게 단계에 따라 생각을 큰 소리로 말하도록 함
2. 교수적 비계	
과제 난이도 조절	기술들을 체계적으로 제시하고 쉬운 단계에서 어려운 과제로 단계적으로 이동 아동의 학습발달 단계를 고려한 지도 제공 예시는 전 시간에 학습된 자료를 기초로 주의 깊게 선택됨
교수자료 비계설정	소리와 글자의 구체적인 표현을 제시할 수 있는 글자 조각과 같은 비계적 교수자료 사용, 촉진은 점차 없어지도록 함
다양한 활동 제공	다양한 감각(시각, 청각, 운동감각, 촉각)을 활용한 철자학습 제공 일상쓰기 활동 지속적으로 제공 게임을 활용한 철자 프로그램 제공 컴퓨터를 이용한 철자 쓰기 활동 제공 단어를 연필로 종이에 쓰는 활동도 제공

3. 양질의 피드백을 적용한 다양한 연습 기회	
소그룹 교수	3-5명의 학생을 소그룹화하여 교사와 학생 간의 상호작용을 촉진함
오류 수정	개별학생의 오류를 바른 답으로 모델링해 주고 연습할 수 있는 기회를 많이 제공 표기하기 어려운 글자를 교실 벽에 게시하거나 집에 걸어 두어 환기시키도록 함
검사-학습-검사	현행 수준을 알 수 있는 지속적인 검사와 학습을 연계

출처: 최승숙(2010), p. 61-62. 이대식(2020) p. 463.

철자오류유형을 진단하는 방법은 앞서 제시한 <표 6-7>과 같이 철자 쓰기 오류 진단 항목에 따라 소리 관련 오류와 형태 관련 오류를 구분하여 오류유형을 확인할 수 있으며, <표 6-8>에 따라 질문을 함으로써 순서, 생략, 첨가, 대치 등의 오류를 확인할 수 있다. 이러한 오류에 따라 <표 6-8>에서 제시한 9가지 효과적인 철자 교수의 요소들을 포함한 철자 중재를 계획할 수 있으며, 오류가 발생했을 시 즉시 교정하고 정답일 경우는 긍정적인 피드백을 주도록 한다(이대식, 2020).

표 6-8 철자 오류 분석을 위한 질문과 효과적인 철자 교수의 요소

[철자 오류를 분석할 때 묻는 질문]	[효과적인 철자 교수의 요소]
학생이	1. 구어를 소리로 분절하기
1. 단어 소리를 올바른 순서로 적었는가?	2. 소리를 글자와 매치하기
2. 단어에 특정 소리를 추가하거나 생략하였는가?	3. 일반적인 정자법 패턴을 철자하기
	4. 일반적인 철자 규칙을 배우고 연습하기
3. 단어의 불규칙 요소를 정확하게 철자하였는가?	5. 불규칙한 부분에 중점을 두어 불규칙 단어를 철자하기
4. 모든 음절에 모음이 있는가?	6. 단어에 접사 추가하기
5. 동음이의어를 정확하게 철자하였는가?	7. 다른 음절 유형을 철자하기
6. 일반적인 접사를 정확하게 철자하였는가?	8. 단어의 파생어 철자하기
7. 복수형을 만들고 동사 시제를 바꾸는 방법을 이해하였는가?	9. 단어의 어원에 대해 배우기

출처: 김동일 역(2022). 기초·기본학력보장 증거기반 교육의 실제. 서울: 학지사 p. 156-157.

(1) 철자오류유형별 지도

철자오류유형에 따라 지도할 경우 검사 결과에 따라 오류유형 빈도를 분류하여 가장 많은 빈도를 보이는 유형을 우선적으로 지도할 때 효과적이다. 대표적인 철자오류는 음운처리(phonological processing)로 인한 오류, 표기처리(orthographic processing)로 인한 오류, 형태처리(morphological processing)로 인한 오류별로 구분할 수 있다(김애화, 김의정, 2013; 김애화, 최한나, 김주현, 2010; 김애화, 2009; Berninger & Amtmann, 2003). 이때 유형별로 묶어서 소개하고 다른 유형인 단어와 구별하는 활동을 반복적으로 한다. 또한 음운규칙을 지도하여 학생이 유형별로 어떠한 규칙이 적용되는지 이해하도록 지도한다. 또한 형태처리에 어려움을 보이는 학생일 경우 어간과 어미를 구분하여 각각의 특성과 규칙을 설명하고(예: '옳다'에서 '옳'는 어간이며 형태가 변하지 않음을 강조) 동음이의어와 같은 관련 어휘를 지도하여 어휘의 양을 확장하도록 한다(김애화 외, 2019).

표 6-9   철자 오류유형별 교수법

철자 오류 유형		철자 오류 유형별 교수법	
오류 유형	특징	교수법	내용
음운처리 (phonological processing)로 인한 오류	낱자-소리 대응관계 적용에 어려움을 나타냄 (예: 소리 그대로 표기되는 단어를 쓸 때 다른 단어로 표기, '컴퓨터'를 '컴푸터'로 표기)	음운처리 중심 철자 교수	소리대로 적는 단어를 철자 하는 것을 목표로 함. 낱자-소리 대응관계, 낱자 소리 합성 명시적 지도
표기처리 (orthographic processing)로 인한 오류	낱자의 시각적 형태에 대한 인식 능력이 요구되는 글자 표기 어려움(예: 받침 있는 단어 받침을 소리가 같은 다른 받침으로 사용, '닫다'를 '닽다'로 표기/단어 또는 부분을 소리나는 대로 표기. '물약'을 '물냑'으로 표기)	표기처리 중심 교수법	음운변동규칙이 적용되는 종성 (받침)의 올바른 철자 강조함. 음운변동규칙, 겹받침 등을 명시적으로 지도하며, 음운변동 규칙이 일어나는 단어와 그렇지 않은 단어를 구분할 수 있고 정확히 쓸 수 있도록 반복 학습 실시

형태처리 (morphological processing)로 인한 오류	단어를 구성하는 형태소에 대한 인식이 부족한 오류 (예: 어간과 어미 경계 구분 하지 못하는 오류, '앉다'를 '앉따'로 표기/시제 선어말 어미를 변환하는 오류, '먹 었다'를 '먹는다'로 표기/어 미를 변환하는 오류, '많은' 을 '많이'로 표기)	형태처리 중심 교수법	어간-어미, 시제의 개념을 알 고 변화하는 부분을 이해할 수 있도록 지도하며 동음이의 어 뜻을 구분할 수 있도록 함

참고: 김애화, 김의정(2013). 음운처리 중심 철자 교수가 쓰기장애 학생의 철자에 미치는 효과. 학습장애연구, 10(2), 51-72.
　　　김애화, 최한나, 김주현(2010). 초등학교 철자부진학생과 일반학생의 철자 특성 비교 연구. 특수교육학연구, 45(1), 203-223.

(2) 파닉스 교수법

파닉스 교수법은 자모음과 음소 간의 대응을 집중적으로 지도하는 교수법으로 철자 능력을 향상시키는 데 효과적이다(이애진, 양민화, 2017). 철자능력 향상을 위한 파닉스 교수법은 읽기·철자지도를 함께 실시하는 통합 프로그램으로 구성할 수 있다. 초기읽기 지도에도 효과적으로 파닉스 교수법을 적용한 철자 중재는 "목표 음소 확인, 음소 분절, 음소인식 게임, 자소 선택, 음절 조합, 철자 게임의 여섯 개 활동으로 구성되었다(이대식, 2020)".

표 6-10 파닉스 교수법에 기초한 읽기·철자 통합 프로그램 예

구분	내용
중재 세부 목표	초1, 2학년: 자음·모음 발음하기, 단어 만들기, 쓰기, 국어교과서 읽기 초3, 4학년: 초성+중성+종성 이해하고 활용하여 단어 만들기, 발음하기, 쓰기, 국어교과서 읽기 초5학년 이상: 초성+중성+종성의 음운변동을 이해하고 활용하여 단어 만들기, 발음하기, 쓰기, 국어 교과서 읽기
하위 영역별 중재	읽기중재: 음운인식활동(변별, 합성, 탈락, 대치), 국어 교과서 읽기, 음운변동 단어 읽기, 읽기유창성 연습 철자중재: 기본자음모음 조합 쓰기, 받침글자 쓰기, 음운변동 및 철자법 익히기, 해당 학년 어휘 익히고 받아쓰기, 짧은 글쓰기 및 쓰기유창성 연습

활용 교재	읽기: BASA와 함께하는 읽기능력 증진 개별화 프로그램 읽기 나침반, 음운인식 편(김동일, 2017), 해당 학년 국어 교과서 철자: 해당학년 국어 교과서 어휘 음운인식 및 철자 단계별 소개 -1단계: 자음·모음 발음과 쓰기 -2단계: 초성+중성 이해하고 활용하여 단어 만들기, 발음하기, 쓰기 -3단계: 초성+중성+종성 조합 이해하고 활용하여 단어만들기, 발음하기, 쓰기/ 음운변동 이해하기, 발음하기, 쓰기, 짧은 글 이해
중재 방법	통합파닉스: 낱자-소리를 이해하고 익히고 발음하고, 쓰기 분석파닉스: 단어를 익히고 단어내 낱자-소리 대응 관계 파악하기 유추파닉스: 단어를 익히고 단어와 단어의 부분(word parts)을 활용하여 새로운 단어를 읽기 임베디드 파닉스: 국어교과서를 읽고 미니레슨(mini-lesson) 형태로 파닉스 수업 실시 직접교수: 강사가 목표를 잡고 직접적인 목표제시, 모델링, 함께하기, 스스로하기, 평가로 수업구성

참고: 김동일, 김희은, 조은정(2021). 파닉스 교수법에 기초한 읽기·철자 통합프로그램이 난독증 위험군 학생의 음운인식과 읽기 유창성에 미치는 효과. 교육문화연구. 27(6), p. 477-496.

(3) Fernald 다감각 철자법

철자법을 익힐 때 다감각 철자법 접근은 효과적이다. Jasmine 등(2015)은 시각/청각/신체/촉각활동들이 초등학교 2학년 학습자의 철자 정확성을 높이는 데 효과적임을 타나냈다. 감각을 활용한 교수법의 대표적인 예로 Fernald 다감각 철자법이 있다. Fernald 다감각 철자법은 시각, 청각, 촉각 등 다감각을 활용하여 학습자에게 철자를 익히도록 한다. 순서는 다음과 같다. 새롭게 배운 단어를 칠판이나 종이에 적은 뒤 교사는 단어를 분명하게 발음하게 한다. 학생에게 단어를 학습하게 하고 단어의 시각적 이미지를 만들도록 한 뒤 손가락을 이용해 글을 쓰고 읽도록 한다. 학생이 해당 단어를 철자하는 방법을 익히면 그 단어를 지우고 학생이 암기하여 단어를 쓰게 한다. 단어를 지우거나 종이를 뒤집어 학생에게 정확히 기억하여 단어를 쓰도록 한다(김동일 역, 2022).

(4) 한글 맞춤법 원리지도

철자능력 향상을 목표로 할 때 문법지식 지도는 필수적이다. 교수법의 예로 문법 형태소 활용과 음운규칙을 중심으로 자소 음소 불일치 어절 쓰기(이재국 외, 2015), 음운규칙 지도하기(차예은 외, 2019), 겹받침 지도(김애화 외, 2015) 등이 있다.

07
ooooo

교육사각지대 학습자의 기초학습능력 보완을 위한
방학 프로그램: 효과성 및 적용 방안 탐색

박 유 정
(공주교육대학교 교육학과 특수교육전공 교수)

1. 교육사각지대 학습자를 위한 방학 프로그램의 필요성

학령기의 학습자는 학교를 통해 개인의 학습과 정서·사회 발달뿐만 아니라 학령기 이후 사회 구성원으로서 독립적인 역할을 수행하기 위한 다양한 기능과 역할을 익힌다. 이 과정에서 읽기, 쓰기, 셈하기 등과 같은 기초 문해 및 수 영역의 학습능력을 기르고, 또래 및 교사들과의 관계 형성을 통해 사회 참여 및 협력에 대한 개념을 형성하고 연습하기도 한다. 즉, 학교는 아동이 연령에 적합한 학습 기능을 익히는 개인적 공간임과 동시에 독립적인 사회구성원이 될 수 있도록 준비시키는 사회적 공간이기도 하다(Singleton, 2014; Quinn et al., 2016).

이와 같은 학교의 역할과 기능이 제대로 발현되기 위해서는 학교가 제공하는 교육과정과 수업 프로그램에 학습자가 참여할 수 있어야 한다. 즉, 학교가 제공하는 인적 자원 및 물적 자원에 대한 접근의 기회가 전제되어야 한다. 학교가 운영되는 정규 학기중에는 학습자가 상대적으로 수월하게 학교가 제공하는 학습 기회에 접근할 수 있다. 하지만 방학 기간 중에는 학교가 제공하는 학습 관련 자원에 접근이 쉽지 않으며, 이러한 학습 자원 제한으로 인해 발생하는 어려움은 사회경제적 취약 계층의 학습자들에게 더욱 두드러지게 나타나는 것으로 보고되고 있다(Atteberry & McEachin, 2016). 학교를 통해 제공되는 인적·물적 자원의 제한은 사회경제적 취약 계층에 있는 학습자들의 "learning loss", 즉 학업손실 또는 학력결손으로 이어졌으며, 이와 같은 학력손실 현상은 여름방학이 상대적으로 긴 미국 및 캐나다 등의 나라에서 더욱 두드러지게 나타나는 것으로 보고되었다.

여름방학으로 인해 학생들에게 발생하는 학습격차는 여름학습 손실(Summer learning loss), 여름효과(Summer effects), 또는 여름미끄럼효과(Summer slide) 등과 같은 용어들을 통해 등장하기 시작하였으며, 1990년대 이후 표준화검사 및 데이터 분석 방법의 발전과 함께 여름방학효과로 인한 학습격차에 대한 심각성은 더욱 대두되기 시작하였다(White, 1906; Heyns, 1978; Entwisle & Alexander 1992). 특히, 여름방학 후 실시된 표준화검사에서 나타나는 학업격차가 일시적으로 나타나는 데에서 그치는 것이 아니라 향후 학습부진 및 학교 부적응의 문제로 까지 이어질 수 있는 가능성 또한 제시되었다(Downey et al, 2004).

여름방학 동안 발생하는 학력손실을 뒷받침하는 대표적인 연구로 Hayes와

Grether(1983), Cooper와 동료들(1996), Burkman과 동료들(2004) 연구를 들 수 있다. Hayes와 Grether(1983)는 중간소득 계층의 학생들과 하위소득 계층의 학생들 간에 나타나는 학력격차가 여름방학 이후 더욱 두드러졌으며, 저학년보다 고학년에서 학력 수준 간의 차이가 크게 나타난다고 보고하였다. 특히, 초등학교 2학년에서 6학년에 걸쳐 경험하는 4번의 여름 방학 기간이 학력격차 요인의 약 80%를 설명하여, 이를 지속적이고 장기적인 학업격차를 유발할 수 있는 요인이라고 지적하고 있다. Cooper와 동료들(1996)의 연구에서 여름방학효과는 수연산과 읽기이해, 철자영역 등과 같은 주요 학업영역에서 가장 두드러지는 것으로 나타났으며, 그 중 수연산 영역에서 가정의 사회경제적 격차에 따른 학생간 격차가 방학효과를 가장 많이 반영하는 것으로 보고하고 있다. 미 교육부와 교육통계청의 데이터(Early Childhood Longitudinal Study-Kindergarten Cohort(https://nces.ed.gov/ecls/))를 활용한 Burkman과 동료들(2004)의 종단연구에서는 사회경제적지위(Socioeconomic status: SES) 상위 25% 집단의 학생들과 하위 25% 집단의 학력격차가 여름방학 이후 기간에 더욱 두드러지는 것으로 나타났으며, 이러한 격차는 여름방학 동안 제공하는 지역사회의 행사나 캠프 참여 등과 같은 비구조적이고 일시적인 프로그램 등으로 해결될 수 있는 문제가 아니라고 지적하고 있다. 특히, 여름효과가 아동의 읽기능력에 미치는 영향에 관한 대표적인 연구인 Alington과 McGill-Granzen(2017)의 보고서에서는 여름방학으로 인해 발생하는 읽기능력 격차는 초등학교 저학년에서는 약 1개월에서 3개월 정도의 격차로 설명되지만, 초등학교 5학년 이후 그 격차는 약 3년 이상으로 극대화될 수 있다고 지적한다. 이는 여름방학으로 인한 읽기격차와 학력손실이 단순히 일시적인 학년수준의 격차로 끝나는 것이 아니라, 초등학교 이후 학령기를 통해 지속적인 학습부진 및 학업결손과 연관을 가지므로, 이른 시기에 이러한 격차를 감소시킬 수 있는 체계적인 학교 또는 지역사회 차원의 읽기 프로그램이 필요하다는 것을 뒷받침한다.

여름방학 이후에 학생들이 경험하는 학력손실 또는 학력격차 문제는 제한된 읽기 자료와 읽기 학습기회(Alington & McGill-Franzen, 2017; Hayes & Grether, 1983), 반복적 지식과 절차적 지식 활용이 필요한 수연산과 읽기이해 영역 등에서의 학습 경험 제한(Cooper et al., 1996), 제한된 지역사회의 자원과 가정환경으로 인한 학습 기회의 제한(Cooper et al., 2010; Fryer & Levitt, 2002; Neuman &

Celano, 2001) 등에서 그 원인을 찾을 수 있다. 특히, 선행연구에서는 여름방학기간 동안 지역사회에서 제공하는 도서관 프로그램, 단기 캠프 프로그램 참여, 짧은 시간 동안 제공되는 부모 교육 등과 같은 비구조적이고 한시적인 프로그램으로는 학력격차를 줄이는 데에 한계가 있는 것으로 지적하고 있으며(Burkman, 2004), 학교와 가정뿐만 아니라 지역사회 차원에서 제공 가능한 구조적이고 체계적인 읽기 자료와 중재 프로그램에 대한 필요성을 제기하였다(Alington & McGill – Franzen, 2017).

2. 방학 프로그램 종류 및 효과성

방학효과 혹은 여름효과로 인한 학력손실 및 학업격차 현상에 대한 실제적인 연구 데이터가 제시된 이래, 많은 연구자 및 교육자들은 이 기간에 발생하는 학력손실을 최소화시킬 수 있는 체계적인 학습 중재 및 교육 프로그램에 대해 논의하기 시작했다. 이들 중 그 효과성이 입증되어 증거기반실제(evidence – based practices)로서 현장 적용 가능성을 지니는 것으로 보고된 프로그램은 크게 (a) 구조화된 소그룹 기반 중재, (b) 지역사회 자원 기반 중재, (c) READS 프로그램, 그리고 (d) 독서 기회 제공 프로그램(Access to books) 등을 들 수 있다.

1) 구조화 및 안내된 연습을 통한 소그룹 중재(Structured, guided small-group intervention)

교사의 모델링과 학생의 수행에 기반한 지속적인 피드백과 이를 바탕으로 한 연습 기회(guided practice)가 제공되는 구조화된 소그룹 중재는 Lindamood – Bell 의 Seeing Stars 중재 프로그램(Lindamood – Bell, 2018), Jump Start Summer Program 등과 같이 학교 및 교육청 단위로 구입 및 이용 가능한 형태의 방학용 프로그램과 연구자들이 기존의 구조화된 중재들을 방학 기간에 적절한 형태로 수정하여 연구하고 개발한 프로그램으로 나눌 수 있다.

Christodoulou와 동료들(2015)은 Seeing Stars를 여름방학용 중재로 활용한 대표적인 연구이다. 이들 연구에서는 초등학교 저학년(만 6세에서 만 9세에 해당하는 아동들) 읽기부진 및 읽기장애아동을 대상으로 여름방학기간 동안 Seeing Stars

중재 프로그램을 제공하였으며, 이 프로그램은 한 주에 5일, 그리고 매일 4시간의 강도 높은 읽기 중재 프로그램을 제공하는 형식으로 구성하였다. Seeing Stars의 읽기 프로그램은 문자 개념(print concepts), 음운인식(phonological awareness), 파닉스(phonics), 단어인지(word recognition), 읽기유창성(reading fluency) 등과 같은 기초 읽기 능력에 관련된 기술 영역들로 구성되어 있으며, 학년별로 다른 읽기 기술 영역에 중점을 둔다. 아래의 표는 Seeing Stars 프로그램에서 다루는 기초 읽기 능력을 학년별로 제시하고 있다.

표 7-1 Seeing Stars 프로그램의 기초읽기 영역 및 목표 읽기 기술

적정 읽기학습 수준 (Instructional grade level(s))	미국공통교육과정 (Common Core State Standards: CCSS) 영역	목표 읽기 기술
유치원	기초 읽기 기술(Reading foundational skills)	문자개념 음운인식 파닉스, 단어인지 읽기유창성
1학년	기초 읽기 기술(Reading foundational skills)	문자개념 음운인식 파닉스, 단어인지 읽기유창성
2학년	기초 읽기 기술(Reading foundational skills)	파닉스, 단어인지 읽기유창성
3학년	기초 읽기 기술(Reading foundational skills)	파닉스, 단어인지 읽기유창성
4학년	기초 읽기 기술(Reading foundational skills)	파닉스, 단어인지 읽기유창성
5학년	기초 읽기 기술(Reading foundational skills)	파닉스, 단어인지 읽기유창성
6학년	문학 및 정보글 이해(Reading literature and informational text)	읽기유창성
7학년	문학 및 정보글 이해(Reading literature and informational text)	읽기유창성

Christodoulou와 동료들(2015)의 연구에서는 실험집단(즉, 방학중 Seeing Stars

중재프로그램에 참여한 아동들로 구성된 집단)의 각 소그룹은 유사한 읽기학습 수준 (instructional reading level)을 지닌 3명에서 5명의 아동들로 구성되었으며, 매 차시의 수업은 집중적인 훈련을 받은 교사들에 의해 실행되었다. 그 결과 방학기간 중 Seeing Stars 중재를 받은 집단의 아동들은 의미단어(reading-word)와 비의미 유사 단어(pseudo-word) 읽기 능력 모두 증가한 것으로 나타난 반면, 중재를 받지 않은 통제집단의 아동들은 같은 표준화 검사에서 읽기 능력이 다소 감소한 것으로 나타났다. 또한 실험집단의 아동들은 읽기 유창성 능력이 증가한 반면, 통제집단의 아동들은 유의미한 변화량을 나타내지 않았다. 이러한 결과들을 통해 Christodoulou와 동료들은 방학기간 중 구조화된 읽기 중재 프로그램에 참여하는 것이 긍정적인 결과를 가져올 수 있다는 주장을 뒷받침하였다.

Pechous(2012)의 연구에서 활용된 Jump Start to Reading 프로그램은 학교뿐만 아니라 가정에서도 활용이 가능하도록 개발된 중재 프로그램으로, 182명의 초등학교 저학년 학습부진(하위 25%) 학생들에게 여름방학기간동안 제공되었다. Jump Start to Reading 프로그램은 읽기 기술의 주요 다섯 가지 영역인 음소인식 (phonemic awareness), 파닉스(phonics), 어휘(vocabulary), 읽기유창성(reading fluency), 읽기이해(reading comprehension)를 명시적 교수(explicit instruction) 전략을 활용하여 지도하는 프로그램으로 구성하였으며, 8월 방학기간의 3주 동안 일주일에 4번, 매일 3시간 동안 집중적인 중재에 참여하는 방식으로 제공되었다. 이 프로그램 또한 Seeing Stars와 마찬가지로 유사한 읽기 학습 수준(instructional reading level)을 지니는 3~6명의 아동으로 구성된 소그룹 형태에서 제공되었다. 수업내용은 Reading Mastery와 Corrective Reading 두 교육과정을 재구성하여 제공하였다. 교육과정중심측정(Curriculum-based measurement: CBM)을 활용한 평가결과, 이 프로그램에 참여한 학생들은 참여하지 않은 학생들에 비해 읽기유창성 영역에서 여름방학기간 동안 발생하는 학력손실 정도가 현저히 낮은 것으로 보고하였다.

McDaniel과 동료들(2017)은 YMCA에서 제공하는 9주간의 여름캠프를 통해 구조화 및 안내된 연습을 통한 읽기 프로그램(structured, guided reading: SGR)을 활용한 소그룹 중재를 제공하였다. 이 연구에서는 만 6세에서 만 7세에 해당하는 초등 저학년 연령의 읽기부진 아동들이 주 대상이었으며, 참가자 전원이 낮은 가정 경제적 소득으로 인한 지역사회의 지원(즉, YMCA 여름캠프 적격자) 대상이었다. 12주의 여름캠프 중 9주간은 읽기 프로그램에 참여하였으며, 한 번에 1시간씩 주 4일의 수업을 참여하여, 총 36시간의 읽기 중재 프로그램에 참여하였다. 읽기 중재 프로그램은 소그룹을 대상으로 전달되었으며, 각 그룹은 읽기 능력을 고려하여 그룹당 3-5명의 아동으로 구성되었다. SGR 읽기중재는 이미 짜여진 읽기 스크립트 및 수업자료를 활용하는 경우가 많으며, 이 연구에서는 Mondo Guided Reading Levels A-G(Mondo Educational Publishing, 2007) 교육과정과 수업 자료가 활용되었다. Mondo Guided Reading은 아동의 읽기 수준에 따라 교육과정, 수업자료, 수업 진도율을 선택할 수 있는 형태로 제공되며, McDaniel과 동료들(2017)의 연구에서도 6~7세의 아동의 읽기 능력에 따라 각 그룹별로 다른 읽기목표, 읽기자료 및 진도율을 선택하여 진행하였다. 특히, Mondo Guided Reading은 매일 활용 가능한 읽기수업 스크립트로 구성이 되어 있으며, 각 스크립트는 (a) 읽기자료 안내 (b) 소리내어 읽기 (c) 읽은 내용 소그룹 토론하기, (d) 읽기자료 다시 검토하기, (e) 다시 읽고 내용 토론하기, 그리고 (f) 독립적 읽기활동 등으로 교사가 일관성 있게 수업을 운영하고 진행할 수 있도록 하고 있다. McDaniel과 동료들(2017)의 연구에서도 Mondo Guided Reading의 체계에 따라 수업을 제공하였으며, 그 결과 9주간의 읽기 중재 프로그램에 참여한 6-7세의 아동들은 참여하지 않은 아동들의 읽기유창성 점수에 비해 유지 또는 향상되는 효과를 나타내는 것으로 보고되었다.

2) 지역사회 자원 기반 프로그램

여름방학 동안 발생하는 학력손실의 주요 원인 중의 하나로 사회경제적으로 취약한 계층의 아동들이 중상위 SES 계층 아동들에 비해 상대적으로 낮은 수준의 지역사회 환경에 처해있고, 이로 인해 도서관 및 지역 교육센터 등과 같은 지역사회 기반 자원 접근성이 떨어진다는 점이 꼽힌다(Fryer & Levitt, 2002; Neuman & Celano, 2001). 이러한 주장은 2004년 미국의 국립교육통계센터(National Center for Educational Statistics: NCES)가 발표한 사회경제적 계층에 따른 도서관 이용 정도의 통계에서도 여실히 드러났다. 이 통계에 따르면, 높은 SES 지수의 응답자 약 90.7%가 집 근처에 도서관이 있다고 답한 반면, 낮은 SES 지수의 응답자

64.3%만이 집 근처에 도서관이 있다고 답하고 있다. 또한 높은 SES 지수를 보인 가정의 80.2%의 아이들이 여름방학 기간 동안에 도서관 방문경험이 있다고 답하였으나, 낮은 SES 지수를 보인 가정의 64.8%만이 방학기간 동안에 도서관을 방문할 수 있었다고 답하여, 빈부 격차에 따른 도서관 활용 가능성 및 접근 정도에 확연한 차이가 나타난다는 결과를 제시한 바 있다. 이와 같은 실증적 통계자료 및 보고에 근거하여 다수의 연구자들은 지역사회에서 가용한 자원을 학생들이 최대한 활용할 수 있는 방향에 따라 연구한 바 있으며, 대표적인 프로그램으로 Explore 30 캠프 읽기 프로그램(Explore 30 Camp Reading Program, American Camp Association[ACA], 2018)과 Access to Books(Alington & McGill-Franzen, 2017, Bell et al., 2021) 등을 들 수 있다.

Explore 30 캠프 읽기 프로그램 안내

출처: https://www.acacamps.org/resources/explore-30-camp-reading-program

Explore 30 캠프 읽기 프로그램 참가자의 읽기에 관한 인식 변화 분석(ACA, 2021)

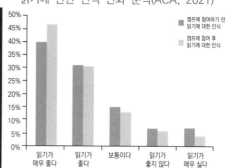

출처: https://www.acacamps.org/download/explore-30-camp-reading-program-impact-report 재구성

그림 7-1 Explore 30 캠프 읽기 프로그램 관련 자료

Explore 30 프로그램은 "목표설정-투입과 산출-장·단기별 성과 평가"라는 일련의 과정으로 구성되어 있으며, 여름방학 읽기 프로그램과 관련한 구체적인 모델은 <표 7-2>와 같다.

표 7-2 Explore 30 캠프 읽기 프로그램 모델

목표 (Goals)	투입 (Inputs)	산출 (Outputs)	단기 성과 (Short-term outcomes)	장기 성과 (Long-term outcomes)
* 캠프 기반 읽기 프로그램을 통한 프로그램 제공자 및 프로그램 수혜자의 성과 향상 * 읽기 프로그램 참여를 통한 읽는 즐거움 및 읽기 활동에 지속적 참여 기회 증진	* 프로그램 등록 * 웹기반 읽기 자료 제공 * 프로그램 참여자에게 다양한 읽기 자료 제공 * 교수자/프로그램 관계자 훈련 * 책과 그 외 교재 제공 * 연구-실제 파트너십	* 참여 확대 * 읽기결손 (reading loss) 지원 * 가용 자원(책, 그 외 교재 등) 증가 * 책과 교재를 제공할 수 있는 협력기관 증가 * 다른 유사 캠프에 검증된 읽기 프로그램 적용	* 캠프에 기반한 여름 읽기 능력 향상 * 참여 아동들의 읽기 및 문해력 증가 * 읽기 관심도 증가 및 읽기 능력 향상	* 방학 동안 아동의 문해력 향상을 위한 프로그램으로써 검증 * 학습자들이 최소한의 읽기결손으로 다음 학기/학년 준비

위 표는 https://www.acacamps.org/download/explore-30-camp-reading-program-impact-report 의 표1을 재구성함

오하이오 지역에서 Explore 30 프로그램에 참여한 학생을 연구한 Garst와 Ozier(2015)의 연구에 따르면, Explore 30의 효과는 다음과 같이 요약될 수 있다. 첫째, 캠프에 참여한 아동의 참여 전과 참여 후의 읽기에 대한 인식(태도)를 비교 (1점=읽기가 매우 좋다, 5점=읽기가 매우 싫다)한 데이터에 따르면, 캠프 참여 전 아동의 읽기 인식 평균(M=2.09, SD=1.21)과 캠프 참여 후 아동의 읽기 인식 평균 (M=1.89, SD=1.08) 차이가 유의미하여, 캠프 참여 후에 아동이 읽기에 대해 즐겁다고 인식하는 정도가 증가되었음을 알 수 있었다. 둘째, 캠프 참여자의 49%가 캠프 동안 혼자서 책을 읽을 수 있는 시간이 있어서 좋았으며, 33%는 카운슬러와 함께 읽을 수 있는 시간이 있어 좋았다고 답했다. 본 연구에서는 읽기 능력의 향상 정도를 표준화 검사 도구를 통해 평가하지 않았다는 한계는 있으나, 여름방학 기간 동안에 캠프에서 제공하는 읽기 프로그램의 읽기에 대한 아동의 읽기 인식 및 읽

기 활동에 대한 참여도를 증진시킬 수 있다는 점에서 그 의미를 찾아볼 수 있다.

3) READS 프로그램

READS는 "여름 프로그램을 통한 읽기향상이 학업성취를 가져온다"(Reading Enhances Achievement During Summer Program[READS], 2018)의 약자로, 하버드대학(Harvard University)의 연구팀이 지역사회의 학교 및 비영리 단체들과 협업하여 개발한 연구 기반 프로그램이다. Seeing Stars가 유치 및 초등 저학년 아동들의 읽기 결손에 중점을 둔 프로그램인 반면, READS는 초등 고학년 학생들의 읽기 결손을 감소시키고 여름방학 동안 읽기 자료에 최대한 접근할 수 있도록 자극하는 방식으로 구성된 프로그램이다. 특히, READS는 사회경제적으로 취약한 계층의 아동들이 읽기이해 능력을 향상시키고, 이를 통해 학습 격차(achievement gap)를 감소시키는 데에 주 목적을 둔다. READS 프로그램이 특징은 다양한 장르의 읽기 교재를 활용하고 읽기이해 능력 향상에 효과가 있는 것으로 보고된 연구기반 전략(research-based strategies)들을 활용하여 읽기 프로그램을 구성한 데에 있으며, 무엇보다 실험설계 연구 접근을 통하여 프로그램 효과를 입증하였다는 측면에서 그 의의를 찾아볼 수 있다.

READS를 이용한 대표적인 연구로는 자발적 여름 읽기 중재(Voluntary Summer Reading Interventions)를 제공한 Kim(2006)과 White와 동료들(2014)의 연구를 들 수 있다. 자발적 읽기 중재(Voluntary Reading Interventions)는 학생 중심("student-centered") 읽기 정책의 일환이며 "학습은 개인의 자발적 선택과 흥미에 의해 완성된다(learning is accomplished on one's own, based on one's interests)(Chall, 2000)"라는 가정하에 개발된 중재 프로그램이다. 미국국립읽기위원회(National Reading Panel[NRP], 2000)에 의하면, (1) 자발적 읽기 중재를 활용한 실험연구들에서 긍정적 혹은 효과적이라는 결과를 보고하고 있으며 (2) 대부분의 연구는 5학년 이상의 학생들을 대상으로 진행되었다. 또한 (3) 읽기자료의 난이도와 학생의 읽기수준을 적정한 수준에서 맞추는 것이 중재 성공 여부를 결정하는 주요 변인이 되며, (4) 안내된 읽기(guided oral-reading) 및 연구에 기반한 읽기이해 전략(research-based reading comprehension strategies)을 함께 활용하였을 때 더욱 효과적이 될 수 있다고 언급하였다. 즉, 선행연구 및 자발적 읽기가 가정하는 원칙에 따라 자발적 읽기 중재를 활용하는 연구들은 공통적으로 (1) 학생이 자발적으로 읽기 프로그램 참여 여부를 결정하고, (2) 읽기 프로그램이 진행되는 동안 자신이 읽고 싶은 책을 선택할 수 있는 선택권을 지니며, (3) 자신이 수업 중에 읽은 내용을 보고할지의 여부를 스스로 결정하며, (4) 가정에서 책을 읽을지의 여부도 스스로 결정할 수 있도록 한다.

자발적 읽기 중재를 활용하여 여름손실을 줄이고자 시도한 대표적인 연구로 Kim(2006)의 예를 들 수 있다. Kim(2006)의 연구에서는 미국 아이오와주 빈곤 지역의 공립학교(high-poverty schools) 학생들을 대상으로 하였으며, 이 학교들은 (1) 무상 점심 대상자(극빈층)가 40% 이상, (2) 아프리카계 미국인(african-american)과 라틴계(Latino) 아동이 절반이 넘는 다인종 학교, (3) 제한된 영어 능력(limited English proficiency)을 가진 아동이 약 40%라는 공통점을 지니고 있었다. 이들 학교에 소속된 학생들 중 총 552명의 4학년 학생들이 연구 참여를 희망하였으며, 여름방학 기간 동안 자발적 읽기 중재를 제공하였다. 중재는 방학동안 참여 아동들이 읽을 수 있도록 8권의 책을 제공하는 것에서부터 시작하였으며, 읽기 텍스트 난이도는 학생의 읽기 능력에 기반하였다. 즉, 책을 선정하기에 앞서 학생들의 독립적 읽기 수준을 측정하였으며, 책의 의미적 난이도(semantic difficulty)와 통사적 난이도(syntactic difficulty)를 동시에 점수화하는 기법을 활용하여 아이들에게 적합한 책들을 선정하고 이들 중 아이들의 흥미와 관심에 따라 최종 8권의 책이 배부되었다. 여름방학이 시작되기 2주전, 자발적 읽기 중재에 관한 훈련을 받은 교사들은 아이들에게 짝지어 읽기(paied reading) 방법 및 읽기 이해 전략에 대해 연습 기회를 제공하였으며 방학 전에 학교에서 연습할 수 있는 기회를 가졌다. 실험집단의 아동들은 7-8월 방학기간에 걸쳐 배부받은 책과 읽기 자료 및 읽기 노트를 활용하여 가족 구성원 혹은 근처의 친구들과 짝지어 읽기를 할 수 있도록 격려를 받았으며, 통제집단의 아동들은 여름방학이 끝난 직후 책과 읽기 자료를 제공받는 방식으로 두 그룹의 읽기 능력을 비교하였다. 그 결과, 실험집단과 통제집단 전체를 대상으로 하는 사전검사와 사후검사 간에는 표준화 읽기능력 검사에서 유의미한 차이를 보이지 않았지만, 읽기 능력 및 인종 변인에 따른 집단 구분에서는 유의미한 차이를 보였다. 즉, 사전검사에서 읽기능력이 낮게 나온 집단의 아동, 아프리카계 미국인(african-american)과 라틴계(Latino) 아동, 그리고 가정에서 소유한 책의 수가 50권이 되지 않는다고 보고한 아동집단에서는 실험집단과 통제집단 사이의 차이가 유의미하게 나타났다. 이를 통해, 여름방학 기간 동안 책과 읽기 자료 접근의 증가가 사회경제적으로 취약한 계층에게 더욱 중요한 학습 기회를 제공할 수 있다는 점을 시사하였다.

White와 동료들(White, Kim, Kingston, & Foster, 2014)은 Kim과 동료들의 선행연구들(Kim, 2006; Kim 2007; Kim & Guryan, 2010)을 바탕으로 비계 기반 자발적 여름 읽기(Scaffolded Voluntary Summer Reading) 프로그램을 개발하였으며, 선행연구 및 이론적 배경에 근거한 프로그램의 기본 모델은 다음과 같은 로직모델에서 출발한다.

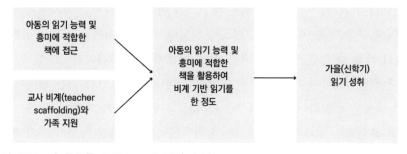

출처: White와 동료들, 2014, p. 5 그림 수정.

"비계 기반 자발적 여름 읽기" 로직모델을 위한 4가지 근거
(선행연구 결과 및 이론적 배경을 바탕으로)

1. 저소득층(low-income) 학생들의 여름방학 후 학력손실로 인한 가을(신학기) 학력격차가 발생한다.
2. 읽기에 소요한 시간과 읽기 성취 간에는 정적 상관이 있으며, 이는 취미 읽기(leisure reading) 및 가정에서 여름 동안 읽기(home-based summer reading) 또한 포함한다.
3. 아동들의 개별 읽기 수준과 흥미에 적합한 책이 여름기간 동안 제공되었을 때 더 나은 읽기 능력 향상을 보인다.
4. 아동들은 학기말(즉, 여름방학 시작전)에 제공되는 교사의 비계와 더불어 방학중 읽기 활동을 하는 동안 부모의 지원(parent support)을 받을 때 더 나은 읽기 능력 향상을 보인다.

그림 7-2 비계 기반 자발적 여름 읽기 로직모델 및 설정근거

White와 동료들(2014)의 연구에서는 19개의 공립학교가 참여하였으며, 그 중

1,421명의 초등학교 3학년이 프로그램에 참여하였다. 실험집단의 아동들은 읽기 선호도 조사(reading preference survey)에서 자신이 좋아하는 책을 4점 척도로 표시하여 제출하였으며, 아이들의 읽기 선호도 및 독립적 읽기 수준(independent book reading)에 따라 책들이 선정되었다. 총 8권의 책이 아동의 읽기 선호도 및 읽기 수준에 근거하여 선정되었으며, 추가로 2권의 책이 읽기 전략 학습을 위해 선정되어 참여 아동당 총 10권의 책이 배부되었다. 특히, 선행연구에서 진행된 자발적 읽기 중재의 기본적인 절차를 바탕으로 본 연구에서는 크게 두 가지 사항이 추가되었다. 첫 번째는 교사들이 여름 기간 적게는 한 번에서 많게는 세 번, 학생들에게 읽기 상황에 대해 점검할 수 있는 전화를 하도록 한 점과 두 번째로는 매주 엽서를 보내어 아이들이 스스로 (1) 책의 제목 (2) 처음부터 끝까지 책읽기를 끝냈는지의 여부 (3) 책을 읽은 횟수, (4) 여름방학 시작전 교사에게서 배운 읽기 이해 전략 활용 여부를 체크하도록 하였다. 또한 엽서에는 아이들이 가족과 함께 (1) 가족 중 누군가에게 자기가 읽은 책에 대해 이야기하기 (2) 책에서 100개의 단어를 선택하여 가족 구성원 앞에서 소리내어 읽기, (3) 읽은 책에서 인상 깊었던 내용을 발췌하여 가족 구성원 앞에서 두 번째 읽고, 자신이 좀 더 단어를 잘 읽고 표현력(prosody) 있게 읽었는지 가족 구성원과 의견 나누기 등의 활동을 하도록 격려하였다. 그 결과, 전체 실험집단과 통제집단 간에는 여름방학 중재전 사전검사와 여름방학 후 사후검사 간에 통계적으로 유의미한 차이가 드러나지 않았으나, 학교 간 차이를 살펴 본 결과 빈곤층의 학교(high-poverty schools)에서는 실험집단이 통제집단에 비해 유의미한 효과를 나타낸 것으로 보고되었으나, 그렇지 않은 학교에서는 여름방학 중재가 큰 효과를 나타내지 않은 것으로 나타났다. 이러한 결과를 바탕으로, 여름방학 효과로 인한 학력손실의 문제가 사회경제적으로 취약한 계층의 아동들에게 더욱 여실히 나타날 수 있으며, 이 아동들을 위한 학습지원이 필요하다고 지적하고 있다.

3. 방학 프로그램 Seeing Stars를 활용한 지도 예시

Lindamood-Bell의 Seeing Stars 중재 프로그램(Lindamood-Bell, 2018)은 다층체계지원모형(Multi-Tiered System of Supports: MTSS)의 Tier 2, Tier 3에서 집중

적인 읽기 중재가 필요한 아동들을 위해 제안된 프로그램이다. American Institute for Research(AIR, 2021)의 보고서에 따르면 Seeing Stars는 다양한 교육지구 및 학교에서 효과적인 프로그램으로 평가받았으며 인지이론(theory of cognition)에 근간하여 개발된 활동을 통해 아동의 읽기 및 철자 능력 향상을 위해 음운인식(phonological awareness) 및 철자인식(orthographical awareness) 기술을 집중적으로 학습하는 읽기 능력 보완 프로그램이다. Seeing Stars는 읽기에 어려움을 지니는 아동들을 대상으로 전학년(PK−12)에 적용가능하며, 개별지도와 5명 이하의 동일 읽기능력 집단에게 적용하는 것을 원칙으로 한다. 주 4일 또는 5일 동안, 매일 적게는 한 시간에서 많게는 네 시간까지 중재를 제공할 수 있도록 프로그램이 구성되어 있다. 아래는 유치원생 및 1학년 학생에게 적용가능한 Seeing Stars 읽기 중재 중 "소리−문자 심상화하기" 예시이다.

표 7-3 Seeing Stars 소리-문자 심상화하기

활동 1. 교사는 아동에게 무엇을 하며 왜 하는지를 설명하고, 그리기와 생각하기를 동시에 할 수 있도록 자극한다. 아동은 생각하고, 공중에 손가락으로 글자를 쓰며(air-writing), 동시에 단어를 생각한다.

활동 2. 교사는 아동에게 몇 초간 문자 카드를 보여주고 난 후, 아이가 스스로 생각하고 문자소리를 말하며 공중에 손가락 쓰기를 할 수 있도록 한다.

그림출처: https://intensiveintervention.org/sites/default/files/Seeing-Stars-Brief-2021.pdf

4. 교육현장을 위한 제언

여름효과로 인한 학력손실을 설명하는 다수의 실험연구에서 여름방학을 통한 중재 프로그램의 적용 효과는 사회경제적으로 취약한 계층 또는 문화·언어적 차이로 인해 충분한 읽기 및 언어 학습기회를 가지지 못했던 아동들에게 더욱 효과적인 것으로 나타났다(Kim, 2006; White et al., 2014). 또한 학력손실 및 SES에 따른 학생간 학습격차는 주요 기초학습영역인 읽기 및 수 연산 등의 영역에서 두드러졌으며, 이는 소득 수준에 따라 아이들의 거주환경과 지역사회에서 제공가능한 학습 자료 접근성 차이에서도 그 근거를 찾아볼 수 있다고 보고하고 있다 (Neuman & Celano, 2001). 무엇보다 학력손실은 다음 학기 학습에 일시적으로 영향을 미치는 데에 그치지 않고 이후 학령기에 걸쳐 지속적인 학습부진을 가져올 수 있으므로 학령초기 지원을 위한 적극적인 개입이 요구됨을 알 수 있었다(Belle et al., 2020; Allington & McGill–Franzen, 2017). 특히, READS와 같은 여름방학 프로그램에서는 학생들의 자발적인 참여 및 학생들의 흥미도와 학습 능력에 기반한 학습자료의 구성과 가족들이 함께 참여할 수 있도록 안내하고 격려하는 과정을 추가적으로 제공하여 긍정적인 성과를 가져올 수 있었다(Kim, 2006; White et al., 2014). 이상에서 살펴본 효과성 연구들에 나타난 중재 프로그램 제공 과정 및 그 특성에 근거하여 교육사각지대 학생들을 위한 효과적인 방학중 학습 프로그램은 어떻게 구성되고 제공할 수 있는지 아래와 같이 제언하고자 한다.

첫째, 교육사각지대 학생을 위한 여름방학용 보완 프로그램은 단순히 학교 교과학습을 반복하거나 학습지 풀기 등과 같은 단순 결과물을 유출하는 방식의 학습이 아닌, 연구에 기반한 중재(research–based interventions) 또는 증거기반 전략(evidence–based strategies)에 의해 학습내용 전달이 이루어져야 한다. 본 연구에서 효과가 있는 것으로 보고된 여름방학 프로그램은 구조화 및 안내된 연습(structured, guided practice), 비계 기반 자발적 읽기 중재(Scaffolded voluntary reading interventions) 등과 같은 연구 기반 중재들이 활용되었으며, 이들 중재는 모두 집중적인 훈련을 받은 교사들에 의해 전달되었다. 여름방학효과에 메타분석들에서 공통적으로 여름방학 동안에 제공되는 보완 또는 지원 프로그램이 누구에 의해 전달되었는지, 프로그램 내용을 전달하는 교사(또는 상담가)가 강도 높은 훈련을 이수한 전문가

인지의 여부도 학생들의 참여 증진과 성과에 중요한 변인이 될 수 있다고 지적한다.

둘째, 여름방학을 활용한 보완 프로그램 구성시에 학생의 자발적인 참여를 자극하고 개개인의 흥미가 고려된 학습 자료 선정이 중요하다. Kim(2006, 2007)의 자발적 읽기 중재에서 가장 두드러지는 특징은 프로그램 참여 학생의 흥미와 관심뿐만 아니라 읽기 능력을 반영한 책선정과 배부이다. 학생의 흥미와 관심 분야 파악을 위해 간단한 조사연구를 실시하여 흥미 영역을 파악하고, 현행 읽기 수준에 근거하여 독립적 읽기(independent reading)가 가능한 수준의 읽기용 도서를 제공하였다. 특히, 읽기용 도서를 선정할 때에 렉사일(Lexile) 지수를 활용한 독서평가체제(Lexile Framework for Reading, 미 교육부[U.S. Department of Education], 2001)를 활용하였다. 렉사일 지수를 활용한 독서평가체제는 텍스트의 의미론적 난이도(semantic difficulty)뿐만 아니라 통사론적 난이도(syntactic difficulty)를 고려한 도서별 읽기 난이도를 제시한다. 즉, 학생의 독립적 읽기 수준과 읽기 난이도에 근거하여 도서를 선정하여 개별 아동에게 배부하여 아동의 '자발적' 참여를 이끌어낸다. 이와 같은 읽기자료 제공 방식은 읽기를 통한 일시적 학습적 효과에서 나아가 읽기에 대한 지속적인 관심 증진 및 흥미로운 읽기의 즐거움을 발견할 수 있는 기회를 제공한다는 데에서 그 의의를 찾아볼 수 있다.

셋째, 여름방학 기간 동안 가정에서 부모 또는 가족 구성원과 상호작용 할 수 있는 기회 및 함께 읽는 즐거움의 과정이 될 수 있도록 안내한다. Kim과 Whilte(2008) 및 White와 동료들(2014)의 연구에서는 자발적 읽기 중재가 제공되는 기간 동안에 엽서를 각 아동의 가정으로 매주 발송하여, 참여 아동들의 읽기 진도를 아동 스스로가 기록할 수 있도록 기회를 제공할 뿐만 아니라, 책 읽기를 하는 과정에서 부모(또는 가족 구성원)와 함께 읽기, 부모 앞에서 발췌한 부분 읽기, 읽기 향상 여부에 대해 부모와 이야기 나누기 등 가족 지원을 적극적으로 격려한다. 특히, 엽서 적기는 아동이 필수적 또는 의무적으로 해야 하는 과제가 아니며, 교사나 부모가 대신해서 완성해야 하는 과제도 아니다. 자신이 읽은 책과 관련한 엽서 적기 및 체크리스트는 전과정이 아동의 자발적 참여에 의해 진행되도록 한다. 이 과정을 통해 아동은 '학습적 과제'로써의 읽기가 아니라 자기주도적인 읽기의 즐거움을 경험할 수 있도록 안내하고, 이러한 경험은 장기적인 읽기능력 향상에 긍정적인 역할을 할 것으로 기대된다.

08

교육사각지대 학습자를 위한
다중지능을 활용한 강점 기반 접근

장 세 영
(서울대학교 SSK 교육사각지대학습자연구소 연구원)

1. 다중지능이론(multiple intelligence)이란?

　일반적으로 지능은 계산이나 문장 작성 따위의 지적 작업에서, 성취 정도에 따라 정하여지는 적응능력, 지능지수 따위로 수치화할 수 있는 것, 지혜와 재능을 통틀어 이르는 말, 마지막으로 새로운 대상이나 상황에 부딪혀 그 의미를 이해하고 합리적인 적응 방법을 알아내는 지적 활동의 능력이라 정의한다. 지능에 대한 다양한 이론들이 존재하며, 지능에 대한 정의와 구조는 아직도 합의되지 않아 연구자마다 주장하는 바가 다르다. 지능에 대한 과학적인 연구는 Galton의 연구로부터 시작하여 Binet과 Simon이 비장애아동과 장애아동을 판별하기 위한 지능검사를 제작하였다. Spearman(1923)은 언어능력과 추론능력을 기반으로 한 지능검사 하위항목 간 높은 상관이 있다는 것을 발견하여 일반적인 요인(general factor)의 'g'와 특수적인 요인(specific factor)의 's'를 제안하였다. 그 후 Thurstone (1931)이 기본정신능력(Primary Mental Abilities: PMA)을 제안하면서 다수의 요인으로 지능이 이루어졌다고 하였다. Cattell(1963)은 유동지능(fluid intelligence)과 결정지능(crystallized intelligence) 개념을 기초로 한 'Gf−Gc지능이론'을 제안하고, Sternberg(1986)은 삼원지능론(triarchic theory of intelligence)을 제안하면서 처리요소, 상황요소, 경험요소가 지능을 구성하는 세 가지 인지적 요소라 제안하였다. 시간이 지남에 따라 지능에 대한 정의가 변화하고, 지능에 대한 합의된 정의가 없다. 따라서 정통적 지능이론에 기반한 지능에 대한 정보는 개인의 능력이 제한된 범위 안에서의 정보만 제공하며, 제한된 능력을 기반으로 한 교육을 실시할 수밖에 없다.

　지능에 관한 단일한 관점을 벗어난 다중적 관점의 지능이론은 Gardner의 다중지능이론(multiple intelligences of theory)이다. 다중지능이론의 핵심개념은 다중지능이다. 다중지능에서의 지능은 '문화적으로 가치 있는 산물을 창조하거나 문제를 해결하는 데에 그 문화에서 유용하게 쓰일 수 있는 정보를 처리하는 생물심리학적인 잠재력'으로 정의하고 있다(Gardner, 1999; Gardner, & Hatch, 1989). 다중지능은 인간의 지능이 한가지로 구성되어 있지 않으며 여러 가지 다양한 지적 능력으로 구성된다고 전제한다. Gardner(2011)의 다중지능은 언어지능(linguistic intelligence), 논리수학지능(logical−mathematical intelligence), 공간지능(spatial intelligence), 대인관계지능(interpersonal intelligence), 자기성찰지능(intrapersonal intelligence), 신체운동지능(body-kinesthetic intelligence), 음악지능(musical intelligence), 자연친화지능(naturalist intelligence)으로 8개의 지능으로 알려졌다.

언어지능(linguistic intelligence)은 단어와 언어의 음, 구조, 의미 기능에 대한 민감성, 언어적 학습능력, 목표를 달성하기 위하여 언어 활용 능력들이 포함되어 있으며 보통은 초기 유아기에 폭발적으로 발달하면서 노년기에 접어들어도 유지하게 된다.

논리수학지능(logical-mathematical intelligence)은 숫자, 명제, 규칙 등의 상징 체계를 통하여 그와 관련된 문제를 해결하는 능력으로써 주어진 문제를 논리적으로 분석하며 과학적 방법을 통하여 수학적 조작으로 문제를 탐구하는 능력이다. 논리적 또는 수리적 유형에 민감하며 유형들을 구별할 수 있으며 연속적으로 이루어진 추론을 다룰 수 있는 능력이다.

공간지능(spatial intelligence)은 시각적, 공간적 세계를 정확하게 지각하고 공간적 영역이 작은 영역부터 넓은 영역까지 다루고 있는 상징체계를 재배열 또는 재구조화 할 수 있는 능력이다. 공간지능의 발달은 이차원적인 평면적 사고에서 삼차원인 기하학적사고로 확장하여 발달한다. 공간지능의 예술적 관점은 나이가 들어가도 유지할 수 있다.

대인관계지능(interpersonal intelligence)은 다른 사람의 기분, 기질, 동기, 바람 등을 구별하고 처한 상황에 맞게 적절하게 반응할 수 있는 능력이고 타인과 효과적으로 작업을 하면서 협업을 잘 할 수 있는 능력이다. 일반적으로 유아기 때 부모와의 애착 및 유대관계를 시작으로 2~5세부터 역할놀이와 또래와의 놀이를 통하여 자신과 타인과의 관계를 이해하기 시작한다. 그 후 학령기부터는 또래 친구들과의 관계를 시작으로 사회적인 환경에서의 관계들을 이해하며 관계들을 확대해간다.

자기성찰지능(intrapersonal intelligence)은 자기 자신을 이해하고 자신이 가지는 능력, 재능, 욕구, 감정 등을 잘 다루어 효율적인 삶을 영위할 수 있도록 자신이 가지는 내적 문제들을 해결하는 능력이고 자신이 가지고 있는 강점과 약점을 파악할 수 있는 능력이다. 또한 자기성찰지능은 삶에 대한 잠재력을 가지고 있으며 다른 지능들을 활성화시키는 연결고리 역할을 한다. 청소년기에 자신에 대한 궁금증을 가지면서 자신의 자아실현에 중요한 역할을 한다.

신체운동지능(body-kinesthetic intelligence)은 문제를 해결하기 위하여 자신의 몸 전체 또는 손과 같은 신체의 일부를 사용하는 능력이다. 더불어 자신의 신체 동작을 통제하고 물건을 능숙하게 다루는 능력도 포함한다. 유아기 때 바라보기나 손가락 빨기 등 단순한 반사운동으로 시작으로 개인이 선천적으로 가지는 능력요소들과 그 능력들을 수행하는 영역에 따라 다양하게 발달한다.

음악지능(musical intelligence)은 멜로디, 리듬, 소리와 같은 음악적 상징체계에 민감하며 악기를 연주하고 음악적 양식을 이해하고 작곡하며 감상할 수 있는 능력이다. 음악적 능력은 조기에 발달을 하며 7~8세경에는 절정에 도달하고 이후에 질적인 변화는 대개 일어나지 않는다. 하지만 발달 초기에 나타나기 때문에 개인차가 크며 천재적인 음악적 능력을 가지는 경우 또한 일찍이 관찰된다.

자연친화지능(naturalist intelligence)은 최근에 추가된 지능으로써 자신이 살아가는 환경에서 동물과 식물 등 자연에 대한 관심, 인식, 분류에 탁월한 능력을 가진다. 과거 자연친화지능은 논리수학지능과 공간지능에 일부 포함되었으나 지금은 하나의 지능으로 인정된다.

다중지능이 지능으로써의 역할을 유지하기 위한 가정과 8가지 지능에 대한 설명과 함께 Gardner(2011)는 지능(intelligence)이라는 용어를 세 가지로 구분해 사용할 것을 제안하였다. 첫 번째는 모든 인간의 잠재력, 두 번째는 인간 능력의 범위, 세 번째는 개인의 목표에 맞게 과제를 제시하는 방법이다. 이러한 Gardner의 지능에 대한 제안을 교육사각지대 학습자에게 적용하면 그들은 교육사각지대에 놓여 능력과 잠재력이 제한되는 결핍패러다임에서 개발과 발전이 가능한 성장패러다임을 추구할 수 있는 원동력이 된다. 성장패러다임으로 교육사각지대 학습자가 가지는 강점과 약점을 확인하여, 그들의 강점을 더 개발하여 약점을 보완할 수 있으며, 특수교육의 개별화교육계획(Individualized Educational Plan)처럼 학습자의 학업적 목표에 맞게 과제가 제시된다면, 학업적 특성과 개인적 요구가 함께 다중지능에서 강점으로 나타나는 지능 개발을 통한 성장패러다임을 가능케 한다.

2. 다중지능이론을 기반한 성장 패러다임

특수교육에서 장애를 진단하는 것은 그 대상이 무엇을 할 수 있는가 보다는 할 수 없다는 것에 초점이 맞추어진 결핍 패러다임(deficit paradigm)의 형태를 보여주고 있다. 시각장애는 시각능력의 결핍을, 청각장애는 청각능력의 결핍을 나타내면서 그들을 지칭하기도 한다. 더 자세히 말하자면, 학습장애는 학습에 어려움 때문에 공부를 못한다는 학업적인 부분에서는 제한적인 생각을 가지고 그 이상의 학업적 성취를 내지 못한다고 생각할 수 있고, 지적장애학생은 지적능력이 낮아서 일상생활에서 많은 것들을 못 하고 도움이 필요한 존재라고 생각할 수 있다. 이미 진단과 표찰(libeling)을 함으로써 그들을 다양한 지원을 할 수 있는 기반이 되지만 반대로 낙인(stigma)하기도 하면서 그들의 가능성을 제한하는 경향을 보이기도 한다. 이러한 결핍 패러다임적인 사고는 개인의 가능성을 제한하고 성장할 수 있는 기회가 박탈당하는 환경에 놓이게 된다.

성장 패러다임(growth paradigm)은 결핍 패러다임을 전면적으로 반박하면서 개인이 가지는 가능성을 펼칠 수 있는 환경 속에서, 그들의 결핍을 집중하지 않고, 잘하는 것과 잘 할 수 있는 것에 집중할 수 있게 된다. 개인이 가지는 수많은 능력과 가능성에서 단지 일부 영역만이 제한적일 수도 있지만, 그것을 제외한 나머지 영역에서는 강점으로 나타날 수 있는 가능성이 있기 때문이다. 교육사각지대에 놓인 학습자들 역시 개개인의 교육적 사각지대에서의 결핍에 집중하는 것이 아닌 그들이 가질 수 있는 가능성에 집중하는 것이 중요하다.

표 8-1 결핍 패러다임과 성장 패러다임

구분	결핍 패러다임	성장 패러다임
관점	- 특정한 장애의 용어로 개인을 규정하고 낙인시킴.	- 완전한 인간이 우연한 상황에서 특수한 요구를 가지게 된 것으로 이해하며 장애로 인한 낙인을 피함.
진단과 평가	- 표준화된 검사도구를 사용하여 특정 장애를 진단함(일반적으로 개인의 오류와 낮은 점수, 약점에 초점을 둠).	- 개인의 욕구를 자연적인 상황에서 실제적 평가방법을 활용하여 강점에 초점을 두고 평가함.

접근 방법	- 실생활과 동떨어진 전문적인 치료전략들을 이용하여 장애를 개선함.	- 실제생활 및 사건들 내에서 충분하고 다양한 상호작용을 통해 개인의 학습과 성장에 초점을 둠.
통합과 분리	- 별도의 학급, 집단 혹은 프로그램을 통하여 특수교육이나 치료하기 위하여 장애아동들이 일반아동으로부터 분리됨.	- 가능한 정상적인 생활을 할 수 있도록 또래들과 계속적으로 상호작용을 하게 함.
교육 과정 운영	- 일반학급에서 사용하는 것과 거리가 먼 검사 프로그램, 교재, 교구, 관련 문제지와 어려운 용어를 활용함. - 개인의 생활을 특수 행동목표와 교육 목표로 세분화하여 정기적으로 점검, 측정, 수정함. - 일반교육 프로그램이나 제도와는 다른 특수교육 프로그램을 병행하고 구성하는 교사들은 IEP회의 이외에는 교류가 거의 없음.	- 모든 아동에게 적절한 자료, 전략, 활동 프로그램을 사용함. - 인간의 다양성과 문화의 다양성에 대한 이해를 각각 학생의 신경학적 능력에 적용함. - 특수교육 전문가와 일반교사가 함께 협력하여 교육할 수 있는 협력모델을 구축함.

출처: Armstrong, T. (2009). Multiple intelligences in classroom 3rd

다중지능을 기반으로 한 성장 패러다임을 유지하기 위해서는 다중지능이 지능으로의 역할을 유지하는 10가지 가정을 제안하였다(김주현, 2005). 첫째, 모든 인간은 특별한 경우를 제외하고 8가지 다중지능을 가지고 있지만 사람마다 가지는 다중지능 프로파일은 다양하게 나타난다. 개인지능의 프로파일은 강점과 약점이 나타나고 이러한 비슷한 프로파일을 가진 개인들은 서로 비슷하거나 공통점을 많이 가지고 있으며 다른 형태의 진로 또는 취미를 가지게 된다.

둘째, 다중지능은 8개의 지능이 모두 독립적이며 각 능력이 개별 지능을 구성한다. 어느 지능이 다른 지능의 하위지능 또는 상위지능으로 기능하는 것이 아니라 각각의 지능은 독립되어 있다.

셋째, 다중지능이 보여주는 상대적 중요성은 동일하며 각 지능 간의 높고 낮음이 없다. 그렇기 때문에 한 지능이 다른 지능보다 우월하다고 할 수 없다. 하지만 학교교육에서는 상대적으로 언어지능과 논리수학지능을 중심으로 한 교육을 제공하다보니 언어지능과 논리수학지능이 다른 지능보다 우수하게끔 보이는 경향이 있다. 언어지능과 논리수학지능 이외의 지능에서 강점을 보이는 사람들 중 사회적으로 성공한 사람들이 많다.

넷째, 다중지능의 각각의 지능들은 상호작용 할 수 있다. 앞선 각각의 지능들이 독립적이며 별개의 능력이라고 하지만 지능 간의 조화를 통하여 전체적인 능력이 향상될 수 있다. 이것은 다중지능에서 보여주는 각각의 지능 간 프로파일이 어떻게 구성되느냐에 따라 개인이 가지는 능력이 변화할 수 있음을 의미한다.

다섯째, 모든 인간은 다중지능을 개발할 수 있는 잠재력을 가지고 있다. 개인의 노력과 경험을 통하여 지능을 더 높은 수준으로 끌어 올릴 수 있다. 노력과 경험만으로 똑같은 수준으로 도달하는 것이 아니라 개개인이 가지고 있는 선천적 능력과 개인이 수행할 수 있는 노력과 훈련에 따라 개발되는 수준이 달라진다.

여섯째, 다중지능의 발달은 개인이 가지는 유전적인 요인, 생물학적 요인, 환경적 요인, 문화적 요인 등으로부터 영향을 받는다. 특히 개인이 가지는 환경에서 부모, 친구, 교사 등과 같은 주변인물을 통한 자연적 영향도 받지만 인위적 영향도 받는다. 인위적 영향은 교육을 통한 영향으로 다중지능을 개발하는데 효과적인 방법이 된다. 학령기에 교육과 다양한 경험을 통하여 개인의 소질과 강점이 나타난다.

일곱째, 각 지능 안에서 하위 능력별 수준은 다르다. 다중지능 프로파일에서 한 지능이 강점으로 나타난다고 그 지능에 관련된 모든 것이 강점이 되는 것은 아니다. 지능 내에서의 하위영역간의 수준차이가 날 수 있으며, 각각의 지능이 가지는 하위능력에 따라서 어느 하위능력은 뛰어날 수 있지만 다른 하위능력은 뛰어나지 않을 수 있다. 연구자별로 하위능력이 차이가 있을 수 있지만 개인은 자신을 이해하고 어떤 지능의 어떤 하위능력이 뛰어난지 확인할 필요가 있다.

여덟째, 개인의 잠재력을 극대화하는 방법은 다중지능 프로파일에서 나타난 강점을 기반으로 하여 교육하고 개발하는 것이다. 약점을 보완하거나 강점을 더욱더 개발하는 방법을 통하여 잠재력을 극대화시킬 수 있다. 약점을 보완하는 것보다 강점을 뛰어나게 만드는 것이 효율적이다.

아홉째, 개인의 다중지능은 관련 영역(domain)과 분야(field)와의 상호작용을 통해 발달한다. 개인의 능력은 다양하게 여러 영역에서 다양한 형태로 나타나지만 실질적으로 각 분야의 전문가를 통하여 평가를 받는다. 다중지능 프로파일의 강점을 개발하고 실현하기 위해서는 적절한 영역에서 적절한 분야의 사람들로부터 지지를 받아야 한다.

열번째, 다중지능이론에 따라 프로파일을 제공하려면 다중지능의 각 지능을 정확하고 공정하게 평가할 수 있는 검사도구가 있어야 한다. 대부분의 지능검사들은 언어지능과 논리수학지능에 편중되어 있기 때문에 다른 지능에 대해서도 공정한 평가가 이루어져야 한다. 한 가지 방법으로 평가하기보다는 여러 가지 평가방법인 과제, 활동, 수행 등과 같이 다차원적으로 접근하여 공정한 평가가 이루어져야 한다.

다중지능이 지능으로써의 역할을 유지하기 위한 가정과 8가지 지능에 대한 설명과 함께 Gardner(2011)는 지능(intelligence)이라는 용어를 세 가지로 구분해 사용할 것을 제안하였다. 첫 번째는 모든 인간의 잠재력, 두 번째는 인간 능력의 범위, 세 번째는 개인의 목표에 맞게 과제를 제시하는 방법이다. 이러한 Gardner의 지능에 대한 제안을 교육사각지대 학습자에게 적용하면 그들의 잠재력은 교육사각지대에서 나타나는 다양한 제한들로 인하여, 그들의 능력이 제한되는 결핍패러다임에서 개발과 발전가능한 성장패러다임을 추구할 수 있는 원동력이 된다. 또한 그들이 가지는 능력의 범위로서 기능은 교육사각지대 학습자가 가지는 강점과 약점을 확인할 수 있다. 일반사람들과 비교하여 강점이 보이지 않는다고 할지라도, 개인 내에서의 가지고 있는 능력 중에서 강점을 찾을 수 있으며 이것을 더 발전시킨다면 강점 능력 이외의 다른 능력들을 보완할 수 있다. 개개인의 목표에 맞게 적절한 과제가 제시한다면 교육사각지대 학습자는 개개인의 특성과 개인적 요구와 함께 다중지능에서 강점으로 나타나는 지능 개발로 성장 패러다임을 가능케 한다.

3. 다중지능기반 교육

다중지능을 가장 많이 활용하여 이루어진 교육은 진로 및 직업교육관련이다. 문용린과 김주현(2004)은 다중지능이론을 기초로 한 진로교육의 가능성을 탐색하여 다중지능이론을 기반으로 한 처치가 학생들의 진로결정에 유의미한 효과를 미친 것을 밝혔으며 특히 중학생의 진로결정에 효과적으로 나타났다고 하였다.

최근엔 자유학기제를 운영하여 학생들의 진로탐색의 시간을 제공하고 특수교육에서도 고등학교부터는 전환교육을 실시함으로써 진로와 직업관련 교육 및 훈련을 받을 수 있게 하였다. 김주현(2005)은 다중지능이론에 기반을 둔 청소년기 진로교육에서도 개인의 잠재능력을 이해하는 것과 개발하는 것이 중요하다고 하였다. 또한 자기성찰지능이 진로탐색에 있어서 매우 필수적인 능력이라 하였다. 김주현과 문용린(2005)은 다중지능이론을 기초로 한 청소년기의 진로교육 프로그램을 개발하였다. 또한 다중지능을 활용한 진로지도(홍성훈, 2013)와 진로의식 발달(문용린, 김주현, 2005) 등 일반교육에서는 진로와 직업 관련한 연구들이 많이 이루어졌으며 중·고등학생에게 다중지능을 기반으로 한 진로 프로그램이 효과가 있으며 진로프로그램의 회기 수가 늘어날수록 더 효과적인 것으로 나타났다(김동일, 이윤희, 전호정, 이예슬, 2015).

다중지능 활용 학습효과에 대한 메타연구에서도 청소년의 학습 전반과 학습 하위영역에 효과가 있는 것으로 나타났으며(김동일, 이윤희, 김명찬, 남지은, 이예슬, 이슬기, 2014), 아동·청소년의 자아존중감 향상에도 효과가 있는 것으로 나타났다(김동일, 이윤희, 전호정, 오정수, 2014). 이처럼 일반교육에서 다중지능기반 교육은 진로 및 직업교육에서 다양한 학습영역까지 활용되며 지속적으로 연구가 이루어지고 있다.

일반교육뿐만 아니라 특수교육에서도 다중지능이론을 기반으로 한 교육이 이루어졌다. 정주영과 신현기(2001)는 다중지능기반의 강점교육은 지적장애학생에게 교육의 효과를 극대화하여 개별화교육계획이 가능하다고 하였다. 그래서 2000년대 이후로 특수교육에서도 관련 연구가 많이 되었으며 특히 지적장애와 발달장애를 대상으로 한 연구가 가장 많이 이루어졌다. 지적장애와 발달장애인은 대표적으로 결핍패러다임의 교육이 이루어진 장애영역 중 하나이다. 그러다 보니 그들이 가질 수 있는 강점 그리고 그 강점을 개발할 수 있는 다중지능기반 강점교육이 이루어졌다고 할 수 있다.

이러한 다중지능기반 강점교육을 실시하기 위해서 다중지능검사의 개발도 이루어졌다. 다중지능검사로 유명한 Shearer(1991, 1996, 1997)이 개발한 MIDAS(Multiple Intelligences Developmental Assessment Scales)를 한국의 김현진(1999)이 한국으로 번안한 것을 시작으로 많은 연구가 이루어졌다. 그 중 다중지능연구소에서는 유아(Performance Multiple Intelligence for early children: PMI), 초등학생(MIDAS Korea-KIDS: MK-KIDS), 중학생(MIDAS Korea-KIDS-All About Me), 고등학생(MIDAS Korea-TEEN), 성인(Multiple Intelligence Career Creativity Scale for Adult-Report: MI-A)에 이르기까지 다중지능검사를 제공하고 있다. 유아용 다중지능검사는 유아 개인의 다중지능평가를 통해 강점지능과 보완이 필요한 지능을 확인하고, 다중지능 영역의 흥미를 측정하고, 관심 정도를 파악하여 균형 잡힌 발달이 이루어지도록 하는 데 목적을 두고 있다. 초등학생용 다중지능검사는 다중지능이론에 따라 지능 특성을 측정하여 강점지능과 약점지능을 알고 자신에게 맞는 효율적인 학습 방법을 찾아 미래에 직업 선택과 꿈을 실현할 수 있는데 도움을 주는 목적이다. 중학생과 고등학생용 다중지능검사는 각각 대상의 표준점수를 제공하며, 다중지능의 8가지 지능과 강점을 발견할 수 있도록 한다. 더불어 가치관, 진로의식, 진로지도, 학습 및 생활평가, 선호활동, 생활보고에 관련된 해석을 제공한다. 성인용 다중지능검사는 자신의 강점지능과 영역별 창의성 발달 수준을 연계한 검사결과 해석을 제시함으로써 개인의 전공 및 진로진학 결정에서 가장 적합한 결정을 할 수 있도록 하고, 자신의 강점을 확인하여 강점을 개발할 수 있는 기반을 제공한다. 다중지능검사는 개인의 강점을 확인할 수 있으며, 미래의 진로와 직업에 관한 정보를 제공하여 개인이 성장 가능한 정보들을 제공하고 있다.

장애학생을 대상으로 다중지능을 활용한 중재연구에서 일반 다중지능검사를 사용한 적은 있지만(윤현진, 조인수, 2009; 조인수, 윤형진, 2009; 윤형진, 2009) 장애학생용 다중지능검사는 소수에 불과했다. 백종남과 김삼섭(2010)은 유아를 대상으로 한 수행평가 형태의 다중지능 측정도구를 개발하였지만 표준화 작업은 이루어지지 않았다. 백종남(2011)에서는 발달장애학생 다중지능검사를 초등학생부터 고등학생까지 표준화 작업을 하였다. 장세영(2018)은 적응행동기반 다중지능검사 개발하였으며 표준화 작업까지 하였다.

아직까지는 교육사각지대 학습자를 대상으로 한 다중지능검사는 없다. 하지만 교육사각지대 학습자에게 기존의 지능검사를 실시하고 그 결과를 기반으로 한 교육을 실시한다면 결핍 패러다임의 형태의 교육을 제공할 가능성이 높아진다. 언어와 논리수학이 강조된 전통적 지능으로 측정되는 지능검사에서 교육사각지대 학습자는 낮은 지능지수 점사를 받을 확률이 높기에 결핍 패러다임적 해석이 이루어질 수 있다. 교육사각지대 학습자에게도 다중지능검사를 실시하여 그들의 강점과 약점을 파악하고 강점을 개발할 수 있는 성장 패러다임적 교육이 필요하기 때문이다. Armstrong(2009)이 주장한 특수교육에서 성장패러다임을 지향하기 위하여 다중지능이 활용되어야 한다는 것은 장애학생들뿐만 아니라 교육사각지대 학습자에게도 적용이 되는 부분이다. 이러한 실제적 평가가 교육과 연계되면 교육사각지대 학습자의 교육적 수행파악과 수행목표 설정에 실제적으로 도움을 제공할 수 있다.

4. 교육사각지대 학습자 대상 강점기반교육 연구 사례

다중지능이론을 기반으로 한 강점기반교육 연구를 소개하고자 한다. 특히 교육사각지대 학습자로 불리는 저성취아동을 대상으로 한 현이경(2012)의 연구는 다중지능이론을 활용하여 강점기반교육을 통한 성장패러다임을 보여준 연구이다. 현이경(2012)은 다중지능 강점기반교육이 저성취아동의 학습몰입, 성취동기, 자기효능감에 미치는 영향에 대한 연구는 다중지능이론을 활용하여 강점기반교육을 실시한 연구이다. 연구자는 부정적 자아개념을 가지고 있는 교육사각지대 학습자에게 연구자가 개발한 강점기반교육 프로그램을 적용하여 그들의 학습몰입, 성취동기, 자기효능감에 어떠한 영향을 주는지를 보고자 하였다.

1) 연구대상 및 연구도구

연구자는 초등 5학년을 대상으로 학업성취진단평가에서 하위 15%에 해당하는 저성취 학생들 60명을 선발 후 강점기반교육을 실시하는 실험집단과 전통적인 교수법으로 교육을 한 통제집단으로 구분하였다. 참여 학생들의 다중지능이론 기반의 강점지능을 파악하기 위하여 문용린 등(2001)이 개발한 중·고등학생용 다중지능검사를 초등학생용으로 수정 보완한 한기현(2006)이 개발한 다중지능검사를 재구성하여 사용하였다. 8개의 다중지능에 각각 7문항으로 구성하고 하위 문항 5문항을 포함하여 총 61문항으로 되어 있다. 또한 연구자는 연구목적에 따라 학습몰입검사, 성취동기검사, 자기효능검검사를 실시하였다.

2) 단원 및 학습주제 선정

연구자는 5학년 1학기 사회교과의 역사교육관련 한국사를 선택하였다. 초등학생들이 쉽게 이해하면서 활동을 할 수 있는 생활사, 문화사, 인물사 중심으로 예비수업 1회기를 포함하여 총 21회기 분량의 수업 프로그램을 개발하였다.

표 8-2 강점기반교육을 적용한 수업의 단원 및 주제 현이경(2012) 연구 발취

단원	주 제	내 용	회기
1. 하나된 겨레	1. 선사시대 사람들	- 구석기시대 사람들의 생활 모습 살펴보기	예비 수업
		- 신석기시대 사람들의 생활 모습 살펴보기	1
		- 청동기시대 사람들의 생활 모습 살펴보기	2
	2. 최초의 국가 고조선	- 단군왕검 이야기를 통해 고조선 건국 이해하기	3
		- 고조선 사람들의 생활 모습 살펴보기	4
	3. 삼국의 성립과 발전	- 삼국과 가야의 건국 이야기 살펴보기	5
		- 삼국과 가야의 성장과 발전 과정 이해하기	6
		- 삼국에 전래된 불교에 대해 이해하기	7
		- 삼국과 가야의 문화에 대해 이해하기	8
		- 삼국 시대 사람들의 생활모습 알아보기	9
	4. 삼국 통일과 발해	- 신라의 삼국 통일 과정 알아보기	10
		- 발해의 건국과 발전에 대해 알아보기	11
	5. 통일 신라와 발해	- 골품제와 신라 사람들의 생활 모습 알아보기	12
		- 통일 신라와 불교 문화재 알아보기	13
		- 발해 사람들의 생활 모습 알아보기	14
2. 다양한 문화	1. 후삼국 통일	- 후삼국의 성립과 통일 과정 알아보기	15
	2. 고려의 발전	- 신분에 따른 생활 모습과 여성의 삶 알아보기	16
		- 무신정변, 농민과 천민들의 봉기 알아보기	17
	3. 불교의 영향과 고려사람들	- 고려시대 불교 행사와 불교 문화재 알아보기	18
	4. 고려의 과학기술	- 고려 문화의 우수성에 대해 알아보기	19
		- 고려 과학기술의 발전에 대해 알아보기	20

3) 강점지능기반교육 수업모형

연구자는 강점기반교육의 효과를 높이기 위하여 한양대 한국교육문제연구소(1998)에서 개발한 수업모형을 연구에 맞게 적용하였다. 따라서 학생들이 수업목표를 달성하기 위하여 각각의 강점지능을 가진 학생들로 구성된 집단에 그들의 강점지능에 적합한 학습과제나 방법들을 적용할 수 있도록 하였다.

수 업 목 표						
언어지능 모둠	논리수학 지능 모둠	대인관계 지능 모둠	신체운동 지능 모둠	공간지능 모둠	자기이해 지능 모둠	음악지능 모둠
다양한 지능에 관련된 학습과제를 반성하고 평가하기						

그림 8-1 강점기반교육을 수업 모형 현이경(2012) 연구 발취

연구자가 강점기반교육은 같은 강점지능을 가진 학생들끼리 각각의 강점지능별로 제시된 학습탐구 활동을 협동학습과 개인학습의 형태로 수행하는 것으로 제시하였다. 이런 수업모형 형태는 비슷한 강점을 가진 학생들의 학습활동을 극대화 할 수 있다. 연구자는 집단을 모둠으로 표현하였으며 사회과 수업에서 자연친화지능의 강점을 적용하기 어렵다고 판단하여 자연친화지능을 제외한 나머지 7개의 지능을 강점지능별 학생들을 구성하였다.

4) 강점지능기반교육 계획표

강점지능으로 모여진 학생들의 모둠은 강점지능기반의 교수법에 대한 표준화된 지침은 없다. 다양한 방식의 교육과정을 적용할 수 있기에 모둠의 학생들이 자신의 강점지능을 활용하여 과제를 수행할 수 있는 환경과 기회를 제공하면서 가르칠 수 있도록 해야 한다. 따라서, 연구자는 Armstrong(1994)이 제시한 지능별 교수전략들을 참고하여 교수계획표를 만들었다.

저성취아동들을 포함하는 교육사각지대 학습자들은 학업적 성취에서 많은 실

패 경험이 있기 때문에 새로운 학습에서는 자신감이 결여되는 모습이 나타난다. 하지만 자신이 좋아하고 관심이 있고 강점영역에서는 학습에 대한 어려움을 극복할 수 있는 기회가 될 수 있다. 같은 강점을 가진 모둠 내에서는 학생 개개인의 강점을 발휘하여 과제를 함께함으로써 성취의 경험을 가질 수 있다. 이러한 성공 경험을 통하여 학습된 무기력을 극복하고 자신의 강점에 대한 자신감을 가질 수 있도록 구상하였다.

표 8-3 학습주제에 따른 교수 계획표(예) 현이경(2012) 연구 발췌

학습주제	지능	삼국과 가야의 문화에 대해 이해하기
지능별 활동 내용	언어지능	수렵도 보고 스포츠 중계하기
	논리수학지능	첨성대 숫자의 비밀 밝혀내기
	대인관계지능	고구려 벽화에 나타난 의식주 및 생활모습 이야기하기
	신체운동지능	지점토로 백제의 수막새 만들기
	공간지능	삼국의 금관 무늬와 장식 비교하고 그 의미 생각하기
	자기이해지능	'금동 미륵보살 반가사유상' 보고 시 쓰기
	음악지능	고구려의 악기인 거문고와 가야의 악기인 가야금 소개하기

표 8-4 강점기반교육 교수전략(예) 현이경(2012) 연구 발췌

지능	교수전략	
언어 지능	- 장면 그림을 상상하여 이야기로 표현하기 - 뉴스나 신문기사 써보기 - 역사 인물 인터뷰하기 - 문화재 제작과정 설명하기 - 표어 만들기	- 왕에게 상소문 쓰기 - 역할극 대본 쓰기 - 연설문 작성하기 - 역사 인물을 주인공으로 한 동화 쓰기
논리수학 지능	- 벤다이어그램으로 나타내기 - 역사적 사실과 오늘날의 사회 현실 비교 분석하기 - 역사적 사실에 대해 논리적으로 비판하기 - 인물의 감정을 그래프로 그리기 - 연표 만들기	- 원인, 경과, 결과를 마인드맵으로 나타내기 - 연꽃기법으로 이야기 분석하기 - 육색사고기법으로 정리하기 - PMI기법으로 생각하기 - 분류기준을 정하여 분류하기 - 모의 재판하기

대인관계 지능	- 역사 인물에게 편지쓰기 - 역사적 사실 재현하기 - 역사 인물의 감정과 공감하기 - 협동하여 유물 연표 만들기 - 주제와 관련된 포스터 그리기	- 역사 인물의 대화 완성하기 - 어린이 박물관 만들기 - 하얀거짓말 게임으로 학습 내용 정리하기 - 역사 인물에게 상장 만들어주기
신체운동 지능	- 시대 상황 역할극하기 - 여러 가지 재료를 이용하여 문화재 만들기	- 인물의 고뇌 몸으로 표현하기 - 손가락 인형극하기 - 몸짓 퀴즈 내기
공간 지능	- 북 메이킹 - 그림사료(벽화, 그림)를 통해 생활 모습 알아보기 - 경주 관광지도 완성하기 - 역사적 사건의 한 장면 상상하여 그림으로 나타내기	- 이야기를 만화로 나타내기 - 우표 제작하기 - 나만의 제단 디자인하기 - 낱말을 그림으로 표현하기 - 역사지도 그리기
자기이해 지능	- 역사 인물에게서 배울 점 찾기 - 역사적 난국 상황에서 내가 왕이 되어 결정해보기 - 역사 인물의 뇌 구조 그리기 - 자신의 소원이나 목표 적기 - 역사 인물 심리테스트	- 역사자료를 통해 각 시대 사람들의 생각 알아보기 - 기자의 인터뷰에 답하기 - 역사 인물이 되어 일기 쓰기 - 문화재 감상하고 시 쓰기 - 역사 인물과 나의 공통점 찾기
음악 지능	- 암기할 내용들을 랩으로 만들어 부르기 - 리듬을 치면서 외우기 - 시에 멜로디 붙이기 - 역사적 사실 노래로 만들어 부르기 - 로고송 만들기	- 전통악기 감상하고 비교하기 - 역사 이야기에 어울리는 음악 선곡하기 - 고려를 빛낸 100명의 위인들 노래 만들기 - Chant로 부르기

5) 연구절차

연구자는 기초연구, 검사도구 및 수업지도안 개발, 사전검사, 실험처치, 사후검사, 결과정리 및 분석의 단계로 시행하였다.

표 8-5 강점기반교육 효과 연구절차 현이경(2012) 연구 발취

단계	내용
1. 기초연구 단계	- 전체적인 연구과정 설계 - 강점기반교육의 이론적 근거와 학습몰입, 성취동기, 자기효능감 이론 탐색 - 강점기반교수전략 개발 - 강점기반교육이 적용가능한 단원 선정
2. 검사도구 및 수업지도안 개발	- 실험집단에 적용할 매 차시 지도안 제작 후 전문가로부터 내용 타당도 검증
3. 사전검사 실시	- 실험집단과 통제집단 학습몰입검사, 성취동기검사, 자기효능감검사 실시 - 실험집단만 다중지능검사 실시
4. 강점지능별 집단 분류	- Gardner의 8가지 지능 중 자연친화를 제외한 나머지 7가지 지능으로 집단 구분 - 학생 개개인이 강점을 보이는 지능의 순서대로 개인프로파일을 작성 후 제1지능을 원칙으로 모둠 편성
5. 예비수업 실시	- 실험 중재 전에 실험 참여하는 학생들에게 다중지능이론에 대한 전반적인 내용을 설명하고, 다중지능이론에 기초한 강점지능별 학습활동 소개 - 다중지능이론에 근거해 개개인이 강점 지능을 하나 이상 가질 수 있다는 인식과 함께 강점기반교육에 대한 기대감, 호기심, 동기유발을 자극
6. 본 연구 수행	- 20차시 계획안에 따라 실시 - 실험집단은 다중지능이론에 기초한 강점기반교육 실시하고 통제집단은 전통적 강의식 학습 실시 - 실험집단의 매 차시 수업은 동기유발 – 활동 전개 및 발표 – 정리 – 다음 차시 예고 단계로 실시
7. 사후검사 실시	- 예비수업과 20차시가 끝난 후 실험집단과 통제집단에 학습몰입검사, 성취동기검사, 자기효능감검사 실시
8. 결과분석	- 강점기반교육 효과 검증

6) 연구결과

연구자는 다중지능기반 강점기반교육을 실시한 실험집단과 전통적인 교수법을 실시한 통제집단의 사전검사결과와 사후검사결과를 비교하였다. 그 결과 전통

적 교수법으로 교육한 통제집단보다 다중지능이론을 기반으로 한 강점기반교육을 실시한 실험집단이 유의미한 향상을 보여주었다. 따라서 교육사각지대 학습자인 저성취아동에게는 일반적인 교수법보다는 그들의 다중지능의 강점을 파악하여 강점기반교육을 실시하는 것이 학습의 몰입, 성취동기, 자아존중감에 더 효과적이라 할 수 있다.

표 8-6 집단별 사전·사후 검사 결과 현이경(2012) 연구 발췌

집단		사전검사		사후검사	
		M	SD	M	SD
학습몰입	실험	56.93	5.589	72.07	5.496
	통제	52.23	5.882	56.60	6.129
성취동기	실험	49.17	6.379	66.27	6.242
	통제	47.67	6.794	50.73	5.693
자아존중감	실험	49.87	4.599	66.43	4.049
	통제	51.27	3.493	52.93	5.477

7) 연구 결론

현이경(2012)의 연구는 교육사각지대 학습자인 저성취아동을 대상으로 다중지능이론을 기반으로 한 강점기반교육을 실시하여, 그 효과가 검증된 사례이다. 강점기반교육은 대상학생의 학습의 능력이나 성과보다는 학습자가 선호하는 학습방법이나 강점으로 나타나는 지능을 기반한 학습전략을 제공함으로써 개인 또는 모둠형태로 그들의 강점에 맞는 학습활동을 참여할 수 있도록 하는 것이다. 더불어 그들의 강점지능에 맞게 학습내용을 이해하고 해석할 수 있도록 함으로써 그들의 강점지능을 더 향상시킬 수 있으며 그들의 학습동기, 학습성취, 자아존중감 등에도 영향을 주면서 학습에 대한 성공의 경험을 제공할 수 있다.

학습자의 개개인의 특성이 다양화되는 시대에서 교육현장은 학습자의 다양한 요구를 제공하려는 수요자중심의 교육이 강조되고 있다. 다중지능이론에서 개개인은 8개의 지능을 가지고 있으며 개인 내에서 강점으로 나타나는 지능이 있다고

하였다. 이러한 강점지능은 개인 내에서 나타나며 교육사각지대학습자인 저성취 아동도 개인 내에서 나타나는 강점지능이 있기에 그들의 강점지능을 확인하고 그 지능이 발현할 수 있는 교육과정을 제공함으로서 그들의 역량이 최대화할 수 있다.

09

교육사각지대 학습자를 위한
개별화교육의 방향

김 은 삼
(남춘천초등학교 교사)

1. 교육사각지대 학습자를 위한 개별화교육의 필요성

한 교실에는 상당히 이질적이며 저마다 독특한 특성을 지닌 학생들이 존재한다. 학생들은 인지적, 사회적, 신체적 발달 정도, 학습 준비도 및 학습 속도, 흥미 또는 관심사, 인지양식, 학습 동기 등 학생 내재적 특성 측면에서 차이가 있다(Eggen & Kauchak, 2007). 또한 학생 외재적 특성이라고 할 수 있는 성, 인종, 가정의 사회경제적 지위나 환경, 분위기 등에서도 차이가 있다. 2022 교육통계에 따르면 학령기 학생 수는 감소하고 있지만 다문화가정 학생 수, 특수교육대상 학생 수, 학업중단 학생 수는 매년 증가하고 있다(교육부, 한국교육개발원, 2022). 국가수준학업성취도평가가 도입된 이래로 기초학력부진학생의 비율은 점점 높아지고 있는 상황이며 정서 및 행동 측면에서 어려움을 보이는 학생들에 대한 정확한 출현율은 보고되고 있지 않으나 학교 현장에 있는 교사들은 이러한 학생들이 날로 많아지고 있다고 호소한다(교육부, 2021; 최경희, 2022). 이토록 다양한 특성을 지닌 학생들이 존재함에도 불구하고 오늘날 우리의 학교 교육은 개인차에 대한 고려 없이 국가수준의 교육과정을 바탕으로 "평균적인 학생"을 상정하여 획일적인 방식으로 가르치고 있기에(Rose, 2018; Tomlinson, 1999), 그 교육과정을 소화하고 따르기 힘든 학생들, 즉 학습에 어려움을 겪고 있으며 추가적인 지원이 필요한 학생이 생겨날 수밖에 없는 구조적인 문제를 가지고 있다.

이러한 상황 속에서 학습에 어려움을 겪고 있는 학생을 지원하기 위한 다양한 교육정책들이 꾸준히 시행되어 왔다. 예컨대, 학력향상중점학교 운영, 학습클리닉센터 운영, 두드림 학교 운영, 멘토링 프로그램 운영, 기초학력진단보정 시스템 구축 및 기초학습 프로그램 보급 등을 들 수 있다(이대식, 2015). 제도적 측면에서는 2016년 「초·중등교육법」이 개정되면서 경계선 지능 학생을 포함한 학습에 어려움을 보이는 학생들을 지원하기 시작하였고 각 시도 및 교육청 단위에서는 「난독증 학생 지원 조례」, 「경계선 지능인 지원 조례」를 제정하여 지원하고 있다. 2022년 3월 시행된 「기초학력보장법」은 모든 학생의 기초학력을 보장하여 능력에 따라 교육을 받을 수 있도록 그 기반을 조성하는 것을 목적으로 국가와 자자체, 학교 등의 업무와 책임을 규정하고 있다.

「기초학력보장법」은 학생의 학력을 지원하기 위한 가장 상위에 위치하는 법으로 이를 보다 면밀하게 들여다 볼 필요가 있다. 동법 제2조에 따르면 '학습지원대상학생'이란 학교의 장이 기초학력을 갖추지 못하였다고 판단하여 선정된 학생이며 '학습지원교육'이란 학습지원대상학생에게 개인의 상황과 특성에 맞는 내용과 방법으로 실시하는 맞춤형 교육을 말한다. 동법 제8조에 따르면 학교의 장은 학습지원대상학생의 학력 수준과 기초학력 미달 원인 등을 고려하여 학습지원교육을 실시하며 필요한 경우 보호자에 대한 교육·상담을 실시하거나 학교 외부의 전문기관과 연계하고 학습지원 담당교원, 보건교사, 전문교사 등이 함께 학습지원교육을 실시하도록 할 수 있다고 명시하였다. 그리고 이 법안에서는 학생의 학력을 지원하기 위한 기관, 협의체, 계획 수립을 집중적으로 다루고 있다.

이러한 법안이 마련됨으로써 학습에 어려움이 있는 학생들을 지원하기 위한 체계를 갖추었다고 볼 수 있겠으나 이 법에서 제시되고 있는 안들의 상당수는 이미 과거부터 시도되어 왔던 것들이다. 학습에서 드러나는 어려움은 특정 기관이나 협의체를 설치하거나 프로그램을 적용하거나 인력을 추가적으로 투입한다고 해서 쉽게 해결되지 않는다. 매년 실시되는 국가수준학업성취도평가 결과를 보면 기초학력에 도달하지 못하는 학생 수가 줄어들지 않고 있다는 사실이 이를 뒷받침한다(교육부, 2021). 또한 학교 현장의 교사들은 국가에서 실시하는 여러 지원사업들이 일관성이 없고 체계적이지 못하여 학업 문제를 해결하는 데 큰 변화를 느끼지 못한다고 하였다(이대식, 2015). 따라서 학업에 어려움을 겪는 학생들을 위한 교육에서 가장 관심을 가져야 할 부분은 실제 교실 내에서 이루어지는 본질적인 교육활동이며 「기초학력지원법」에서 가장 강조되어야 할 부분은 '학습지원교육'의 실체이다. 일반교육을 통해서 충분하고 만족스러운 성취를 기대하기 어려운 학습자들을 위한 학습지원교육은 궁극적으로 '개별화교육'이어야 한다.

'개별화'는 Thorndike를 비롯한 여러 학자들이 다양한 학생들의 차이에 따른 적절한 교육이 필요함을 강조하면서 시작되었으며 특히 Skinner의 프로그램화 수업에서 개별화교육이 강조되었고 모든 사람들이 개별화교육이야말로 이상적인 교육의 모습이라 여기게 되었다(손승현, 2008). 개별화교육은 개인차에 반응하기 위한 것으로 개인의 학습 능력, 학습 양식, 학습 의욕, 학습 속도 등에 따라 유연하게 수업을 구성하는 것이다. 과거 진보주의와 행동주의의 영향, 컴퓨터 관련 기술의 발달로 인하여 IPI(개별처방 수업체제), IGE(개별적 안내 교육), PLAN(학습자

요구부응수업체제), PSI(개별적 교수 체계), ATI(적성처치상호작용), CAI(컴퓨터 보조수업) 등 개별화교육의 방향과 방법이 다양하게 제시되었다(박성익, 2008).

이후 개별화교육이라는 용어는 흔히 사용되고 있지만 그 의미가 명확하지 않아 분야에 따라 그리고 사람에 따라 다른 의미로 사용되고 있는 상황이다(Collins, 2016). 개별화교육은 종종 특수교육대상학생을 위한 교육으로 간주되고 있으며 수준별 수업이나 일대일 교육과 같은 의미로 사용되기도 한다(이경언, 2008; 이대식, 2016). 여기에서 말하는 개별화교육은 교육 실시 형태가 아닌 개인의 특성을 고려하여 실시하는 교육을 의미한다. 위에서 언급한 바와 같이 학생이 가지고 있는 내재적, 외재적 특성은 상당히 다양하며 이러한 특성을 종합적으로 고려하여 학생에게 적절한 교육을 실시하는 것, 집단이 아닌 학생 개개인에게 집중하여 그에 맞는 교육이 이루어질 수 있도록 하는 것이 개별화교육이다.

본 장에서는 교육사각지대 학습자들을 위한 개별화교육을 실제로 어떻게 구현할 수 있을지 교육 현장의 실제를 바탕으로 그 방법과 방향을 제시하고자 하였다. 기본적으로 교육사각지대 학습자를 선별하고 그에 적절한 개별화교육을 실시하기 위해 중재반응모델을 기반으로 하여 학급 차원에서 실시할 수 있는 개별화교육과 집중적인 지도를 위한 개별화교육으로 나누어 살펴보고자 한다.

2. 교육사각지대 학습자를 위한 개별화교육의 방법

교육사각지대 학습자들은 일반학급에서 주로 일과를 보내기에 일반학급에서의 지원이 필수적이며 추가적인 지도 시간을 확보하여 이들의 교육적 요구를 충족시켜주는 방향으로 개별화교육이 이루어져야 한다. 이대식, 손승현, 정광조(2019)는 일반학급 내에 있는 교육사각지대 학습자들을 지원하기 위해서는 이들의 특성을 정확하게 파악하는 것이 우선되어야 한다고 하였으며 이를 위해 다음과 같은 조건을 제시하였다. 먼저, 교육사각지대 학습자들은 필요한 상황에서 언제든 즉시 지원을 받을 수 있어야 한다는 것이다. 학업 및 정서 문제가 발현된 이후에 이를 해결하고자 하는 것은 시간과 비용이 많이 들며 효과도 낮기 때문이다. 둘째, 학습자들이 정규 수업은 그대로 참여하면서 소집단 지도 또는 개인 지도를 병행해야 한다는 것이다. 이들의 일반 학급에서의 학습권을 보장하는 것으로 학생이 해당 학년교육과정을 소화하지 못하는 교과의 경우 별도의 시간과 장소를 마련하여 보완할 수 있도록 한다. 셋째, 효과가 검증된 증거기반 중재를 강도 높게 지속적으로 실시해야 한다는 것이다. 즉, 일시적인 중재를 지양해야 한다는 것이며 지원 요구에 따라 지원 강도를 조정해야 한다고 하였다. 넷째, 지속적인 학습 진전도 점검이 필요하다는 것이다. 효과적인 중재를 실시하였더라도 그에 대한 반응을 계속 확인하고 그에 따라 중재를 수정하고 보완해야 한다. 다섯째, 교육사각지대 학생들의 교육은 전문가로부터 안정적인 지원이 이루어져야 한다는 것이다. 이러한 전문가는 연수나 재교육을 받은 교사가 적절하다고 하였다.

이들이 말하는 교육사각지대 학습자들을 위한 지원 방안은 2000년대 학습장애 판별 모델인 불일치 모델에 대한 대안으로 제시된 중재반응모델(Response to Intervention)을 기반으로 하고 있다. 중재반응모델은 학업에 어려움을 보이는 학생에게 적절한 교수를 단계적으로 제공하고 각 단계에서 충분한 교수가 이루어진 후에도 그 교수에 반응하지 않고 학습상의 어려움이 지속된다면 학습장애로 판별하는 방법이다(김동일 외, 2019; Fuch et al, 2003). 중재반응모델은 학생이 학습의 어려움을 분명히 드러낼 때까지 기다리는 것이 아니라 어려움을 예방하고자 단계적으로 접근한다는 측면에서 교육사각지대 학습자를 위한 교육에서 상당히 강점을 지닌다고 할 수 있다.

중재반응모델에서 제시하는 교육 및 판별 단계는 연구자에 따라 차이가 있지만 대개 <그림 9-1>과 같이 3단계(Tier)로 구성된다. 1단계(Tier 1)는 일반학급에서 일반교사가 학습에 효과적이라 증명된 증거 기반 교수를 실시하는 것이다. 이 단계에서는 전체 학생들에게 도움이 되는 교수를 실시하고 그에 따른 평가를 지속적으로 함으로써 학습에 실패할 가능성이 있는 학생들을 예방하는 효과를 지닌다. 2단계(Tier 2)는 1단계 효과적인 교수에 반응하지 않고 학습에 어려움이 있는 학생들을 소집단으로 편성하여 수업 시간이나 방과후 시간을 활용하여 주 2-3회 이상 추가적인 별도의 교수를 실시하고 반응 여부를 지속적으로 평가한다. 3단계(Tier 3)는 2단계에서 학업에 향상을 보이지 않는 학생을 대상으로 특수교사나 전문가가 매일 일대일로 지도한다. 즉, 집중적이고 강도 높은 중재를 제공하는 것이다. 이 중재에도 반응을 보이지 않는다면 학습장애로 판별하게 된다.

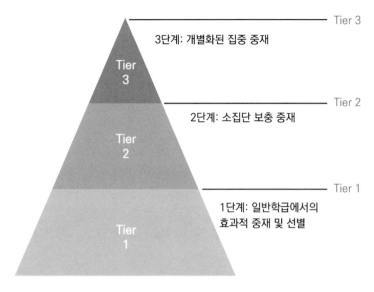

그림 9-1 중재반응모델

중재반응모델은 현재 교육현장에서 실시되고 있는 기초학력 향상 지원 사업 내실화 방안에서 제시하고 있는 기초학력 향상 지원 체제인 3단계 안전망과 유사한부분이 있다. 1단계는 일반학급 수업 내 지원으로 1교실 2교사제(보조교사) 등을 활용하여 학습부진을 예방하고 발생 즉시 지원하는 것이다. 2단계 학교 내 지원은 교실 내에서 교사의 지원만으로 불충분한 경우, 두드림 학교 등을 활용하여 지원 대상 학생에게 맞춤형 지도나 지원을 추가적으로 제공하는 것이다. 3단계는 학교 밖지원으로 학교 내 지원으로 불충분한 경우 학습종합클리닉센터 등을 통해 지원하는 방법이다. 즉, 이 안전망은 중재반응모델과 마찬가지로 예방-선별/진단-지도/지원 체제를 따르고 있다. 구체적인 내용은 <표 9-1>에 제시되어 있다.

표 9-1 기초학력보장 3단계 안전망 구축 내용

지원 단계		지원 내용	관련 정책 현황
1단계	수업 내 지원	정규 수업 시간에 학습 결손이 발생하지 않도록 맞춤형 지도	기초학력보장 선도·시범학교 운영(2018년~현재)

2단계	학교 내 지원	단위학교 내 다중지원팀 구성(담임교사, 교장, 교감, 상담교사, 특수교사, 보건교사, 보조 강사 등)을 통해 학생 중심의 맞춤형 프로그램 지원	두드림학교 운영 (2014년~현재)
3단계	학교 밖 지원	학습뿐만 아니라 비학습적 요인에 의한 복합적인 원인으로 학습부진이 되어 학교의 노력만으로 해결하기 어려운 학생들에 대한 종합적 지원	학습종합클리닉센터 운영(2012년~현재)

출처: 김태은, 홍미영, 오상철, 노원경, 우연경, 이영태, 이재진(2018). 기초학력 향상 지원 사업 내실화 방안 탐색. 충북: 한국교육과정평가원.

이러한 중재반응모델에 근거하여 각 단계에서 실시할 수 있는 개별화교육 방향을 살펴보도록 하겠다.

1) 1단계 학급 차원(수업 내) 개별화교육 방법

일반학급 교사가 학급 내에서 시도할 수 있는 개별화교육 방법에는 어떠한 것들이 있을까? 위에서 제시한 바와 같이 전체 학생을 대상으로 증거 기반 교수를 실시하면서 결손이 발생하지 않도록 맞춤형 지도를 해야 한다. 즉, 일반학급에서 전체 학생을 대상으로 교육을 실시할 때 평균적 학습자를 상정하는 것이 아니라 학생 개개인의 특성을 고려하여 수업을 계획하고 실시하며 평가한다면 이는 개별화교육이라 할 수 있을 것이다. 학생의 개개인성을 고려할 수 있는 한 가지 전략으로서 보편적 학습 설계를 소개하고자 한다.

(1) 보편적 학습 설계(Universal Design for Learning)

보편적 학습 설계는 학생 각자에게 알맞은 접근을 통해 학급 전체가 성공적으로 배울 수 있도록 하기 위한 교육 패러다임이다. 미국의 Center for Applied Special Technology(CAST)가 이를 처음 제안하였는데 장애학생들이 일반학급에서 학습을 할 수 있도록 일반교육과정을 개선하기 위하여 시작되었다(Rose & Meyer, 2002). 건축이나 일상생활 여러 장면에서 보편적 설계를 적용하여 장애인뿐만 아니라 모든 사람들이 쉽고 편리하게 생활할 수 있도록 하는 것(예: 자동문, 영상 자막기능 등)과 같이 일반학급에 있는 다양한 학생들이 수업에서 가질 수 있는 여러 장벽을 없애고 수업에서 제공되는 정보에 접근, 참여하여 배움을 얻을 수 있도록 학습을 개별화하고자 한다. 보편적 학습 설계는 교육공학의 발전에 따라 보다 많은 이들이 적용하고 있다. 보편적 학습 설계는 기존의 교육과정을 사후에 재구성하거나 수정하고 보완하는 것이 아니라 애초에 교육과정을 설계하는 과정에서부터 다양한 학습자의 특성을 고려하여 교육과정 및 교재를 개발하는 것이다(김남진, 김용욱, 2017). 이는 교육 기회를 보장함과 함께 결과적 평등을 추구하고자 하는 것이다. 따라서 보편적 학습 설계에서는 <그림 9-2>와 같이 모든 학생이 배움을 얻을 수 있도록 하기 위해 다양한 표상 수단, 다양한 표현 수단, 다양한 참여 수단을 계획하고 제시한다.

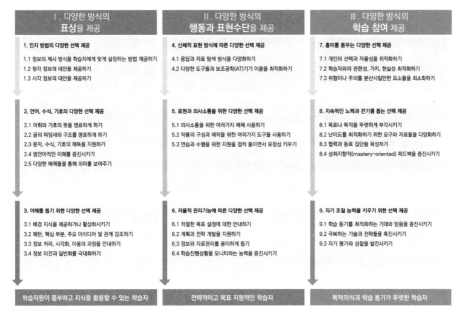

그림 9-2 보편적 학습 설계 가이드라인[2]

　보편적 학습 설계는 개개 학생을 고려한다기보다 인지 및 표현 양식이 유사한 학생 집단을 고려하여 교육과정이 수업으로 효과적으로 진행될 수 있도록 한다. 이러한 방법을 통해 일반학급에서 전체 학생을 대상으로 수업한다면 다양한 학생들이 저마다의 방식으로 정보에 접근하고 참여하여 교육의 효과를 기대할

---

2) https://udlguidelines.cast.org/more/downloads

수 있을 것이다.

(2) 차별화 교수(Differentiated Instruction)

일반학급 차원에서 활용할 수 있는 또다른 개별화 교육방법으로 차별화 교수(Differentiated Instruction)를 들 수 있다. 현재 국내에서는 'Differentiated Instruction'을 차별화 수업, 개별화 수업, 맞춤형 수업 등으로 다양하게 번역하여 사용하고 있다. 그러하기에 특수교육대상자를 위한 개별화교육이나 일대일교육과 동일한 의미를 지니는 단어로 오해를 하기도 한다. 그러나 차별화 교수는 일대일 개인별 수업이 아니라 다양한 학생들의 강점과 요구에 반응하기 위한 여러 수업 전략을 균형 있게 사용하는 수업을 의미한다(이대식, 2016). 중재반응모델 1단계 일반학급에서 사용되는 전략으로서 모든 학생의 학습 목표는 동일하게 유지하되 내용, 과정, 결과, 환경 이 네 가지 요소에 차이를 두어 수업을 설계하고 실행하는 것이다. 따라서 교육과정 목표를 수정하고 조정하는 일대일 개인별 수업과는 구분되는 개념이다. 차별화 교수는 위에서 제시한 보편적 학습 설계와 관련이 있다. 미국특수교육협회(Council for Exceptional Children, 2006)는 차별화 교수, 협동학습, 주제 교수 등을 보편적 학습 설계를 실시하기 위한 실제적인 교수이론이자 수단이라 하였다(김남진, 김용욱, 2017). 즉, 차별화 교수 역시 보편적 학습 설계와 마찬가지로 일반학급에 있는 학생들의 다양성을 전제하며 다양한 학생들의 요구를 고려한 교수를 통해 학교 수업의 질을 높이고자 한다(황윤한, 조영임, 2005).

차별화 교수는 학습자들의 다양한 요구에 대한 교사의 책임감 있는 수업으로 학생의 준비도, 흥미, 학습양식 등에서의 차이를 고려하며 이에 반응하고자 하는 교육이다(Sousa & Tomlinson, 2011). 다양한 학습자의 요구를 충족시키기 위해서 한 가지 방식으로만 수업을 진행하는 것은 역부족이며 그러한 방식을 따를 수 없는 학생들은 수업에서 뒤처질 수밖에 없기에 학생의 특성을 고려하여 학습 내용, 과정, 결과, 환경을 다양화하여 수업을 계획하고 실천하는 것이다. 따라서 학생들이 가장 효과적이고 효율적으로 학습하는 방법에 대한 이해를 토대로 수업을 준비하는 데 중점을 둔다(Tomlinson & Jarvis, 2009).

차별화 교수는 과거부터 현재까지 지속적으로 실시되고 있으며 그 개념과 원리가 보다 확장되어 가고 있다. Sousa와 Tomlinson(2019)이 제시한 차별화 교수의 모형은 <그림 9-3>과 같다.

그림 9-3 차별화 교수 모형[3]

　차별화 교수 모형은 개별화 지도에 지침이 되는 기본 원칙 5가지를 제시한다. 첫째, 학생들에게 주어지는 과제는 학생이 공부하고 싶은 마음이 들도록 매력적이어야 하며 핵심 지식, 이해, 기술을 다루고 적용할 수 있는 것이어야 한다. 둘째, 교육과정은 특정 주제나 교과목에서 중요한 개념을 바탕으로 하며 단순한 암기보다는 이해에 초점을 두고 구성되어야 한다. 셋째, 학습 과정에 따라 다양한 모둠 형태를 계획하여 실행한다. 예컨대, 흥미, 학습준비도, 학습 선호도에 따라서 모둠을 편성할 수 있다. 넷째, 교수는 수업에 필요한 정보를 얻기 위해 사전평가를 실시하거나 학습 과정에서 지속적으로 형성평가를 실시하여 학생들이 핵심

---

3) 출처: 홍완기(2020). 우리 안의 개별화 수업[Differentiated Instruction]. 서울교육 해외교육 2020 여름호 239호

지식, 이해, 기술을 어느 정도 습득하였는지 파악해야 한다. 다섯째, 교사는 학생들이 실패에 대한 두려움 없이 새로운 학습에 도전할 수 있는 학습 환경을 만들어야 한다. 학생들이 수용, 존중, 소속감, 도전 의식 등을 가질 수 있도록 교사는 학생들과 긍정적인 관계를 형성하며 학생들이 교사를 믿고 따르는 공동체를 만들어 가는 것이다.

차별화 교수는 학생들의 준비도, 흥미, 학습양식에 따라 학습내용, 학습과정, 학습결과, 정서적 환경에서 학생들의 차이를 고려하여 수업을 설계한다. 학습내용은 수업을 통해 학생들이 성취하여야 하는 것으로 교사는 학생들이 배워야 할 내용을 학습자의 능력이나 학습양식에 맞도록 수정하여 제시하여야 한다. 이는 보편적 학습 설계에서의 다양한 표상 수단을 제공하는 것과 관련된다. 학습과정은 학습 내용을 어떻게 가르치고 학습할 것인지에 대한 것으로 학생들이 내용을 이해할 수 있도록 교사가 다양한 방법으로 가르칠 수 있어야 함을 의미한다. 학생이 배울 내용이 그들에게 의미가 있도록 하고 다양한 자료와 활동을 통해 접근할 수 있도록 한다. 이때 학생들의 다양성을 고려하여 보다 효과적으로 목표에 달성할 수 있도록 그래픽 조직자, 역할설정 글쓰기 등 다양한 학습 전략을 활용하거나 개인 학습, 또래교수, 모둠학습 등 다양한 교수 전략을 활용한다. 이는 보편적 학습 설계에서 다양한 방식의 학습 참여 경험 제공과 관련된다. 학습결과는 학생들이 배운 내용을 표현하는 방식으로 학생들의 성취를 나타내는 산출물이다. 학생이 학습한 결과를 표현하는 방식에 있어서 시험, 프로젝트, 글쓰기, 발표 등 다양성을 추구하여야 하며 이를 바탕으로 학습의 결과를 평가한다. 이러한 과정을 통해 학습이 충분히 이루어지지 못한, 보충 지도가 필요한 학생을 선별하여 보충 지도를 실시하게 된다. 이는 보편적 학습 설계의 다양한 표현 수단 제공과 관련된다. 학습 환경은 학급 규칙, 교실 배치, 의사소통 방법 등과 같은 학급 분위기를 의미한다.

이러한 차별화 교수는 특정한 교수 전략이라기보다는 교수 철학이다. 학생들의 다양성을 존중하고 이를 고려하여 수업을 실행하며 이를 통해 모든 학생이 학습에서 성공할 수 있다는 성장 관점에 기반하고 있기 때문이다. 따라서 일반학급에서 학생들의 배움에 대한 교사의 책무성을 강조한다. 차별화 교수에서 언급하고 있는 학습내용, 과정, 평가 등의 요소에서의 수정은 교사들이 실제 일상에서

조금씩 적용하고 있는 부분들이 있을 것이다. 차별화 교수 모형의 전체 프레임을 그리며 한꺼번에 적용하려 하기보다 현재 자신이 실행할 수 있는 범위와 수준 내에서 학생들의 특성을 고려한 차별화 교수를 시도해 볼 수 있을 것이다.

2) 2, 3단계 소집단/일대일 개별화교육 방법

1단계 교수에서 성취가 저조하거나 학습이 더딘, 교수에 반응하지 않는 학생들을 대상으로 2단계 중재를, 2단계 중재에서도 반응하지 않는 학생들을 대상으로 3단계 중재를 실시하게 된다. 이는 대체로 방과후 시간을 이용하여 이루어지며 2단계는 주2-3회, 3단계는 매일 회기별 1시간 이상으로 중재를 실시한다. 2, 3단계 개별화교육은 1단계와 마찬가지로 학생의 다양한 특성을 고려하여 교육을 실시하는 것이며 교육을 실시할 때 강조되는 부분은 교사들이 효과적인 것으로 검증된 교수방법인 증거기반교수를 활용하여 학생들을 지도하는 것이다. 이 책에서 소개하는 다양한 읽기, 쓰기 전략이 바로 증거기반교수에 해당한다. Fuchs 외 (2017)는 현장 교사들이 쉽게 증거기반교수를 활용할 수 있도록 증거기반교수 또는 집중적인 중재(intensive instruction)가 무엇인지 밝히는 구성 요소 7가지를 제시하였다. 이 7가지 요소는 효과성, 피드백 횟수, 연계성, 전이, 포괄성, 행동지원, 개별화이다. 미국의 경우 2단계 중재에서 사용할 수 있는 교수학습 프로그램이 다수 개발되었으며 이러한 프로그램 가운데 더욱 효과적인 것이 무엇인지 선정하고 평가하기 위해 이와 같은 구성요소가 개발되었다. 그러나 이 구성요소는 중재를 실시하는 과정에서 사용하고 있는 교수·학습방법이나 전략이 적절한지 검토하는 기준으로도 사용할 수 있기에 여기에서는 Fuchs 외(2017)와 신재현(2019)의 연구 결과를 간단히 요약하여 소개하고자 한다.

증거기반교수, 집중 교수가 갖추어야 할 7가지 요소 중 첫 번째는 효과성 (Strength)이다. 프로그램이 학생의 성취에 긍정적인 영향을 주는지 확인하는 것으로 대부분 연구 결과에 따른 효과크기를 확인한다. 이 책의 다른 장에서 소개하고 있는 읽기, 철자하기, 쓰기 영역에서의 지도 및 학습 전략은 모두 큰 효과크기를 나타내고 있으며 현장에서 활발하게 사용되고 있는 것들이다. 즉, 2-3단계의 집중적인 중재는 교사가 가르칠 기술이나 교과에서 효과적인 중재가 무엇인지 확인을 하고 이를 활용하여 중재를 실시하는 것이다.

두 번째는 피드백 횟수(Dosage)로 교수 집단 크기, 회기당 교수 시간, 주당 회기 수 등의 기준이 포함된다. 또한 한 회기에 교사와 학생이 어느 정도 피드백을 주고 받는지를 의미한다. 이 요소에 따르면 2단계 소집단 교수에서 반응하지 않는다면 보다 집중적인 교수 형태인 3단계 일대일 교수로 진행해야 하며, 주 2−3회가 아닌 주 4−5회 중재로 변경하거나 한 회기당 교수시간을 늘리도록 해야 한다. 이와 함께 한 차시 수업 내에서도 교사는 학생의 반응에 대해 빈번히 칭찬하거나 격려하고 교정적 피드백을 더 빈번하게 주어야 하는 것이다.

세 번째 연계성(Alignment)은 프로그램이 학생의 학업 기술을 총체적으로 다루고 이미 습득한 것은 다루지 않으며 현재 학년 수준의 교육과정을 적절히 포함하도록 하는 것이다. 예컨대, 3학년 학생이 기초 연산에서 어려움을 겪고 있다면, 기초 연산의 지도뿐만 아니라 3학년 수학 교육과정에서 다루고 있는 분수와 소수, 도형과 측정(삼각형, 사각형 원, 길이, 들이, 무게 등), 자료와 가능성(자료의 수집과 정리), 변화와 관계(규칙을 수나 식으로 나타내기)에 대한 학습도 함께 진행하여야 한다는 것이다. 이러한 영역은 연산과 구분되는 영역이라 하더라도 연산이 활용되기 때문이며 이러한 내용을 중재에서 다룸으로써 1단계 수업에서 학생이 보다 잘 참여할 수 있게 된다.

네 번째는 전이(Transfer)로 학생이 학습한 기술을 다른 형태와 상황에 적용하고 학업 기술 간의 연계성을 파악하도록 하는 것이다. 이를 통해서 배움의 의미를 찾고 배움이 확장될 수 있다. 예컨대, 난독증 학생이 음운인식 훈련을 하는 단계에 있다면 거의 매 시간 글자−소리 대응 훈련, 음소의 조작 훈련, 낱글자 읽기 등 단어 수준에서 읽기 연습을 하게 된다. 읽기 학습의 궁극적인 목표는 글을 유창하게 읽고 이해하는 것이므로 이들을 위한 중재는 단어 수준에서 읽는 활동뿐만 아니라 문장 수준에서 읽는 활동도 실시할 필요가 있는 것이다. 또한 의미 이해를 돕도록 단어의 의미를 학습하는 의미 중심 어휘 학습 활동을 추가할 수 있을 것이다. 이러한 일련의 활동을 통해 2−3단계의 교수는 학습의 전이를 추구해야 한다.

다섯 번째는 포괄성(Comprehensiveness)으로 프로그램이 포함하고 있는 명시적 교수원리를 의미한다. 학습에 어려움을 지닌 학생들을 지도할 때에는 명시적인 교수원리를 사용하여야 한다는 것이다. 명시적 교수법에는 교사의 모델링, 간단하면서 직접적인 언어적 설명, 목표 기술과 관련한 배경지식이나 학업 기술 파악, 교사 중심의 지도에서 학생 스스로 연습하는 활동으로 나아가는 점진적인 책임 이양, 학습한 전략을 연습할 수 있는 충분한 기회 제공, 체계적인 반복 및 복습 기회 제공 등이 포함된다. 즉, 2-3단계 중재를 계획하고자 할 때 이러한 명시적 교수법을 고려하여 구조화할 수 있을 것이다.

여섯 번째는 행동 지원(Behavioral Support)으로 프로그램이 자기조절 및 실행 기능 향상 요소를 포함하고 비생산적인 행동을 최소화시키는지 확인하는 것이다. 학습에 어려움을 가지는 학생들은 낮은 집중력과 학습동기, 오랜 학업 문제와 그에 따른 낮은 자존감, 부정적인 또래관계, 문제행동 등을 보일 가능성이 있다(Montague, 1997). 따라서 학습에만 초점을 두는 것이 아닌 학습이 잘 일어날 수 있도록 주의 집중 전략, 자기조절학습 등의 인지, 초인지 전략을 지도할 필요가 있으며 학습에 도움이 되지 않는 습관들은 소거하도록 해야 한다. 따라서 2-3단계 중재는 학업 기술뿐만 아니라 학습을 위한 기초 인지 기술, 인지, 초인지 전략, 정서적 지원 등의 요소를 포함하여야 한다.

집중 교수 프로그램은 이상과 같은 기준을 충족시킬 것이며 소집단 중재 계획 시 이러한 요소들을 종합적으로 반영한다면 학생의 학업적 성취를 향상시킬 수 있을 것이다. 그러나 Fuchs 외(2017)는 학업적 어려움이 상당한 학생을 대상으로 하는 3단계 개별화된 집중 중재에 대해서는 아직 그 기준이 명확하게 마련되지 않아 추후 더 연구가 이루어질 필요가 있다고 하였다.

집중 교수의 구성요소 중 마지막은 개별화(Individualization)로 앞선 구성 요소에 따라 프로그램을 선정한 후 중재를 실시하고 모니터링하면서 학생의 진전도와 중재의 효과성을 평가하는 것이다. 이 개별화에서 가장 효과적인 것으로 알려져 있는 주요한 접근법은 데이터 기반 교수(data-based instruction)이다. 따라서 이 데이터 기반 교수에 근거하여 2, 3단계 중재를 위한 계획을 수립할 수 있다.

데이터 기반 교수는 학생의 현재 수준 확인, 장단기 목표 설정, 절차에 따른 증거기반교수 실시, 교수에 대한 학생의 반응 주기적 모니터링, 모니터링 결과에 따른 프로그램 효과성 평가, 교수적 수정 계획, 교수적 수정 실시의 과정으로 이루어진다. 이와 같은 과정은 수업이 진행되는 기간 동안 반복된다. 우선, 학생의 현재 수준을 확인하고 교수에 대한 반응을 평가하기 위해서는 신뢰롭고 타당한 평가도구를 확보하여야 하며 증거기반중재를 실시하기 위해서 효과가 입증된 전략이나 프로그램들이 개발, 보급될 필요가 있다. 이를 바탕으로 중재를 실시하여 학생의 반응을 평가한 결과 학생의 진전도 수준이 목표에 비추어 저조하다면 중재에 변화를 줄 필요가 있다. 단, 연구나 프로그램에서 제시한대로 모든 절차를 지켜 중재를 충실하게 제공했는지 확인해야 하며 평가도구가 적절하였는지 등을 확인하여야 한다. 이에 문제가 없었다면 중재의 일부분에 수정을 가한다. 수정을 하는 부분은 집중 교수의 구성요소 중 효과성을 제외한 피드백, 연계성, 전이, 포괄성, 행동 지원 요소가 되며 필요한 요소를 선택적으로 수정한다. 예컨대, 피드백과 관련하여 중재 시간이나 회기 수를 변화시키거나 소집단 중재를 일대일 중재로 실시하는 것이다. 행동지원과 관련하여서는 기억전략이나 자기조절 전략을 수정할 수 있으며 포괄성과 관련하여서는 명시적 교수 원리에 따라 수업을 보다 체계적으로 구성할 수 있을 것이다.

3. 결론 및 제언

이 장에서는 우리나라 교육 환경을 고려하여 학습에 어려움을 겪고 있는 학생을 대상으로 한 개별화교육 방법과 전략에 대해 살펴보았다. 개별화교육이 우리 교육 현장에 자리를 잡고 원활히 이루어지기 위해서는 무엇보다 우리나라 교육과정 운영방식의 변화가 필요하다. 현재 우리나라에서는 모든 학년 학생들이 동일한 목표 아래 동일한 자료를 가지고 동일한 난이도와 속도로 배우고 있으며 동일한 방식으로 평가를 받고 있다. 따라서 국가수준의 교육과정을 마련하는 시점에서부터 학습자의 다양성을 존중하여 개별화교육의 요소를 반영해야 한다. 이를 위해서는 학습자의 다양성을 고려한 다양한 층위의 교육이 이루어질 필요가 있다는 사회적 공감대가 필요하다. 또한 일반학급 차원에서 개별화교육이 이루어지기 위해서는 교사 양성 과정에서 보편적 학습 설계와 차별화 교수 등 학습자의 다양성을 고려하여 교육과정을 다양하게 설계하고 운영하는 방법에 대한 교육이 필수적이다. 국외 선행연구에 따르면 현직 교사를 대상으로 단기간의 차별화 교수 워크숍을 실시하였을 때 차별화 교수 전략과 기술을 실제 수업에서 활용할 수 있음을 보고하였으며 예비교사를 대상으로 차별화 교수를 적용하여 수업 계획을 작성하는 것을 훈련시킨 결과, 계획뿐만 아니라 교수와 평가에서 차별화 교수를 실시할 수 있었다고 하였다(Edwards, Carr & Siegel, 2006; Fleming & Baker, 2002). 따라서 우리나라에서도 이와 관련한 연구들이 지속적으로 실시될 필요가 있으며 그 내용과 결과를 교사들에게 적극적으로 홍보해야 한다.

중재반응모델은 국외에서는 어느 정도 효과가 입증되었으며 우리나라에서도 학습부진 학생을 지원하기 위하여 이와 비슷한 체제를 제시하여 운영하고 있다. 그러나 차이점은 각 단계가 유기적으로 연결되지 못한다는 점이다(이대식 외, 2019). 학습부진 학생들을 위한 프로그램 개발, 심리 정서적 지원, 담당 교사 대상 교육 등에 대한 연구나 지원은 이루어지고 있으나 지도 단계 간 연계, 효과적인 프로그램, 담당 전문가, 개별화교육 방안 등에 대한 논의는 이루어지지 못하였다. 따라서 일반학급에서의 수업, 2단계 소집단 보충 중재, 3단계 개별화된 집중 지도를 어떻게 체계적으로 연계할 것인지 구체화가 필요하며 이를 위해서 담당 전문가 양성 및 일반교육과 특수교육의 협력체계가 우선 조성되어야 할 것이다. 그리고 학습부진학생을 지도하는 방법에 대해서는 많은 연구들이 이루어져왔지만 우리나라 상황에서 가장 효과적인 교수학습방법이나 지원 방법에 대해서는 명확하게 정리된 바가 없기에(이대식, 2017) 이러한 부분에 대한 관심과 연구가 필요하다. 마지막으로 교육사각지대 학습자를 위한 개별화교육을 집중 교육의 7가지 구성요소에 근거하여 어떠한 내용으로 어떻게 실시할 것인지 보다 구체화되어야 할 필요가 있다.

10

○○○○○

교육사각지대학습자를 위한 다층지원체계
(Multi-Tiered System of Support, MTSS)의 실제

황 지 영

(드레이크대학교(Drake University) 특수교육과 조교수)

1. 교육사각지대 학습자 특성 및 다층지원체계

1) 교육사각지대 대상자의 학업 및 행동문제 특성

교육사각지대학습자는 특수교육 대상자는 아니지만, 일반 학교 현장에서 획일화된 교육과정으로는 학생의 요구를 충족시키는 교육적 지원을 받을 수 없는 다양한 유형의 위기 학습자로 정의될 수 있다(김동일 외, 2019). 일반적으로, 교육사각지대학습자는 학습부진 및 학습장애로 인한 학습에서의 어려움과 주의력 결핍 및 부주의와 관련된 ADHD 관련 행동 특성으로 인해 정서행동 문제를 경험하기도 한다(김동일, 2019; 조아영 외 2021). 이처럼 교육사각지대학습자는 복합적 요인으로 인해 학습, 정서 및 행동 등 다양한 영역에서 어려움을 겪고 있다. 교육사각지대학습자가 나타내는 다양한 특성들을 제대로 이해하지 못한다면 이들의 교육적 요구를 충족시키는 적절한 교육적 혜택이 주어질 수 없으며, 교육활동에서 부적응을 경험함으로써 궁극적으로는 심각한 부정적인 교육적 결과를 초래하게 된다. 따라서 교육사각지대학습자의 특성을 바탕으로, 학생 그룹별 특성에 따른 다양한 접근 방식과 맞춤형 프로그램이 필요하다.

교육사각지대학습자의 특성에 관한 연구들은 이들이 나타내는 학습, 사회, 정서 및 행동 영역에서의 문제들 간의 복합적인 연관성을 밝히고 있다(유인화 외, 2021; 최수미 외 2019; 김동일, 2019). 그동안 진행되어 온 연구들은 학생의 긍정적인 상호작용 및 사회적 유능성은 학교생활의 심리적 적응이나 학업수행의 성공을 결정하는 중요한 변인임을 보고하였으며(Rabiner et al., 2016). 또래 상호작용의 어려움은 학업실패로 이어질 가능성이 높음을 밝히기도 하였다. 또한, 사회적 행동 가운데 공격성이 높은 아동은 학교에서 부적응을 겪는 경향이 높은 것으로 나타났으며 학업 수행에도 부정적인 영향을 미친다는 사실을 보고하였다(Ladd & Burgess, 2001). McClelland과 동료들(2000)의 연구에서는 학생의 입학 초기 과제수행행동(mastery behavior)이 향후의 성공적인 학업성취에 가장 중요한 요인임을 밝혔다. McClelland과 동료들(2000)은 과제수행행동을 자신의 행동을 조직하고 조절하여 일련의 과제를 완성하기 위해 자기 지시를 사용하는 능력, 자신의 의견을 적절하게 표현하는 주장성, 갈등상황에서 감정을 적절하게 조절하는 자기통제, 과제나 활동을 할 때 집중하거나 도움을 청하지 않고 성공적으로 잘 완성하는 행동으로 개념화하였다. Lynne Lane과 동료들의 연구(2007)에서도 이러한 과제수행행동이 초등학교 1학년에서의 학업성취를 예측하고 학습이 부진하거나 학교 부적응 등으로 인하여 특수교육을 받기 위한 전문의 상담을 결정하는 가장 중요한 예측변인임을 보고하였다. 안선희와 권희경(2005)의 연구에서도 만 4-5세 유아들의 과제수행행동과 문식성 발달이 상호 연관성이 높은 것으로 나타났다. 즉, 학습관련 사회적 기술이 우수한 유아가 읽기와 쓰기 능력 및 언어이해력 검사에서 높은 평가를 받음에 따라 문식성 발달에 과제수행 행동이 중요하게 작용하고 있음을 알 수 있다. 이러한 연구 결과들을 바탕으로 연구자들은 교차지연모델(Cross Lagged Model)을 활용하여 아동의 학업성취와 과제수행행동 간의 관계성에 관한 종단적 변화를 추적하기도 하였다. 그 결과, 아동의 학업성취과 과제수행행동은 이후 시점의 과제수행행동과 학업성취를 각각 유의하게 예측하였다. 이는 학업과 행동 간의 종단적 상호관계를 입증한 것으로, 학업성취와 과제수행행동의 향상을 위해 두 영역에 대한 복합적인 지원이 중요함을 보여준다.

이처럼 교육사각지대 학습자들은 장기적인 학습부진 및 학습에서의 자신감 저하 등으로 학습 영역뿐만 아니라 사회, 정서 및 행동 영역에서도 복합적인 문제를 경험하고 있다. 특히, 학생 개인별 부진 영역과 상태가 다름을 고려하여 개별 목표에 따른 맞춤형 학습 설계 및 지원이 필요함을 알 수 있다.

2) 공중보건모델에 기반한 단계별 지원 서비스 모델(Tiered Approach to Service Delivery)

교육사각지대 학습자를 포함한 장애 위험 및 장애학생이 나타내는 다양한 학업 및 행동문제를 지원하기 위해 학교현장에서는 위험요인을 식별하여 특정질병 혹은 사회문제를 예방하는 공중보건 모델에 기반한 단계별 지원 서비스 모델을 제공하고 있다(McIntosh & Goodman, 2016). 단계별 지원 서비스 모델에서는 이들의 학업과 행동 문제를 사전에 미리 예방하고 학생의 교육적 요구에 따라 중재 강도를 다르게 제공함으로써 적절한 개입 및 맞춤형 중재를 제공하게 된다. 특히, 과학적이고 객관적인 기초선 검사 및 진전도 점검을 통한 체계적인 학습설계와 데이터를 기반으로 하는 의사결정 및 교수방법 수정을 통해 학생의 학습능력 향상도를 점검하는 학습관리 시스템을 제공한다.

(1) 학업지원 모델-중재반응모형(Response to Intervention: RTI)

중재반응모형(RTI)이란 학생의 교수적 반응에 따라 중재의 강도를 증가시키는 다단계 혹은 다층 중재모형으로, 개개인의 요구에 부합하는 교육과정과 중재의 다양화를 통해 학업적이고 행동적인 문제를 예방하고 치료하는 데 목적이 있다. 중재반응 모형은 학교에서 교육사각지대학습자를 포함한 학습 및 행동 위험 학생들에게 효과적으로 서비스를 전달하고 조정하는 하나의 체계이다. 또한 중재반응 모형은 특정학습장애를 의뢰하고 배치하는 의사결정을 위한 다양한 접근과 관련 자료들을 제공한다(Fletcher & Vaugn, 2009)

(2) 행동지원 모델-긍정적 행동지원 모델(Positive Behavioral Interventions and Supports: PBIS)

긍정적 행동지원 모델(PBIS)은 학생들의 공격행동 등을 포함한 다양한 문제행동의 변화를 위한 긍정적인 행동 지원 시스템을 지칭한다(Office of Special Education Program et al., 2000). 긍정적 행동지원은 Skinner의 행동주의 철학에 근거한 응용행동분석에 토대를 두며, 개별 장애학생의 심각한 문제행동을 위한 중재로 제시되었다. 국외 선행연구에서는 긍정적 행동지원이 일반학교 및 일반학급을 대상으로 장애학생뿐만 아니라 일반학생까지 중재 대상의 범위를 넓혀서 제공되었으며, 문제행동 예방에 효과적이었음을 입증하였다(Metler et al., 2001; Turnbull et al., 2002). 긍정적 행동지원 모델에서는 중재대상의 범위 및 지원 수준에 따라 보편적 지원(학교 차원), 그룹 지원(학급 차원), 개별 지원으로 서비스가 제공된다.

표 10-1 중재반응모형 내 교수지원 단계

지원 단계	보편적 핵심 지원 단계(tier 1)	집중적 보충 지원 단계(tier 2)	개별적 고강도 중재 단계(tier 3)
교수 및 중재 접근	종합적인 연구 기반 교수 프로그램	표준화된 소규모 집중 교수 프로그램	학생 진단 검사 결과에 기반한 개별화 중재 프로그램
교수 형태	학급 내 모든 학생 (혹은 여러 소규모 집단)	소집단 (3-7명)	개별 (3명 미만)
진전도 점검 주기	학기당 1회	매달 1회 이상	매주

대상	모든 학생	낮은 학업성취 및 문제 행동을 보이는 학생(하위 15-20%)	지속적으로 심각한 학업성취 및 문제행동을 보이는 학생

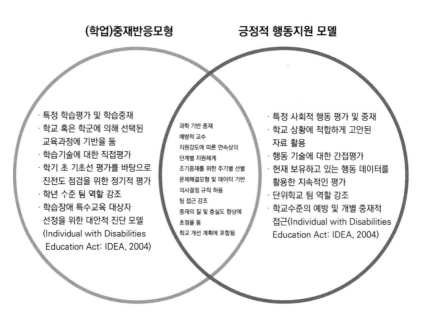

그림 10-1 학업 중재반응모형과 긍정적 행동지원 모델의 공통점 및 차이점

출처: Sugai, Horner, 2009

(3) 학업 및 행동 영역의 통합적 지원: 다층지원 체계(Multi-Tiered System of Supports: MTSS) 및 통합적 다층지원 체계(Integrated Multi-Tiered System of Supports: I-MTSS)

① 다층지원 체계(MTSS) 및 통합적 다층지원 체계(I-MTSS)

최근에는 학생의 학업 및 행동문제의 연관성을 고려하여, 각 영역에 대한 구분된 지원을 제공하기보다 학업 및 행동문제 영역 간의 통합적이고 다차원적인 접근에 대한 필요성이 제기되었다. 즉, 학업 및 행동 영역에 있어서 중재반응모형 및 긍정적 행동지원 모델에 관한 효과성이 널리 입증되면서, 두 모델을 응집력 있는 단일한 시스템으로 통합할 수 있는 방법에 대한, 소위 MTSS(Sugai &

Horner, 2009)라고 일컬어지는, 비공식적인 논의가 이루어져 왔다. 몇몇 학자들은 MTSS를, 단순히 특수교육 적격성 결정과정으로 'RTI'를 한정적으로 개념화하는 것과는 반대로, 특정 교과 영역(예: 읽기, 수학 등) 내에서, 다층모델 내의 교수 및 중재, 평가, 그리고 의사결정 과정을 통합하는 종합적인 접근 방식으로 묘사해왔다. 이러한 구분은, 대개 학교 심리학자들에 의해 주도되는 특정 교육적 의사결정 과정과는 반대로, 좀 더 넓은 맥락에서의 교육에 대해 관심을 가지고 초점을 맞출 수 있도록 해준다(Baker, Fien, & Baker, 2010). 그러나 이 책에서 사용되는 MTSS라는 용어는 다양한 영역(학업, 행동, 사회–정서) 혹은 다양한 교과내용 영역(읽기, 수학, 쓰기)을 다루기 위해 응집력 있고 전략적인 방식으로 다양한 다층 시스템들(중재반응모형, 긍정적 행동지원 모형)을 하나의 단일 시스템으로 통합하는 방식을 일컫도록 사용되었다. MTSS란 학생 중심의 총체적 지원 시스템으로, 모든 학생들이 동일한 교육과정을 제공받으며, 학생 학업 및 행동 영역에서 긍정적인 성과를 낼 수 있도록 학생들의 능력과 수준에 적합한 학습 기회가 제공되며, 동시에 개별 학생의 독특한 요구를 만족시킬 수 있도록 교육 환경을 제공하는 학교 혁신 모델이다(Freeman, Miller, & Newcomer, 2015). 다층지원시스템은 단순히 중재반응모형과 긍정적 행동 지원 모델 두 모형을 결합한 것을 넘어, 모든 학교 시스템의 효과성 및 효율성을 강화하기 위해 두 모형을 전략적이고 체계적인 방식으로 통합하는 방식을 취한다. 특히, 학업에 어려움을 나타내는 학생들은 정서 및 행동문제 또한 동시에 가지고 있을 확률이 높으며, 학업과 행동 영역 간 통합 중재 지원의 중요성과 행동 중재가 가지는 시너지 효과(crossover effect)를 강조하는 연구들이 다수 보고되면서, 이러한 맥락에서 최근, 통합된 학업 및 행동지원을 통해 장애가 있거나 위험에 처한 학생을 포함한 모든 학생의 성취를 향상시키기 위한 포괄적이고 공평한 예방 프레임워크로 통합적 다층지원체계(I–MTSS) 또한 소개되고 있다(Mclontosh & Goodman, 2016). 다층지원체계는 다양한 영역에 걸쳐 학생의 교육적 요구에 부합하는 질 높은 양질의 교수 및 중재를 제공하는 것과 교수 목표 수정 및 조정에 관한 의사결정을 위한 지속적이고 빈번한 진전도 점검을 강조한다. 앞서 언급한 것과 같이, 해당 챕터에서 사용되는 MTSS는 I–MTSS의 개념을 포함하는 개념으로 사용되었다.

　다층지원 체계의 구성요소는 다음과 같다. 첫째, '모든 학생을 위한 양질의(고

품질) 차별적 교수' 제공이다. 각 지원 단계에서 제공되는 교수 및 중재는 학습자의 다양한 교육적 요구를 바탕으로 차별화되어야 하며, 보편적 교수학습 설계(Universal Design for Learning, UDL)와 같은 증거기반 교수 및 전략을 사용하는 자격을 갖춘 교사에 의해 실시되어야 한다. 둘째, '체계적이고 지속 가능한 변화'이다. 이를 위해서는 학급, 학년, 학교 및 학군 수준에서 지속적인 개선 과정에 대한 협력과 합의가 필요하다. 셋째, '통합적 데이터 시스템'이다. 학교와 학군 관련 직원들은 학교별 선별, 진단, 및 지속적인 진전도 모니터링, 교사 관찰 및 다층지원 체계 개선을 위한 학부모 설문조사 등을 포함하는 통합 데이터 수집 시스템을 필요로 한다. 마지막은 '긍정적 행동 지원'이다. 학교 및 학군 소속 직원들은 학생의 학업성과 및 사회 정서적 발달과 정신건강을 지원하기 위해, 서로 협력하여 학급 및 학교 차원의 연구기반 긍정적 행동 지원 중재를 선택하고 실행해야 한다.

② 중재반응모형과 다층지원체계

앞서 언급한 바와 같이, 중재반응모형이란 특수교육서비스 적격성 결정을 위해 대상학생이 과학적으로 증명된 연구기반 교수 및 중재에 반응하는지의 과정을 살펴보는 것이다. 최근 미국 장애인 교육법이 수정되면서, 학습장애 진단에 사용되던 불일치 모형이 아닌 중재반응모형 또한 고려할 수 있게 되었다. 학습장애의 진단 패러다임이 표준화된 지능검사인 성취검사의 개인내차 모형이 아니라 교사중심의 문제해결모형으로 변화되었기 때문이다. 즉, 중재반응모형은 학교에서 어려움을 경험하는 학생들을 초기에 확인하고 적절한 교수적 중재를 제공하여 학생들이 성공적으로 일반학급에 계속적으로 배치될 수 있도록 하기 위한 교수/평가/중재의 연속적인 과정이며 개별화된 종합평가라고 볼 수 있다. 따라서 중재반응모형의 주요 목적은 조기선별, 예방 및 중재 그리고 장애 판정이라고 할 수 있다.

한편, 다층지원체계는 지속가능한 전반적인 학교 개선에 초점을 맞춘 교육 시스템 변화 패러다임이다. <그림 10-2>는 중재반응모형과 다층지원체계의 유사점과 차이점을 보여준다. 즉, 다층지원체계는 학습장애를 포함한 특수교육 대상자 적격성 판정 및 배치를 결정하는 대안적 적격성 과정이 아닌, 일반 교육적

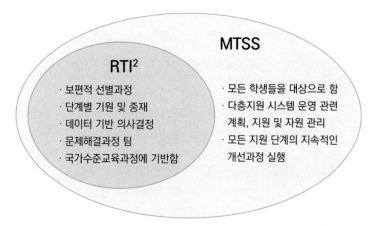

MTSS

RTI²
· 보편적 선별과정
· 단계별 기원 및 중재
· 데이터 기반 의사결정
· 문제해결과정 팀
· 국가수준교육과정에 기반함

· 모든 학생들을 대상으로 함
· 다층지원 시스템 운영 관련
  계획, 지원 및 자원 관리
· 모든 지원 단계의 지속적인
  개선과정 실행

그림 10-2　중재반응모형과 다층지원체계와의 관련성

맥락에서의 모든 학생들의 학업적 성취와 발달에 초점을 맞춘다. 다층지원 시스템은 학급 및 학교 내 모든 학생들을 대상으로 학업뿐만 아니라 사회, 행동 및 정서적 발달을 포함한 전반적인 영역에서의 지원을 제공하며, 학생뿐만 아니라 학생에게 교육을 제공하는 교사 교육 및 지원에도 초점을 맞추고 있다. 또한 다층지원체계는 학급 및 학교에서 제공되는 교수적 실제, 관련 정책 및 프로그램이 교실, 학교 및 학군 수준의 목표나 방향에 부합될 수 있도록 하며, 각 지원 단계 내에서 다양한 전문가들의 협력을 통한 지속적인 개선과정(continuous improvement)을 통하여 궁극적으로는 학교 내 모든 학생들의 요구를 해결하는 보다 광범위한 접근 방식을 가진다. 무엇보다 다층지원체계는 중재반응모형과 마찬가지로 조기개입 및 중재에 중점을 두고 있지만 중재반응모형에 비해 학업 및 행동문제의 예방에 더욱 초점을 맞추고 있다.

③ 지속적인 개선 사이클(cycle)

지속적인 개선 사이클은 증거기반 교수를 적용하는 학교 및 학군의 평가 역량 구축을 위한 프로세스이다. 지속적인 개선 사이클 5단계는 다음의 <표 10-2>와 같다.

표 10-2　지속적인 개선 사이클 5단계

단계	내용
1. 학습 및 행동기술 요구 분석	학생의 학업 및 행동 영역에서의 현재 수행 수준 및 향후 요구되어지는 기술은 학생 평가 혹은 현재 사용 가능한 다양한 형태의 자료들을 통해 확인할 수 있다.
2. 교수 및 중재 선택	중재 프로그램은 연구 증거에 기반을 두어야 하며, 중재가 제공되는 환경 및 상황을 전체적으로 고려해야 한다.
3. 중재 실행 계획	중재를 실행하기 위해서는 시간과 자원, 그리고 관련 요소들에 대한 적절한 훈련을 필요로 한다. 중재 실행 계획 단계에서는 중재의 결과를 측정하기 위한 평가 도구를 선택할 뿐만 아니라 교수 및 중재 선택 단계에서 최종적으로 선택된 중재가 효과적인 방식으로 실행될 수 있는지에 대한 실제 가능성 또한 고려해보아야 한다.
4. 중재 실행 및 조정	중재를 실행하는 과정에서, 중재가 본래의 의도와 목적에 부합하여 충실히 제공되었는지에 관한 지속적인 점검이 이루어져야 한다. 이러한 평가는 중재가 모든 학습 상황에서 잘 적용될 수 있도록 하여 학습 및 행동 수행에 있어 긍정적인 효과를 이끌어낼 수 있다.
5. 평가 및 점검	평가 및 점검 단계에서는 중재 과정 및 결과를 문서로 기록하여 이에 대한 논의가 이루어질 수 있도록 해야 한다. 예를 들면, 중재 제공에 따른 학생의 성취 결과를 평가하고 해당 중재 제공과정에서 알게 된 학생 및 중재 관련 정보들을 검토함으로써 보다 효과적으로 다음 중재 제공단계를 실행하게 된다.

그림 10-3　지속적인 개선 사이클 과정

지속적인 개선 사이클의 효과적인 실행을 위한 교육 및 연수 프로그램에 포함되어야 할 필수 요소들은 다음의 <표 10-3>과 같다.

표 10-3 지속적인 개선 사이클 필수 요소

지역적 맥락 (Local context)	증거기반 교수가 제공되는 학교 및 학군 등의 지역적 맥락을 고려하는 것은 매우 중요하다. 증거기반 교수는 모든 학교 및 학군에서 항상 보편적으로 적용할 수 있는 것이 아니며, 중재가 제공되는 교육 환경 및 맥락 등은 학생들에게 실제적으로 어떤 교수 및 중재가 제공될 수 있는지를 결정하는 데 도움이 되는 정보를 제공한다.
네트워킹 (Networking)	네트워킹은 중재가 다양한 상황과 맥락에서 어떻게 사용되는지 알아보고 중재 제공자에게 관련 정보를 제공하는 지역 전문가와 소통할 수 있는 좋은 방법이다. 대학기관 연구자들은 중재 프로그램 전문가로써 그리고 협업을 위한 좋은 자원이 될 수 있다.
협업 (Collaboration)	협업은 중재 선택 및 실행과 관련한 아이디어를 공유하는 데 핵심 역할을 한다. 정보를 공유하고 다른 상황에서 효과적으로 적용되는 중재들에 관한 정보들은 기존에 가지고 있는 지식과 데이터베이스를 확장시키는 유용한 방법이다.

2. 국내외 관련 효과성 연구

먼저, 국외의 경우, 다층지원시스템은 관련 교육정책 입안자들에 의해 가장 우선적으로 지지 및 지원되어지는 정책으로, 현재 미국의 모든 학교마다 활발하게 적용되어지고 있으나, 여전히 다층지원시스템의 정의 및 실행방법에 있어서는 각 학교 혹은 주(state) 별로 다양한 차이가 존재한다. 더욱 중요한 사실은, 통합 다층지원시스템의 실행이 학생의 긍정적 성과를 이끌어낸다는 연구적 증거가 여전히 제한적이라는 점이다. 기존의 대부분의 연구들은 다층지원시스템의 개별 요소들(예: 선별, 진전도 점검, 단계별 교수, 데이터 기반 의사결정) 초점을 맞추어 이에 관한 효과성을 밝히는 연구들이었으며, 특정 요소들을 포괄하는 다층지원체계 자체에 관한 연구는 거의 부족한 실정이다. 먼저, 중재반응모형 효과성에 관한 연구들은 해당모형의 개별 구성 요소의 효과성을 입증하는 방향으로 이루어져 왔다. 예를 들면, 교사의 학업 위험 학생 선별 및 진전도 점검, 단계별 교수의 실행은 전체 학생들의 읽기 능력뿐만 아니라(Gersten et al., 2009) 저소득층 가정의 자녀(Rolfhus, Gersten, Clarke, Decker, Wilkins, & Dimino, 2012), 이중언어 학습자(Gil & Woodruff, 2011), 그리고 장애 학생들과 같은 특정 집단의 학습 성과 또한 향상시키는 것으로 나타났다(Al Otaiba & Fuchs, 2006). 다층지원체계 내에서 제공되는 단계별 읽기 교수(O'Connor, Bocian, Sanchez, & Beach, 2014; Roberts, Vaughn, Fletcher, Stuebing, & Barth, 2013; Wanzek, Vaughn, Scammacca, Gatlin, Waker, & Capin, 2015) 및 수학 교수(Baxter, Woodward, & Olsen, 2001; Bryant et al., 201; Gersten et al., 2009; Hunt, Valentine, Bryant, Pfannensteil, & Bryant, 2015; Witzel, Riccomini, Schneider, 2008) 또한 학생들의 긍정적인 학습 성과를 이끌어낸다는 많은 연구 결과들이 보고되었다. 현재 National Center on Response to Intervention(NCRTI)에서 제공하는 증거기반 선별 및 진전도 점검 도구 및 교수적 중재와 관련된 정보들은 앞서 언급한 중재반응 모형의 개별 구성 요소들의 효과성에 관한 연구들을 기반으로 한 엄격한 검토를 거친 것이다(https://intensiveintervention.org/about-charts-resources).

이와 유사하게, 긍정적 행동 지원 모형 또한 해당 모형의 개별 구성 요소와 개별 학생 또는 학급 및 학교 단위의 학습 결과 간의 직접적인 연관성을 확인하기 위한 수많은 실험 연구의 주제였다(Horner, Sugai, & Lewis, 2015). 예를 들어, Horner과 그의 동료들은(2015) 15편의 무선 할당 실험 연구에서 문제행동 예방에 초점을 둔 1차 보편적(예방) 지원(예: 학교 내 모든 성인이 학교 내 모든 학생들에게 적절한 기대행동 지도 및 일관된 강화체계 적용)이 학교 보건, 학교 안전에 대한 인식(Horner et al., 2009; Sprague et al., 2002), 학생의 학업 및 행동(Horner et al., 2009), 그리고 실행에 대한 충실도(Bradshaw et al., 2008; Bradshaw, Mitchell, & Leaf, 2010)에 긍정적인 영향을 미친다는 사실이 입증되었음을 보고하였다(Bradshaw, Koth, Bevens, Ialongo, & Leaf, 2008; Bradshaw , Koth, Thornton, & Leaf, 2009).

한편, 국내에서도 중재반응 모형 적용을 통한 학습장애 위험 아동 및 교육사각 지대 학습자의 효과적인 교육적 지원에 관한 연구가 활발하게 이루어지고 있다. 특히, 읽기와 수학 영역의 다양한 중재 사례 연구들을 통해 한국 학교 교육환경에서의 학교 기반 중재반응 모형의 적용 가능성에 대한 탐색의 노력이 끊임없이 이루어지고 있다. 먼저, 수학 교과 영역과 관련하여, 김동일 외(2020)의 연구에서는 단위 학교 내 수학학습장애 위험 아동으로 선별된 저학년 학생들에게 집중

지원 단계의 초기수학 중재 프로그램을 제공하고, 이들의 수행에 관한 지속적인 진전도 점검을 실시하였다. 그 결과 학생들의 초기수학 전체점수 및 하위영역 능력에 유의한 향상이 있음을 확인하였다.

다음으로, 읽기 교과 영역과 관련하여서는, 김동일과 김희주(2019)의 연구에서는 읽기 부진 및 난독증 위험 학생들을 대상으로 집중 지원 단계의 읽기 유창성 및 읽기이해 중재 프로그램을 제공하고, 이들의 읽기 수행에 관한 변화를 살펴봄으로써 읽기 교과 내 중재반응모형 적용의 효과성을 입증하고자 하였다. 연구 결과, 중재를 제공받은 학생들 중 모델링을 통한 읽기 습득, 긍정적인 변화에 대한 인식, 활동의 역동성과 흥미, 가정과의 연계 및 지원 요인에 있어 높은 점수를 나타난 학생들의 읽기 수행에 유의한 향상이 있는 것으로 나타났다. 뿐만 아니라, 김동일 외(2017)는 난독증 학생에 대한 교육적 진단 및 효과적인 중재 적용에 있어 중재반응 모형의 적용 가능성을 탐색하였다. 해당 연구에서는 중재반응모형 내 읽기 유창성 영역에 어려움을 보이는 초등학생들을 대상으로 개별 지원 단계의 개별화 읽기 유창성 중재 프로그램을 제공하였으며, 학생들의 수행에 관한 지속적인 점검 및 분석을 토대로 최종적으로 잠재적 난독증 집단을 분류하였다.

종합적으로, 이러한 모든 중재 관련 사례 연구들은 읽기 및 수학 교과 영역에서의 중재반응모형 적용 가능성을 입증하고 있는 것으로 볼 수 있으며, 실제 학교기반 중재반응모형 적용 및 접근 방향을 계획할 때 활용할 수 있는 기초자료를 제공하고 있다는 점에서 의의를 가진다.

3. 다층지원체계 구성요소

다층지원시스템은 다음의 네 가지 구성요소를 포함한다(<그림 10-4> 참고): (1) 다층예방적 시스템, (2) 보편적 선별, (3) 진전도 점검, (4) 데이터 기반 의사결정.

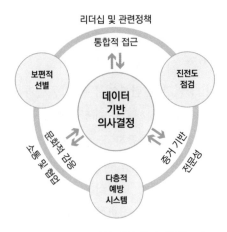

그림 10-4 다층지원체계 구성요소

1) 다층 예방적 시스템(Multi-Level Prevention System)

(1) 보편적 핵심 지원단계(Tier 1)

보편적 지원단계의 핵심은 일반교육 내에서 모든 학생들의 학습을 최적화하고 가능한 한 조기에 학습 및 행동문제를 예방하는 것이다. 따라서 보편적 지원단계에서 제공되는 교수는 개별 학생의 특정영역에서의 문제를 다루기보다, 모든 학생들의 전반적 영역에서의 성공을 최대화하기 위한 목적으로 고안된 교수 방법을 의미한다. 이러한 관점에서, 보편적 지원단계에서는 학생들이 학업, 사회 및 정서적 영역에서의 능력을 향상시키기 위해 필요한 기술들을 최대한 빠르고 효과적으로 발달시킬 수 있는 증거기반의 양질의 보편적 핵심 교수(High-quality tier 1 core instruction)를 구분하고 적용하는 것이 매우 중요하다. 보편적 지원 단계에서 제공되는 양질의 학습 및 행동 관련 보편적 핵심 교수 원리와 예시는 다음의 <표 10-4>와 같다.

양질의 보편적 핵심 교수는 학생들의 교육적 요구에 적합하게 차별화 및 스캐폴딩되어야 하며, 학생들로 하여금 새로운 학습 개념 및 기술들을 명시적으로 관찰하고 교사의 지도 아래 혹은 독립적인 연습기회를 충분히 제공할 수 있어야 한다. 또한 보편적 지원단계에서는 학업, 사회 및 정서적 영역에서의 위험 학생들을 선별하기 위해 발달적으로 적합한 보편적 선별 검사도구를 사용하며, 이를 통해 얻어진 검사결과는 교사의 향후 학습 및 교수계획에 활용될 수 있도록 해야한다. 구체적으로, 보편적 핵심 교수에는 효과적인 학급 운영 관리 및 지도, 적극적인 학생 참여 촉진, 긍정적 행동지원 등이 포함된다. 특히, Council for Exceptional Children(CEC)에서는 보편적 지원 단계에서 통합교육 환경 내 일반학생뿐만 아니라 장애 위험 및 장애학생을 포함한 모든 학생들을 효과적이고 효율적으로 교수하기 위한 전략으로 교사들을 위한 고빈도 활용 교수적 관행 및 실제(High Leverage Practice: HLP; Windschidtl et al., 2012)를 소개하고 있다, 고빈도 활용 교수적 관행 및 실제는 보편적 지원단계에서 일반교사에 의해 사용될 수 있는 기본적이면서도 효과적인 전략으로 향후 집중 지원 단계 및 고강도 지원 단계에서 교수를 강화하는 과정에서도 활용될 수 있다. 고빈도 활용 교수적 관행 및 실제의 몇가지 예시들은 다음과 같다.

✓ 학생 평가 결과 및 교사 수업방식 분석을 바탕으로 한 교수적 수정
✓ 명시적 교수 제공(HLP1/CEC HLP 16)
✓ 적극적인 학생 참여 촉진 전략 사용(HLP10/CEC HLP 18)
✓ 충분한 학습 기회 및 긍정적이고 건설적인 피드백 제공(HLP16/CEC HLP 22)
✓ 인지 및 메타인지 전략 교수(HLP 5&6/CEC HLP 14)
✓ 체계적으로 고안된 스캐폴딩(scaffolding) 및 단계적 교수(HLP 13/CEC HLP 12 and 15)
✓ 학습 보조 기술 및 도구 활용(HLP 19)

표 10-4 보편적 핵심 교수 원리 및 예시

원리	설명	읽기 교수 예시	행동 교수 예시	통합적 지원 예시
핵심 아이디어 (Focus on Big Ideas)	핵심 아이디어 및 구성요소에 집중하기	음운인식 철자 원리 유창성 어휘 이해력	사회정서 학습 자기인식 자기관리 사회적 인식 대인관계 기술 의사결정 기술 학교차원 기대 행동 안전 존중 책임	기대행동을 구체적인 학습상황에 연결시키기('책임'과 관련된 기대행동의 의미를 '학습상황에 적극적으로 참여하기'로 확장시키기)

명확한 전략 (Conspicuous Strategies)	직접적이고 명시적으로 전략 교수하기	개별 철자의 발음을 가르친 후, 전체 단어의 발음을 위해 개별 철자의 발음을 통합하여 가르치기	다양한 예시들을 통한 기대행동 및 대처행동에 대한 명확한 교수	학습 참여 기술에 대한 직접이고 명시적인 교수
비계 조절 (Meadiated Scaffolding)	촉진 제공 및 점진적 감소	개별 철자를 가리킨 후 단어를 구성하는 모든 철자를 빠르게 연속적으로 가리키기	정반응에 대한 촉구로 기대행동 상기시키기	학습상황 내 기대행동에 대한 촉진 제공
전략 통합하기 (Strategic Integration)	이전에 배운 지식을 새롭고 복잡한 내용 및 상황에 적용하기	유창성을 촉진시키기 위해 음운인식과 철자원리를 결합시킴	새로운 상황에서의 기대행동에 대한 교수	사회적 상호작용 상황(상황 단서 발견하기, 의미 파악하기)에 적용하기 위해 읽기 문제 해결과정에서 배운 전략을 활용하도록 가르치기
배경지식 활성화 (Primed Background Knowledge)	현재의 학습 내용을 이전의 지식과 경험과 연결시키기	학생의 현재 어휘력과 이해력을 새로운 어휘 학습에 연결시키기	찬사회적 행동의 중요성에 대하여 학생의 이전 경험 활용하기	배경지식으로서 특정 영역에서 배운 이전의 개념들(예: 책임의 중요성과 관련된 이야기 내용)을 새로운 영역(예: 사회적 상황에서 책임의 중요성)에 연결시키기
신중한 검토 (Judicious Review)	학습 지식과 기술에 대한 계획적이고 주기적인 점검	각 교수회기의 마지막 단계에서 학습한 어휘를 복습하고 주기적으로 평가하기	기대행동에 대한 주기적 평가	학습 및 행동 기술에 대한 통합적 평가

보편적 지원단계는 다층 예방적 시스템에서 가장 기본적이자 중요한 첫 예방 단계에서의 교수라고 볼 수 있으며, 따라서 교수 내용 및 과정의 지속적인 평가 및 점검을 통해 보편적 핵심 교수의 질을 높은 수준으로 유지할 수 있도록 해야 한다. 예를 들어, 학습, 사회 및 정서적 영역에서의 기대 성취수준에 도달하지 못한 학생들이 전체 학급의 20% 이상인 경우를 가정해보자. 보편적 지원단계에서 제공되는 효과적인 양질의 보편적 핵심 교수는 대략적으로 전체 학급 학생의 80%의 교육적 요구를 충족시킬 수 있도록 고안되었으며, 이를 고려할 때 교사는 본인이 제공한 보편적 지원 교수가 양질의 효과적인 교수를 위한 요소들을 충분히 갖추었는지 점검 및 평가할 필요가 있다. 예를 들면, 학교 관리자, 일반교사, 특수교사, 상담사, 부모, 학생 등으로 구성된 학교 리더십 팀(School leadership team) 구성원들과 함께 전체 학교 단위 선별검사 결과, 교수 충실도 루브릭 등을 활용하여 보편적 핵심 교수가 본래의 목적과 의도에 부합하게 실행되었는지, 보편적 핵심 교수의 강점 및 보완해야 할 점 등에 관해 논의해볼 수 있다. 다음의 <표 10-5>는 양질의 핵심교수를 평가하기 위한 예시 질문문항들이다.

표 10-5 핵심교수 평가 예시 질문 문항

✓ 보편적 핵심교수가 제공되었을 때 대략 몇 퍼센트의 학생이 학습, 사회 및 정서적 영역에서의 기대 성취 수준을 달성하였는가?
✓ 학생이 속한 학급 및 학교의 환경 및 분위기가 학습에 도움이 되는가?
✓ 양질의 교수 및 학습이 보장될 수 있도록 교육 시스템이 구축되어 있는가?
✓ 문화적으로 다양한 학생들의 특성을 반영한 문화감응교수법(Culturally responsive teaching)이 실행되고 있는가?

(2) 집중적 보충 지원 단계(Tier 2)

집중적 보충 지원 단계의 중재가 필요한 대상자를 선별하는 과정은 대개 학교 단위에서 실시되는 신뢰도 및 타당성을 갖춘 선별검사 결과의 검토를 통해 이루어진다. 일반적으로, 집중적 보충 지원 단계 중재 대상자로 선별된 학생의 비율은 학교의 집중적 보충 지원 단계 시스템 운영 및 관리 능력에 좌우된다. 집중적 보충 지원 단계 팀은 타당성이 입증된 선별 과정을 통해 해당 지원단계의 중재 대상자를 선별한다. 집중적 보충 지원 단계 팀은 해당단계의 중재 대상자의 과잉선별을 막기 위해 다음과 같은 사항을 고려한다.

✓ 선별검사결과를 통해 전체 학생의 20% 이상이 위험군으로 선별되었다면, 보편적 핵심 교수가 본래의 목적과 의도에 부합하게 실행되었는지 등과 같은 근본적인 평가를 실시 해야 한다.

✓ 집중적 보충 지원단계의 중재 대상자를 선별하기 이전에, 해당 학교에서 해당 단계의 지원을 효과적으로 제공할 수 있는 학생의 수를 결정해야 한다.

집중적 보충 지원단계 팀에 의해 해당단계의 중재 대상자가 선별되고 나면, 팀은 선별된 학생들에게 적절한 중재가 타당하게 제공되고 있는지에 초점을 맞추게 된다. 집중적 보충 지원 단계 중재 대상자 선별과정에 관한 지속적인 개선 및 향상을 위한 노력으로, 팀은 집중적 보충 지원단계 실행과정에서 다음과 같은 사항들을 고려하게 된다.

✓ 학생의 진전도 점검 결과는 현재 학생이 제공받고 있는 집중적 보충 지원 중재보다 상 대적으로 강도가 낮은 교수가 제공되는 보편적 핵심교수단계로의 이동을 나타내고 있 는가?

✓ 학생의 진전도 점검 결과는 초기에 집중적 보충 지원 중재 대상자로 선별되지 않았던 학생이 현재는 해당 중재가 필요함을 나타내고 있는가?

✓ 위의 모든 결과들은 집중적 보충 지원단계 중재 대상자 선별 과정이 효과적이고 효율적 이었음을 보여주는가?

✓ 집중적 보충 지원단계 중재 대상자 선별 과정의 타당성과 효율성을 높이기 위한 방법은 무엇인가?

아래의 <그림 10-5>는 서로 다른 학교에서 각 단계별로 효과적인 지원이

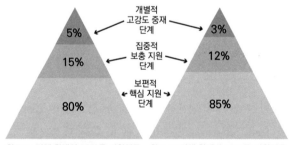

그림 10-5 학교 재정에 따른 다층지원체계 내 각 단계별 지원 가능 학생 비율

가능한 학생의 비율을 보여주고 있다. 학교의 집중적 보충 지원 단계 시스템 운영 및 관리 능력을 이해하는 것은 어느 정도의 학생들이 효과적으로 지원받을 수 있는지에 관한 집중적 보충 지원 단계 팀의 의사결정을 돕는다.

일반적으로, 학생들이 나타내는 학업 및 행동 특성은 크게 네 가지의 경우로 나누어 볼 수 있다. 첫째, 학업 및 행동 두 영역 모두에서 적응적인 발달을 보이는 경우, 두 번째, 학업 영역에서만 현저히 낮은 수준의 성취를 보이는 경우, 세 번째, 행동 영역에서만 현저히 높은 수준의 문제행동을 나타내는 경우, 마지막으로 학업 및 행동 두 영역 모두에서 부적응적인 발달을 보이는 경우이다. 다층지원체계 내 보편적 핵심 교수 단계 이상의 지원을 필요로 하는 학생들은 대개 학업 및 행동 두 영역 중 한 가지 이상의 영역에서 유의한 수준의 어려움을 나타낸다. 이러한 학생들의 경우, 학습중재 및 행동 중재를 독립적으로 제공하는 것보다 학습 및 행동을 결합한 통합적 중재를 제공하는 것이, 독립적으로 제공했을 때보다 두 영역 모두에서 더욱 긍정적인 시너지 효과를 나타내는 것으로 드러났다.

① 집중적 보충 지원 단계의 올바른 평가지표(Are you on the right path?)

학교는 다층지원시스템 내 집중지원 단계에서 연구에 의해 타당성이 입증된 중재 프로그램을 사용하여 소규모 집단의 학생들에게 표준화된 방식의 학업, 행동, 사회 및 정서적 지원을 제공한다. 아래의 <표 10-6>은 집중적 보충지원 단계의 10가지 평가지표에 대해 소개하고 있다.

표 10-6 집중적 보충 지원 단계 평가 지표

1	중재 설계 및 제공 방식이 표준화되어 있다.
2	높은 수준의 충실도와 함께 증거기반 교수 실제를 사용한다.
3	전체 학생 집단의 하위 15-20%를 대상으로 한다.
4	적절한 훈련을 제공받은 관련 직원에 의해 중재가 제공된다.
5	보편적 핵심 교수와 함께 추가적으로 제공된다.
6	일반적으로 3-7명의 소규모 집단 형태로 제공된다.
7	보편적 교수 단계에 비해 가족 개입 및 학교와 가족 구성원 간의 의사소통 빈도가 높다.
8	규칙적으로(예: 매주, 매달)학생 수행에 관한 진전도를 점검한다

9	보편적 핵심 교수에 비해 특정 기술에 관한 연습 및 교사의 피드백 제공 기회가 증가한다.
10	집중 지원 단계에서 제공되는 중재는 중재 개발자에 의해 정의된 중재 제공 횟수, 빈도 및 기간을 따른다.

② 학생/교사 지원 팀(Student/teacher support team: SST) 의뢰

집중적 보충 지원 단계의 교수가 제공되었음에도 불구하고, 진전도 점검 결과에서 학생의 수행에 관한 적절하고 충분한 성장이 이루어지지 않는 것으로 판단되면 교사는 학생의 고강도의 개별적 지원을 위해 학생/교사 지원 팀으로 의뢰를 해야 한다. 예를 들어, 미시시피 주에서는 미시시피주 선별검사를 통해 다음과 같은 결과를 나타내는 학생들에 한해 첫 출석일로부터 20일 이내에 학생/교사 지원 팀에 의뢰하도록 규정하고 있다.

✓ 유치원 및 초등학교 저학년: 해당 학년으로부터 한 학년 미만의 수행수준을 나타낸 경우, 초등학교 고학년: 해당 학년으로부터 두 학년 미만의 수행수준을 나타낸 경우

✓ 해당 학년으로부터 연속적인 두 학년으로의 진급에 실패하거나 해당 학기에 20일 이상 정학 및 퇴학을 당한 경우

✓ 초등학교 고학년에서 이루어지는 국가수준 학업성취도 검사에서 학생의 해당 학년 수준에서 요구되어지는 성취수준에 도달하지 못한 경우

(3) 개별적 고강도 중재 단계(Tier 3)

개별적 고강도 중재 단계에서는 전체 학생 집단의 1-5%에 해당하는 장애 학생 및 심각하고 지속적인 학습 그리고/혹은 행동 문제를 나타내는 학생의 개별적 요구를 충족하도록 설계된 집중적인 중재가 제공된다. 개별적 고강도 단계에서 제공되는 중재는 학생의 평가 데이터(예: 선별검사 결과, 시력 및 청력 검사, 진단 평가, 진전도 점검 결과 등) 및 해당 학년 교육과정에 맞추어 조정된다. 개별적 고강도 중재는 증거 기반 중재여야 하고, 명시적이고 체계적으로 가르쳐져야 한다. 또한 중재를 실행하는 과정에서 충실도에 관한 지속적인 모니터링이 이루어져야 한다. 개별적 고강도 중재는 학생의 개별화 계획에 따라 제공되어야 하며, 해당 중재 개발자에 의해 보고되어진 중재 내용, 환경 형태, 횟수 및 빈도 등에 맞추어

제공되어야 한다.

특히, 데이터 기반 개별화(Data-based Individualization)는 학업 및 행동 영역에 집중적인 개입을 제공하는 타당성이 입증된 방식이다. 데이터 기반 개별화는 특정 중재 프로그램이 아니라 강도 높은 중재 및 개별화 교수, 그리고 맞춤형 지원으로 특징지어지는 데이터를 기반으로 하는 총체적인 과정이라고 볼 수 있다. 데이터 기반 개별화 과정을 실행하는 교육자들은 중재에 대한 학생의 반응을 향상시키기 위해 중재의 강도를 높이는 중재 조정 단계를 거치게 된다. 중재 조정 단계에서 교사는 중재 강도 분류 체계라는 교수적 플랫폼을 활용하여 학생에게 제공되는 중재의 강도를 계획하고 평가하게 된다. 학습 및 행동 중재 강도 분류 체계의 7가지 분류 차원은 각각 다음의 <표 10-7>, <표 10-8>과 같다. (1) 강도, (2) 용량, (3) 일치도, (4) 학습전이, (5) 이해, (6) 학습/행동 지원, (7) 개별화.

표 10-7 학습 중재 강도 분류체계

분류	정의
강도 (Strengnth)	학습 중재 프로그램이 고강도의 개별적 지원이 필요한 학생들에게 얼마나 효과적인지는 효과크기(effect size)로 나타낼 수 있다. 효과크기가 .25 이상인 경우 해당 중재 프로그램은 학생의 긍정적인 성과를 이끌어내는 효과적인 중재 프로그램으로 간주된다, 효과크기가 .35에서 .40 사이인 경우 보통 수준, .50 이상의 경우 높은 수준의 효과를 나타내는 중재 프로그램으로 해석할 수 있다.
용량 (Dosage)	학습 중재 프로그램 내에 포함되어지는 학생의 응답 기회 및 교사로부터의 적절한 피드백을 제공받을 수 있는 기회 및 횟수를 의미하는 것으로, 중재가 제공되는 집단의 크기 및 학생 수, 각 중재 회기의 지속 시간, 매주 중재 제공 횟수 등을 의미한다.
일치도 (Alignment)	학습 중재 프로그램이 (1) 학생이 어려움을 보이는 교과 영역의 기초 학습 기술을 얼마나 다루고 있는지, (2) 학생이 이미 습득한 기술은 다루지 않으며, (3) 학생의 학년 수준에 적절한 교육과정의 목표 및 기준에 초점을 맞추고 있는지와 관련된다.
학습전이 (Transfer)	학습 중재 프로그램이 (1) 학생이 본인이 배운 기술들을 다른 형태 및 상황에서도 적용하고 (2) 습득 기술과 관련 기술들 간의 연관성을 얼마나 파악할 수 있도록 돕는지와 관련된다.

종합도 (Comprehe nsiveness)	학습 중재 프로그램이 직접교수의 필수 요소 및 원칙들(예: 간단하고 직접적인 언어를 통한 설명 제공, 학생 스스로가 해결 전략을 찾기보다 교사가 효과적인 해결 전략을 시범 보이기, 학생 스스로가 전략들을 연습할 수 있는 기회 제공하기 등)을 얼마나 포함하고 있는지와 관련된다
행동 지원 (behavioral support)	학습 중재 프로그램이 (1) 자기규제 및 실행기능 관련 요소와 (2) 비생산적인 문제행동을 최소화하기 위한 행동 지침들을 얼마나 포함하고 있는지와 관련된다.
개별화 (Individualiz ation)	학생의 복잡한 학습 요구를 충족시키는 개별적으로 디자인된 교수를 제공하기 위해, 교사가 중재 회기를 거듭함에 따라 지속적인 진전도 점검 결과를 바탕으로 체계적으로 중재 프로그램을 수정하는 타당한 데이터 기반의 과정을 일컫는다.

출처: Fuchs, L.S, Fuchs, D. & Malone, A.S., 2017.

표 10-8 행동 중재 강도 분류체계

차원	정의
강도 (Strengnth)	고강도의 개별적 지원이 필요한 학생들에게 행동 중재 프로그램이 얼마나 효과적인지와 관련되며, 때로는 신뢰도를 갖춘 자료(National Center On Intensive Intervention Tools Charts, What Works Clearing House)들로부터 유망하고 효과적인 프로그램이 소개되어지기도 한다.
용량 (Dosage)	행동 중재 프로그램 내에 포함되어지는 학생의 (1) 응답 기회(예: 행동 기술 연습 및 시연)와 (2) 교사로부터 긍정적인 피드백(예: 칭찬, 토큰, 점수, (3) 대안 강화물로의 교환, 그리고 (4) 올바르고 적절한 피드백을 제공받을 수 있는 기회 및 횟수를 의미한다.
일치도 (Alignment)	행동 중재 프로그램이 (1) 학교 단위의 기대행동, (2) 학급/교사의 기대, (3) 학생에게 부족한 행동 기술을 얼마나 잘 다루고 있는지, 그리고 (4) 보상을 학생의 선호도 그리고 혹은 문제행동의 기능과 얼마나 잘 일치시키는가, 그리고 (5) 이미 습득한 외부 기술을 포함하고 있지 않은지와 관련이 있다.
학습전이 (Transfer)	행동 중재 프로그램이 상황과 맥락에 따라 언제 어떻게 행동 기술을 사용해야 하는지와 행동 기술 적용 연습의 기회를 얼마나 제공하고 있는지와 관련된다.
종합도 (Comprehe nsiveness)	행동 중재 프로그램이 (1) 적절한 행동 교수, (2) 문제행동 예방을 위해 선행사건 조정, (3) 적절한 행동 강화, (4) 문제행동 강화 최소화, (5) 지원의 점진적 감소, (6) 충실도 점검, (7) 관련 서비스와 함께 제공하기, (8) 부모와의 소통에 관한 계획을 얼마나 포함하고 있는지와 관련된다.

학습 지원 (Academic support)	행동 중재 프로그램이 (1) 학습 중재 프로그램과 얼마나 통합적으로 제공 될 수 있는지, (2) 학습 중재 프로그램을 대체하기보다 얼마나 보완하고 있 는지, 그리고 (3) 학업성취와 관련된 반응을 강화하는 절차를 얼마나 포함 하고 있는지와 관련된다.
개별화 (Individualiz ation)	학생의 복잡한 행동적 요구를 충족시키는 개별적으로 디자인된 교수를 제 공하기 위해, 교사가 중재 회기를 거듭함에 따라 지속적인 진전도 점검 결 과를 바탕으로 체계적으로 중재 프로그램을 수정하는 타당한 데이터 기반 의 과정을 일컫는다.

출처: Fuchs, L.S, Fuchs, D. & Malone, A.S., 2017.

2) 보편적 선별(Universal screening)

다층지원체계 내 보편적 선별은 학업, 행동 및 사회 정서 영역에서 어려움을 겪고 있는 학생들을 식별하고 더 나아가 해당 학생의 비율이 높아 특별한 지원이 필요한 학교를 선별하는 과정과 관련된다. 보편적 선별 데이터는 해당 영역에서 어려움을 겪고 있는 많은 학생들로 인해 지원이 필요한 학교를 선별하는 데에도 사용될 수 있다. 보편적 선별 과정은 특정 학년 수준에서 기대하는 학습 결과와 관련된 신뢰롭고 타당한 지표들로 평가된 데이터에 얼마나 접근하고 사용할 수 있는지에 따라 달라진다. 보편적 선별검사의 정확성을 높이기 위해 교육자는 초기 선별 후 추가적인 평가 혹은 단기 진전도 모니터링을 통해 학생이 경험하는 어려움 및 위험 정도를 확인한다. 보편적 선별 팀은 학생에게 기대되는 학습 결과에 관한 신뢰롭고 타당한 지표를 선택하고, 보편적 핵심 교수의 충실도와 관련된 정보를 수집한다. 이렇게 수집된 모든 정보들을 바탕으로 추가적인 지원이 필요한 위험 학생들을 선별하며 동시에 보편적 핵심 교수 단계 질 향상을 위한 노력을 기울이게 된다.

보편적 선별검사 팀은 질 높은 타당한 선별검사 도구를 채택하기 위해 학생의 학년수준, 지원이 필요한 영역뿐만 아니라 학생이 속한 환경 및 맥락과 특히 선별검사의 기술적 적합성(특이도, 민감도 등)을 동시에 고려하게 된다. National Center on Intensive Intervention(NCII; https://intensiveintervention.org/)는 학년수준과 교과영역별 상업적으로 사용 가능한 다양한 증거기반 학습 선별검사 도구의 기술적 적합성과 검사 실시와 관련된 전반적인 정보들을 제공하고 있다

(https://charts.intensiveintervention.org/ascreening?_ga=2.262067597.1450054994.1659
480566−2048023437.1658975626). 또한 행동 영역에서는, 학교 규칙 위반(ODR; Office discipline referrals) 등과 같은 다양한 선별 지표를 활용하는 행동 선별검사 도구에 관한 정보들도 제공되고 있다(https://intensiveintervention.org/resource/behavior −screening−tools−chart). 또한, 학교는 선별검사 도구를 채택할 때, 학교의 재정 상황 및 맥락(예: 선별도구 사용 관련 워크숍을 위해 학교가 제공할 수 있는 인적/물적 자원 정도)을 반드시 고려해야 한다.

3) 진전도 모니터링(Progress monitoring)

다층지원체계 내 진전도 모니터링은 타당하고 신뢰도 높은 진전도 모니터링을 사용하여 학생이 어려움을 보이는 영역에 대한 수행을 지속적으로 평가 및 점검하는 과정과 관련된다. 학생의 수행에 관한 진전도를 수치화하여 살펴봄으로써, 학생이 현재 제공받고 있는 교수 및 중재에 관한 반응도를 파악하고 교수 및 중재의 효과성을 평가하게 된다. 이를 바탕으로 교사는 현재 제공되고 있는 교수 및 중재를 수정 및 보완하여 제공함으로써 학생의 요구에 부합하는 보다 효과적인 교수 및 중재를 제공할 수 있게 된다. 또한 진전도 모니터링 평가 결과는 다층지원체계 내 각 지원단계로 이동을 결정하는 근거로 활용될 수 있다.

보편적 선별검사와 마찬가지로, 질 높은 타당한 진전도 모니터링 검사도구를 채택하기 위해 학생의 학년수준, 모니터링이 필요한 영역뿐만 아니라 학생이 속한 환경 및 맥락과 특히 진전도 모니터링 검사의 신뢰도 및 타당도와 같은 기술적 적합성을 전반적으로 고려하게 된다. NCII(NCII; https://intensiveintervention.org/)는 학년수준과 교과영역별 상업적으로 사용 가능한 다양한 증거기반 학습 진전도 모니터링 검사 도구의 기술적 적합성과 검사 실시와 관련된 전반적인 정보들을 제공하고 있다(https://charts.intensiveinter−vention.org/ascreening?_ga=2.262067597.145005 4994.1659480566−2048023437.1658975626). 또한 학생의 사회, 정서 및 행동 영역에서의 성장을 모니터링하기 위한 다양한 증거기반 진전도 모니터링 검사도구에 관한 정보들도 제공되고 있다(https://charts.intensiveintervention.org/aprogressmonitoring).

성공적인 다층지원체계를 운영하기 위해서는 효과적이고 효율적인 평가결과 데이터 기록 및 관리 시스템이 필수적이다. 다층지원체계 내 학생 진전도 평가 데이터를 보다 유의미하게 활용하기 위해서는 이러한 데이터를 보다 장기적으로 축적 및 분석하여 종합적인 학생 성정 정보를 제공할 수 있는 학생 개인별 성장 모니터링 체계를 마련하는 것이 중요하다. 이를 통해 개별 학생을 대상으로 집중적인 중재를 제공했음에도 불구하고 동일 수준에 머물고 있는지 혹은 더딘 성장을 보이는지 등 다양한 성장 양상을 분석하고 추후 학습상황에서 어떠한 보완적 처치가 필요한지를 판단할 수 있게 된다. 예를 들어, 진전도 평가결과에서 낮은 진전을 보이는 것으로 나타난 학생의 경우, 현재 보편적 핵심 교수 단계에서 제공받고 있는 중재의 횟수 및 빈도 등을 향상시킴으로써 보다 강도 높은 중재를 제공받게 하기 위해 집중적 중재 지원 단계로의 이동을 결정할 수 있다. 학생 진전도 평가 데이터 기록 및 관리 시스템의 효과성 및 효율성을 평가하기 위해서는 다음과 같은 사항들을 고려해야 한다.

✓ 평가결과 기록 및 관리 시스템은 개별 학생 수준의 데이터를 기록 및 접근 가능하게 하는가?

✓ 평가결과 기록 및 관리 시스템은 사용자로 하여금 학생이 제공받는 보편적 핵심 교수에 대한 평가뿐만 아니라 해당 교수가 제공되는 학급, 학년, 학교, 학군 수준에서의 평가에도 적극적으로 참여하도록 하는가?

✓ 평가결과 기록 및 관리 시스템은 사용자로 하여금 학생의 선별검사 및 진전도 평가 데이터를 시기적절하게 입력하고, 데이터에 접근할 수 있도록 하는가?

✓ 평가결과 기록 및 관리 시스템은 다층지원체계 내 각 단계별 이동에 관한 적절하고 정확한 의사결정을 내리기 위해 필요한 관련 정보들에 종합적으로 활용할 수 있도록 하는가?

✓ 평가결과 기록 및 관리 시스템은 모든 사용자들의 이해를 돕기 위한 학생 성취 수준 및 발달 그래프 등과 같은 시각적인 지원을 제공하는가?

✓ 평가결과 기록 및 관리 시스템은 비용효과성이 높은가?

4) 데이터 기반 의사결정(Data-Based Decision Making)

데이터 분석 및 의사결정은 개별 학생에서 학군 수준에 이르기까지 다층지원체계 실행의 모든 수준에서 일어난다. 다층지원체계 내 지원 팀은 선별 및 모니터링 데이터를 활용하여 교수 및 중재, 다층 시스템 내 단계별 이동, 교수 및 중재 강화, 장애 학생 선별(장애인 등에 대한 특수교육법에 따라)에 대한 의사결정을 내리게 된다. 다층지원체계 내 지원 팀은 학생들에게 제공한 교수 및 중재, 평가 도구 및 다양한 학습지원이 본래의 목적과 의도에 부합되게 충실히 제공되고 실행되었는지에 대해 이와 관련된 데이터를 바탕으로 평가하고 개선이 필요한 영역을 탐색하게 된다.

데이터 기반 의사결정은 다층지원체계 내 지원 팀들이 학생의 교육적 요구와 학습 및 행동 문제에 대한 가설을 결정하고 이를 해결하기 위한 다양한 교수 및 중재 등을 탐색하고, 측정 가능한 학습 목표를 세우고 제공되는 교수 및 중재에 관한 효과성을 평가하기 위해 서면 의사결정 규칙(written decision rules)과 타당도 높은 문제해결 과정을 적용하게 된다. 특히, 다층지원체계 내 개별적 고강도 중재 단계(tier 3)에서 심각하고 지속적인 학습 및 문제행동을 나타내는 학생들을 위한 중재 계획 및 실행과 관련된 데이터 기반 의사결정으로 NCII의 '데이터 기반 개별화(Data-Based Individualization)' 접근을 적용하게 된다.

데이터 기반 개별화는 학생 평가 결과, 타당한 중재 프로그램 및 연구 기반 교수적 조정 전략을 체계적으로 적용함으로써 중재를 개별화하고 중재의 강도를 높이는 연구 기반 과정이다. 데이터 기반 개별화는 중재의 강도 및 개별화를 위해 학생의 데이터에 기반하며, 학생의 학업 및 행동적 요구를 고려한다.

데이터 기반 개별화는 특정 단일 프로그램이 아닌 일련의 반복적인 과정이며, 증거기반 교수 및 중재, 평가도구 및 전략들을 통합한다. 데이터 기반 개별화는 많은 우수한 교사들이 문제를 해결할 때 거치게 되는 문제해결과정들의 수행을 포함한다. 교사는 데이터 기반 개별화를 실행함으로써 학생의 평가 결과를 주기적으로 검토하고 이를 바탕으로 교수 및 중재의 효과성을 평가하게 된다. 이러한 과정은 체계적이고 명시적이며, 점차적으로 교수 및 지원을 강화하는 다단계 과정을 통해 개별 학생의 학습 및 행동적 요구를 충족할 수 있도록 한다. 일반적으로, 데이터 기반 개별화는 다음의 5단계 과정으로 이루어져 있다(<그림 10-6> 참고).

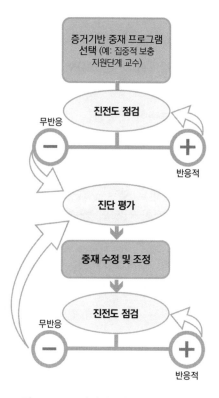

진전도 점검

무반응

반응적

진단 평가

중재 수정 및 조정

진전도 점검

무반응

반응적

증거기반 중재 프로그램
선택 (예: 집중적 보충
지원단계 교수)

그림 10-6   데이터 기반 개별화 과정

(1) 1단계: 증거기반 중재 프로그램 선택

해당 단계에서는 학생의 교육적 요구에 부합하는 특정 학습 기술(예: 음운인식, 어휘, 수학 문제해결 능력, 사회성 기술) 혹은 문제행동의 기능에 따른 중재 전략을 집중적으로 교수하는 표준화된 교수 프로그램을 선택하고 높은 중재 충실도와 함께 제공한다. 해당 단계에서는 다음과 같은 사항들을 고려하게 된다.

- 중재 프로그램은 학생의 학습 및 행동적 요구를 충족시키는가?
- 중재 프로그램은 연구 증거에 기반하는가?
- 중재 프로그램은 본래의 목적과 의도에 부합하게 충실하게 제공되고 있는가?

(2) 2단계: 진전도 점검

다층지원체계의 핵심 요소인 '진전도 점검'은 학생의 증거기반 중재 프로그램에 대한 반응과 중재 프로그램의 교수적 조정 여부를 평가하기 위해 데이터 기반 개별화 과정 전반에 걸쳐 발생한다. 먼저, 1단계에서 채택된 중재프로그램을 제공하기 이전에, 데이터 기반 개별화 팀은 교사와 함께 학생의 진전도를 점검하기 위한 평가도구, 진전도 목표, 진전도 점검 횟수 및 주기 등과 같은 전체적인 계획을 개발해야 한다. 중재 프로그램이 제공되는 과정 동안에는 교사는 학생의 진전도 목표를 향한 실제 수행을 주기적으로 평가하고 검사결과를 그래프화해야 한다. 학생의 수행에 관한 진전도 검사결과가 충분히 수집된 경우, 교사는 검사 결과 그래프를 바탕으로 학생의 개별 진전도 목표를 향한 실제 진전도를 점검하고 학생에게 제공된 중재 프로그램이 학생의 개별 진전도 목표를 달성하는데 충분히 효과적이었는지 평가하게 된다.

학생의 중재에 대한 반응 및 중재 효과성을 평가하기 위해 <그림 10-7>과 같은 데이터 기반 개별화 의사결정 과정을 적용하게 된다. 학생의 진전도 데이터가 4-6회 정도로 충분히 수집된 경우, 학생의 진전도 및 성장률(Rate of growth)을 평가할 수 있다. 학생의 진전도 목표선(goal line)에 따른 실제 수행선(trend line)의 변동 유형은 다음의 세 가지로 나타날 수 있다(<표 10-9> 참고): (1) 실제 수행선의 기울기가 진전도 목표선 기울기보다 완만한 경우, (2) 실제 수행선의 기울기와 진전도 목표선 기울기가 비슷한 경우, (3) 실제 수행선의 기울기가 진전도 목표선 기울기보다 가파른 경우.

먼저, 실제 수행선의 기울기가 진전도 목표선 기울기보다 완만한 경우는 학생이 현재 제공되는 중재 프로그램에 충분히 반응하고 있지 않음을 나타낸다. 이에 따라 교사는 데이터 기반 개별화 팀 및 관련 전문가들과 협력하여 현재 제공하고 있는 중재 프로그램의 효과를 높이기 위해 <표 10-7>과 <표 10-8>의 중재 강도 분류체계에 따라 중재의 강도를 높이는 교수적 조정을 하거나 중재 프로그램이 충실하게 제공되었는지에 관한 중재 충실도를 평가하게 된다. 다음으로, 실제 수행선의 기울기가 진전도 목표선 기울기와 비슷한 경우, 현재 제공하고 있는 중재 프로그램이 학생의 교육적 요구를 충족시키고 있음을 나타내는 것으로 계속해서 해당 중재 프로그램을 학생에게 제공하도록 추천되어진다. 또한 진전도 목표선을 향한 실제 수행선의 변동을 매주 확인함으로써 교수적 조정이 필요한 순간을 포착할 수 있도록 해야 한다. 마지막으로, 실제 수행선의 기울기가 진전

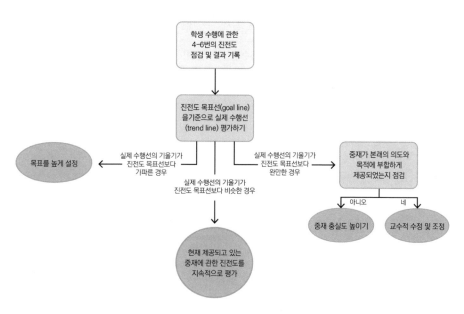

그림 10-7 데이터 기반 개별화 의사결정 차트

도 목표선 기울기보다 가파른 경우 학생의 목표를 더욱 높게 설정할 수 있다. 이러한 과정은 데이터 기반 개별과 과정에서 주기적이고 반복적으로 발생하며, 교사는 중재 프로그램에 대한 교수적 조정이 이루어졌을 때마다 학생 진전도 그래프에 기록을 하게 된다. 해당 단계에서는 다음과 같은 사항들을 고려하게 된다.

- 진전도 점검 평가도구들의 신뢰도와 타당도는 입증되었는가?
- 진전도 점검 평가도구들은 학생의 기대되는 학습 및 행동 수행을 평가하고 있는가?
- 학생의 진전도 점검은 주기적으로 이루어지며 그래프화되는가?
- 학생의 진전도 목표 설정은 타당한 방법으로 이루어졌는가?
- 학생의 중재에 대한 반응을 평가하기 위해 일관된 의사결정 규칙이 적용되는가?

표 10-9 학생의 진전도 목표선에 따른 실제 수행선의 변동 유형

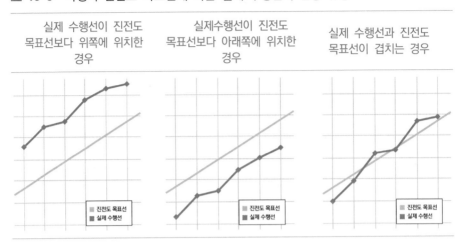

| 실제 수행선이 진전도 목표선보다 위쪽에 위치한 경우 | 실제수행선이 진전도 목표선보다 아래쪽에 위치한 경우 | 실제 수행선과 진전도 목표선이 겹치는 경우 |

(3) 3단계: 진단평가

2단계에서 학생이 현재 제공되는 중재 프로그램에 대해 충분한 진전을 나타내고 있지 않은 것으로 나타났을 경우, 데이터 기반 개별화 팀 및 관련 전문가들은 학생의 학업 및 행동 문제에 관한 잠재적 원인을 자세히 파악하고 보다 정확한 가설을 세우기 위해 진전도 평가 결과들과 함께 다른 개별 진단 검사 결과들을 추가적으로 검토한다. 이러한 가설은 학생을 지원하고 중재를 조정하는 최선의 방법에 대한 데이터 기반 개별화 팀의 결정을 이끌어낸다.

교사 및 데이터 기반 개별화 팀은 진단평가를 통해 학생의 특정 학습기술에 대한 결핍과 강점을 이해하거나 학생의 문제행동을 예측하고 유지하는 선행사건 및 환경을 파악함으로써 선행사건 및 후속 결과를 변경하는 중재를 제공할 수 있다.

진단평가는 다양한 공식 및 비공식적 방법을 통해 수집된다. 구체적으로, 학습 영역에서는 상업화된 표준화 검사도구와 오류분석이나 교사에 의해 이루어지는 교실 수업 평가 및 학생 수행 결과물 평가 등과 같은 비공식적 방법을 포함한다. 행동 영역에서는 기능적 행동평가(FBA)와 교사에 의해 개발된 비공식적 행동기능 평가 체크리스트를 포함한다. 또한 학부모, 교사, 또래 및 학생과 함께 일하는 다른 사람들로부터의 피드백이 포함될 수 있다. 해당 단계에서는 다음과 같은 사항들을 고려하게 된다.

- 다른 검사결과들에서도 충분하지 않은 진전을 나타내고 있는가?
- 다양한 검사들로부터 수집된 결과를 해석할 때 학습 및 행동 영역에서의 수행을 통합적으로 고려하였는가?

(4) 4단계: 중재 수정 및 조정

학생의 수행에 관한 진전도 평가와 진단평가 결과 등 다양한 출처의 데이터들을 활용하여 교사와 데이터 기반 개별화 팀은 중재 프로그램에 충분한 진전이 나타나지 않은 학생의 개별적 요구를 충족시키기 위해 중재 프로그램을 조정하게 된다. 중재 프로그램 조정 전략으로는 양적 변화와 질적 변화와 같은 다양한 차원에 따른 적응 전략이 포함될 수 있다. 구체적으로, 양적 변화로는 중재 기간 및 빈도를 늘리거나 중재 제공 형태 및 그룹의 규모를 줄임으로써 중재가 제공되는 동안 학생이 응답할 수 있는 기회를 늘리는 것과 같은 전략이 포함된다. 질적 변화로는 학습 내용 전달 방식(예: 학생의 부족한 학습기술에 더욱 초점을 맞춘 중재 프로그램 선택) 및 학생 응답 방식의 반경(예: 말이나 글로 생각을 전달하고 연습할 수 있는 기회 제공) 학습 환경 조정, 학생이 제공받는 피드백 유형 변경 및 오류 수정 등이 포함된다.

해당 단계에서는 다음과 같은 사항들을 고려하게 된다.
- 4단계에서 이루어진 중재 수정 및 조정이 3단계에서 세운 가설에 부합하는가?
- 4단계에서 이루어진 중재 수정 및 조정은 학생의 학업 및 행동문제를 통합적으로 고려하였는가?

(5) 5단계: 지속적인 진전도 점검

교사는 가설에 따라 조정된 중재 프로그램을 학생에게 제공하고, 조정된 중재 프로그램이 학생에게 효과적이었는지 파악하기 위해 지속적으로 학생의 수행을 평가하고 그래프화하며, 진전도를 평가하게 된다. 해당 단계에서는 다음과 같은 사항들을 고려하게 된다.

- 학생 수행에 관한 진전도 점검은 본래의 계획에 맞게 이루어졌는가?
- 학생의 진전도 점검 그래프는 교사로 하여금 언제 중재 수정 및 조정이 이루어져야 하는지 나타내고 있는가?

5) 기타 요소

(1) 가정-학교 파트너십

가정과 학교 간의 협력적 파트너십 관계는 학생의 학업적 성공뿐만 아니라 성공적인 다층지원시스템 구현에 있어 매우 중요한 요소이다. 특히, '가족 참여 및 협력'은 최근 CEC에 의해 특수교사들을 위한 HLP 중 하나로 선정되었으며, 또한 NCII는 이를 학교수준의 다층지원체계 충실도를 구성하는 하나의 요인으로 포함하였다. 관련 연구에 의하면, 학생들은 가정과 학교가 유기적으로 연결되어 있을 때 주변으로부터 학습에 필요한 적극적인 지원 및 관심을 제공받고 있는 것으로 느낀다고 보고하였다. 동시에 학생들의 학습동기 및 출석률을 향상시켰으며 이는 학업 성취에도 직접적으로 긍정적인 영향을 끼치는 것으로 나타났다.

다층지원체계 내에서 교사와 학교 관련 직원들은 부모에게 가정에서 학생들을 지원하고 더 나아가 추가지원이 필요할 시 이에 대한 후속 조치를 제공하기 위해, 다층지원시스템 내의 모든 단계에서 적극적이고 지속적인 의사소통 및 상호교류를 이루어 나가야 한다. 구체적으로, 부모는 다층지원체계 내 각 지원단계별 팀 미팅에서 학생에 대한 직간접적인 관찰 내용 및 관련 정보들을 제공하는 핵심 구성원으로 참여하게 된다. 또한 교사는 학생이 보편적 핵심 교수보다 강도 높은 교수 단계로의 이동이 이루어질 때 부모에서 더 나아가 추가지원이 필요할 시 이에 대한 후속 조치를 제공하기 위해, 다층지원시스템 내의 모든 단계에서 적극적이고 지속적인 의사소통 및 상호교류를 이루어 나가야 한다. 구체적으로, 부모는 지원팀 미팅에서 학생에 대한 직간접적인 관찰 내용 및 관련 정보들을 제공하는 핵심 구성원으로 참여하게 된다. 또한 교사는 학생이 보편적 핵심 교수보다 강도 높은 교수 단계로의 이동이 이루어질 때 부모에게 이를 알리도록 권고되며, 특히 개별적 집중교수 및 특수교육 의뢰 및 배치에 관한 의사결정이 이루어질 때에는 이를 반드시 부모에게 알려야 한다. 다층지원체계의 각 단계에서 학생이 제공받는 교수적 지원 및 중재의 진행 상황과 결과들 또한 지원팀 미팅에서 정기적으로 교사 및 관련 직원들과 공유되어야 하며, 학생의 부모 및 보호자에게도 보고되어야 한다.

다음의 <표 10-10>은 다층지원체계 내에서 성공적인 가정-학교 파트너십을 개발하기 위한 추천 전략들이다.

표 10-10 성공적인 가정-학교 파트너십 개발을 위한 추천 전략

추천1: 다층지원체계에 대한 인식 및 이와 특수교육 간의 관계에 대한 지식을 발전시켜라.
추천2: 가정과 학교의 의사소통 방향이 일방적이 아닌 양방향적인 소통구조를 갖추도록 하여라.
추천3: 학생의 다양한 학업 및 발달영역에 관한 검사결과를 부모 및 가족 구성원들과 함께 공유하고 해석하여라.
추천4: 학생이 나타내는 학습 및 행동 문제 해결 과정에서 부모와 협력적인 파트너십을 맺어라.

(2) 학교 풍토 및 제반 시스템

학급 및 학교 구성원들 간의 상호작용에 의하여 조성되는 사회적, 심리적, 교육적 분위기는 학생의 학교에 대한 태도뿐만 아니라 실제 학업 적응 및 학업성취에도 지대한 영향력을 미친다. 특히, 학업 부적응 및 취약 집단 학생들에 대한 관심과 논의가 활발하게 이루어지는 학교에서는 이들 집단을 위한 학교장 및 교사들의 적극적인 리더십이 발휘되고 궁극적으로는 교사들의 교육활동 및 학생들의 학습성과에도 긍정적인 영향을 미치게 된다. 학교 풍토 및 교사들의 교육활동에 긍정적인 영향을 발휘하는 주체자는 학교장으로서, 학교장의 교육 복지 및 다층지원시스템에 대한 인식과 의지에 따라 교사들의 교육복지 및 다층지원체계에 대한 이해를 향상시킬 수 있으며 학업 부적응 및 취약집단 학생들을 위한 통합적 지원에 한 걸음 더 나아갈 수 있다,

학업 부적응 및 취약 집단 학생들을 위한 교육 복지와 학교문화 형성을 위해서는 학교 구성원들 간의 다층지원체계에 대한 목표, 신념, 가치 등이 공유되어야 하며, 다층지원체계를 실행하기 위한 교사들의 전문성 신장 활동을 위한 여건 조성과 지원이 확보되어야 한다. 구체적으로, 학교의 다층지원체계 운영 및 적용

을 위한 다양한 노력으로 다층지원체계의 각 단계별 통합적 팀 구성 및 코칭 그리고 교사교육 등이 이루어질 수 있다. 나아가, 학업 부적응 및 취약집단 학생들을 위한 성장환경으로서 학교 시설 및 인적 자원뿐만 아니라 지역사회 역할 또한 중요하게 강조되고 있다. 지역사회의 다양한 주체들을 학업 부적응 및 취약집단 학생들의 성장 및 지원을 위해 협력할 수 있는 파트너로 삼을 때 학교의 교육력이 더욱 강화될 수 있다. 다양한 지역사회기관들과 만남의 장을 만들고 공식적인 협의체를 구성하여 학업 부적응 및 취약집단 학생들을 위한 논의를 주도해나가는 노력이 필요하다.

(3) 통합적 다층지원체계 팀 구성 및 코칭

다층지원체계의 각 단계에서 학업 및 행동 지원 통합 팀은 학교(학교 및 학군 관리자), 학급(교수제공 관련 영역 전문가), 가정 및 개별 학생 수준에서 팀원들의 전문적 지식을 활용하여 학생을 위한 효과적인 의사결정과 통합적인 교수 및 중재 제공을 지원하게 된다. 예를 들면, 학교 차원의 보편적 핵심 교수 단계의 학업 및 행동 지원 통합 리더십 팀에는 (1) 한 명 이상의 관리자, (2) 다양한 학년 또는 분야를 대표하는 교육자(예: 일반 및 특수교육 교사, 전문가, 중재자, 코치), (3) 한 명 이상의 가족 구성원, (4) 학생 대표 및 학생회, (5) 기타 관련 이해 관계자(예: 지역사회 정신건강 제공자)가 포함될 수 있으며, 모든 팀 구성원들은 학생의 학업, 사회 및 심리적 요구에 대한 통합적 지원을 제공할 수 있어야 한다. 이를 위해 학업 및 행동 지원 통합 리더십 팀은 정기적인 모임을 통해 팀 운영 및 다층지원체계 실행에 대한 충실도를 주기적으로 평가해야 하며(예: Tiered fidelity inventory, reading tiered fidelity inventory), 평가 결과를 바탕으로 개선 목표를 설정하고 정기적으로 모니터링 하는 과정이 뒤따라야 한다. <표 10-11>은 읽기 영역에서 다층지원체계 실행 충실도를 평가하는데 사용될 수 있는 검사도구 예시이다.

표 10-11 지원단계별 읽기 교수 충실도 목록 예시 - 학교단위 읽기 모델

보편적 핵심 교수 단계				
구성 요소	문항	점수		
팀	학교 리더십 팀은 보편적 핵심 읽기 교수가 제공되는 틀/시스템을 지원하기 위해 구성되었다.	2	1	0
	학년 수준 팀은 보편적 핵심 읽기 교수의 직접적인 실행을 지원하기 위해 구성되었다.	2	1	0
	학교 리더십 팀/학년 수준 팀은 효과적인 팀 운영 및 협의 과정 전략을 활용한다.	2	1	0
교수 실행	학군은 보편적 핵심 읽기 교수와 관련된 교육과정, 프로그램 및 자료들을 일정한 공식적인 절차를 통해 선정한다.	2	1	0
	학교는 보편적 핵심 읽기 교수를 위해 일정한 시간 및 비용을 투자한다.	2	1	0
	학교는 단위학교 읽기 교수 계획이 수립되어 있다.	2	1	0
	학년 수준 교수 계획에 보편적 핵심 읽기교수에 대한 내용이 강조되어 있다.	2	1	0
	학급 수준에서 학생 행동에 대한 기대와 규범들이 구성되어 있으며 명시적으로 가르쳐진다.	2	1	0
자원	전체 학교 단위로 시행되는 학생의 읽기 선별 검사 실행에 대한 일정이 계획되어 있다.	2	1	0
	학교는 개별 학생의 읽기 선별 검사 결과를 분석 및 해석하는데 도움이 필요한 교사에게 적합한 지원을 제공한다.	2	1	0
평가	학교 리더십 팀은 보편적 핵심 읽기 교수가 제공되는 틀/시스템에 대한 충실도 자료를 수집한다.	2	1	0
	학교 리더십 팀은 학교 단위 읽기 모델 실행 수준을 평가하기 위해 충실도 자료를 활용한다.	2	1	0
	학년 수준 팀은 학년 수준 읽기 관련 교수학습 계획을 모니터링한다.	2	1	0
	학년 수준 팀은 데이터 기반 의사결정 과정을 통해 읽기에 어려움을 보이는 학생 및 추가적인 교수 및 지원이 필요한 학생을 선별한다.	2	1	0

아래 그림은 다층지원체계의 각 단계에서 제공된 교수 및 중재 충실도 수준

과 학생의 학업 및 행동 영역에서의 성과와의 관계를 보여준다. 먼저 <그림 10-8>에서는 매년 학교의 긍정적 행동 지원 모델의 실행 충실도가 향상됨에 따라 집중적 지원 및 고강도 개별 교수를 필요로 하는 행동영역 위험군 학생집단 비율이 감소하고 있음을 보여주고 있다. 다음으로 <그림 10-9>에서는 높은 충실도로 긍정적 행동 지원 모델을 실행하고 있는 학교와 그렇지 않은 학교의 읽기 위험군 집단별 비율을 비교하여 보여주고 있다. 이를 통해, 다층지원체계에서 제공되는 교수 및 중재의 질에 대한 평가가 학생의 학업 및 행동 영역의 성과를 이끌어 내는데 얼마나 중요한 역할을 하고 있는지 알 수 있다.

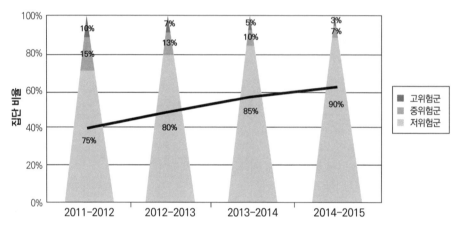

그림 10-8 긍정적 행동지원 실행 충실도 변화에 따른 중재 단계별 학생 비율

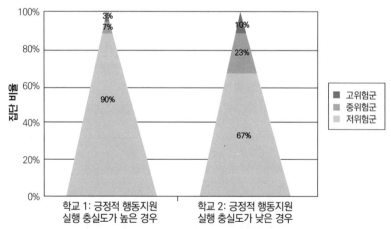

그림 10-9 긍정적 행동지원 실행 충실도 수준에 따른 학교별 읽기 위험군 집단 비율 변화

(4) 교사교육 지원

학교 구성원들의 성공적인 다층지원시스템 실행을 지원하기 위해서는 전문적 학습 공동체 및 리더십 팀을 다양하게 지원하고 격려해주어야 한다. 구체적으로, 다층지원시스템 리더십 팀(MTSS Leadership team)은 긍정적이고 능동적이며 데이터 중심의 교사 전문성 개발을 촉진하는 역할을 한다. 구체적으로, 학군/학교 단위 리더십 팀은 첫째, 다층지원시스템의 목표, 신념, 가치 등을 공고히 하고, 지역사회의 맥락과 요구 등을 반영하는 맥락화된 다층지원시스템에 대한 목표를 개발하는데 교육자들을 활발히 참여시켜야 한다. 둘째, 리더십 팀은 단위학교에서 실행되는 다층지원시스템의 효과 및 제한점 등에 대한 자체 평가 결과를 주기적으로 실시해야 한다. 셋째, 리더십 팀은 자체평가 결과를 바탕으로, 연구기반 실제 및 지속적인 코칭과 같은 다층지원체계 실행을 촉진하는 지속 가능한 교사교육 프로그램을 다양하게 장려 및 촉진해야 한다. 다층지원체계 실행을 위한 전문성 개발 지원은 다층지원체계 실행 충실도 및 사회적 타당성 데이터를 기반으로 수정 및 보완된다. 또한 전문성 개발에 있어 다층지원체계 관련 전문가의 수와 역량을 향상시키기 위한 지역사회의 역량을 우선시해야 한다.

예시: 콜로라도주 교육청 – 학교 다층지원체계 리더십 팀 자기보고 평가지
(https://www.cde.state.co.us/mtss/mtss – schoolself – assessmentevaluationtool)

4. 다층지원체계 내 협력적 팀 접근

교육현장에서 협력적 팀 접근은 학생 개인의 학습 성과뿐만 아니라 학급 및 학교 수준에서도 긍정적인 효과를 불러오는 전략 중 하나로 알려져 있다. 협력적 팀은 학생의 교육적 성장과 발달이라는 공통의 목표를 가지고 두 명 이상의 개인이 서로 협력하여 학생의 다양한 학업 및 행동 문제들을 다루는 방법을 일컫는다. 특히, 다층지원체계 내에서 협력적 팀 접근은 학생들의 교육적 요구와 평가 결과 데이터를 기반으로 한 단계별 교수 및 중재 서비스 제공을 보장하는 매우 중요한 요소이다. 다층지원시스템 내의 협력적 팀은 학교 전체의 교육성과를 향

상시키고 학생 수준의 학업 및 행동 문제 해결을 도우며 또한 특수교육 내에서도 적용되는 전략이다. NCII에서는 다층지원체계 내에서 각 단계별로 운영되는 협력적 팀에 대해 소개하고 있다(<표 10-12> 참고).

표 10-12 다층지원체계 내 협력적 팀

팀 종류	보편적 핵심 교수 단계 팀	집중적 교수 단계 팀	개별적 고강도 중재 단계 팀	개별화 교육 프로그램 팀
목적	보편적 핵심 교수는 대부분의 학생들(80% 이상의 학생)의 학업 및 행동문제를 다루고 있는가?	집중적 교수는 이를 제공받는 학생들의 학업 및 행동적 요구를 충족하는가?	개별적 고강도 중재는 이를 제공받는 학생들의 학업 및 행동적 요구에 부합하여 제공되고 있는가?	개별화 교육 및 서비스는 특수교육 대상자의 학업 및 행동적 요구에 부합되는가?
데이터 기반 개별화 교수와의 연관성	아니오	아니오	예	예
팀 구성원	학교 단위 개선 팀(학교 리더십 팀, 학년 단위 팀) (필요에 따라) 학업 및 행동 지원 관련 전문가를 포함한 학교 리더십 팀	문제해결 팀(집중적 교수 단계 지원 팀) 학교 리더십 팀 대표를 포함한 학년 수준 혹은 문제해결 팀	문제해결 팀(개별적 고강도 중재 단계 지원 팀) 문제해결 팀 대표, 관련 내용 영역 및 학생 평가 결과 분석 전문가를 포함한 학생 수준 지원팀	고강도 중재 팀과 유사하며, IDEA에서 요구하는 다학문적 팀 구성원을 포함
팀 구성원 역할 및 책임	교수 계획 및 실행 지원, 보편적 핵심 교수의 효과성 점검 및 모니터링	교수 계획 및 실행 지원, 집중적 교수의 효과성 점검 및 모니터링	중재 계획 및 실행 지원, 개별적 고강도 중재 효과성 점검 및 모니터링	특수교육 서비스 적격성 평가, 개별적 고강도 중재 계획과 부합되는 개별화 교수 계획 개발, 개별적 고강도 중재 효과성 및 개별화 교수 계획 목표 달성점검

				보편적 핵심 교수단계, 집중적 교수 단계, 개별적 고강도 교수 단계에서 수집된 데이터를 기반으로 특수교육 적격성 및 중재 계획(심리교육적 평가, 말/언어 능력 평가, 의학적 평가 및 진단 결과)
데이터 출처	초기 수행수준 평가 및 선별검사 결과, 학군 및 교육청 단위 진단평가, 학교 규칙 및 규정 준수 여부	초기 수행수준 평가 및 선별검사 결과, 진전도 점검 결과, 긍정적 행동 점검 목록표, 학교 규칙 및 규정 준수 여부	학업 진단 평가 결과, 행동 기능 평가 결과, 개별 학생의 학업 및 행동 관련 데이터(일화 기록물, 관찰 결과지, 수행 결과물 예시)	
데이터 수집 및 검토 주기	학업 및 행동 영역: 매년 3회 실시	학업 영역: 적어도 매달 1회 이상 행동 영역: 적어도 매주 1회 이상	학업 영역: 적어도 매주 1회 이상 행동 영역: 적어도 매일 1회 이상	보편적 핵심 교수단계, 집중적 교수 단계, 개별적 고강도 교수 단계에서 수집된 데이터 및 개별화 교수 계획 목표 진전도 검토(개별화 교수 계획 목표는 적어도 매년 검토되어야 함)

1) 학교단위 개선 팀(School-wide improvement team)

학교 개선 과정 내에서, 학교 단위 개선 팀은 개별 학생이 아닌 모든 학생의 학업, 사회 및 행동 영역에서의 집합적 성과를 향상시키기 위한 노력에 주의를 기울인다. 학교단위 개선 팀은 다층시스템 내에서 특히 보편적 핵심 교수 단계와 관련이 있으며, 학교 리더십 팀(school leadership team) 및 학년 단위 팀(grade level team)을 포함한다. 먼저, 학교 리더십 팀 및 학년단위 팀은 학업 및 행동 선별검사결과를 활용하여, 대부분의 학생들(약 80%)이 학급마다 제공되는 보편적 핵심 교수에 효과적으로 반응하고 학교 전체 기대 행동 규칙 및 규범을 충족하였는지 평가하게 된다. 다음으로, 학년 단위 팀은 수준별 그룹 편성 및 중재 및 지원이 필요한 학생들을 선별하기 위해 학업 및 행동 영역에서 초기 수행 수준 평가 결과를 검토하게 된다. 또한 학교 단위 개선 팀 및 학년단위 모임의 주요 목표 중 하나는 특정 학년 혹은 학급 단위에서 모든 학생을 대상으로 제공되는 교수의 효과성을 평가하는 것이다. 예를 들어, 학교 단위 개선 팀 및 학년 단위 팀은 보편적 핵심 교수의 효과성을 향상시키기 위해, 학생의 문제행동 점검표를 바탕으로 점심시간에 학생의 문제행동 빈도가 더욱 잦아지는 패턴을 확인하고 해당 학생에게 점심시간에 기대행동을 재교수하거나 기대행동에 대한 보상을 강화할 수도 있다. 결과적으로, 학교 리더십 팀 및 학년 단위 팀은 운영은 학급마다 제공되는 보편적 핵심 교수의 내용과 질의 일관성을 유지하고 다층시스템 운영의 지속적인 향상을 위한 문제해결 과정에서 학교 구성원들 간의 협력을 촉진시키게 된다.

2) 문제해결 팀(Problem solving team)

학생 진단 평가 결과를 바탕으로 보편적 핵심 교수 이상의 강도 높은 교수 및 중재의 필요성이 결정되면, 학교는 개별 혹은 소규모의 학생들을 위한 교수 전략 및 중재 계획 수립을 목적으로 하는 집중적 교수 단계 및 개별적 고강도 중재 단계 지원 팀을 구성하게 된다. 집중적 교수 단계 및 개별적 고강도 중재 단계 지원 팀은 '학생 지원 팀' 혹은 학생 '문제해결 팀'으로 불리며, 개별 혹은 소규모 단위로 수집된 학업 및 행동 영역에서의 진전도 점검 결과를 바탕으로 현재 제공되고 있는 중재에 대한 반응을 평가하고 해당 학생을 지원하기 위한 추후 중재 단계에 대해 논의하게 된다. 규모가 큰 학교의 경우 집중적 교수 단계와 개별적 고강도 중재 단계를 구분하여 각 단계에 해당하는 팀을 운영하지만, 대부분의 경우 두 단계를 아우르는 '문제해결 팀'을 운영하게 된다. 문제해결 팀의 주요 활동은 학생의 교육적 요구를 확인하고 이를 충족시키기 위한 중재를 계획하며, 중재 실행에 따른 학생의 진전을 지속적으로 점검하는 활동을 포함한다. 마지막으로 문제해결 팀의 가장 중요한 활동 중 하나는 다층지원체계의 지속적인 개선과정 노력의 일환으로 집중 교수 및 개별적 고강도 중재의 각 단계에서 중재를 제공받고 있는 학생의 수와 중재에 대해 긍정적인 반응을 보이고 있는 학생의 수에 관한 정보를 수집하는 것이다. 이러한 정보는 학교단위 개선 팀이 향후 단계를 계획하고 평가하는 과정에서 활용되어진다.

(1) 집중적 교수 단계 지원 팀(Targeted support teams)

집중적 교수 단계 지원 팀은 집중적 교수 단계로 선별된 학생에 대해 보편적 핵심 교수 단계에 비해 더욱 빈번한 (적어도 매달) 진전도 점검과 다른 관련 정보(작업샘플, 포트폴리오, 비공식적 형성평가)들을 추가적으로 수집하게 된다. 팀은 학생에게 현재 제공되고 있는 집중적 교수에 대한 학생의 반응을 평가하고 필요에 따라 중재 제공 빈도 및 횟수 등과 같은 중재의 강도를 조절하게 된다.

(2) 개별적 고강도 중재 단계 지원 팀(Intensive support team/Student support team)

개별적 고강도 중재 단계 지원 팀은(해당 학생이 특수교육대상자인 경우) 개별화 교육 지원 팀과 함께 개별 학생의 심각하고 지속적인 학업 및 행동 영역에서의 부적응 문제를 다루게 된다. 개별적 고강도 중재 단계 지원 팀은 집중적 교수 단계 지원 팀이 학생의 학업성취 향상을 위해 시도한 다양한 교육적 노력에도 불구하고 직면한 어려움을 해결하기 위해, 보다 개별학생의 학습적 요구에 초점을 맞춘 데이터 기반 개별화 과정을 고려하게 된다. 개별적 고강도 중재 단계 지원 팀은 특수교사, 내용 영역 전문가(행동영역 컨설턴트, 읽기 교사), 상담사, 사회복지사, 학교 심리학자 등을 포함한다. 특히, 학생에게 제공되는 중재의 교과영역, 예를 들면 읽기 혹은 수학 영역의 내용지식 전문가의 역할이 강조된다. 개별적 고강도 중재 단계 지원 팀은 이전 단계에서 수접된 선별검사 및 진전도 점검 결과뿐만 아니라 해당 단계에서 실시하는 개별학생의 진단 평가 결과 또한 종합적으로 고려하게 된다. 행동 영역에 있어서는 기능적 행동 평가(Functional behavioral assessment)를 실시하게 된다.

5. 다층지원체계 내 데이터 기반 개별화 실행을 위한 회의

개별적 고강도 중재 단계 지원 팀은 심각하고 지속적인 학업 및 행동문제를 나타내는 학생 혹은 장애 학생의 교육적 요구를 충족시키기 위한 계획을 수립한다. 효과적인 팀 구성 및 운영을 위하여, 개별적 고강도 중재 단계 지원 팀은 특히, 학생 평가 데이터 수집 및 분석에 집중적인 역할을 맡음으로써 향후 제공되는 중재 프로그램에 대한 효과적인 수정 및 조정을 하게 된다. 또한 집중적 교수단계 지원 팀에 의해 수집된 학생의 이전 중재 프로그램들에 대한 기록 및 정보, 교사/부모 대화 및 면담기록 등은 데이터 기반 개별화 과정을 실행하고 촉진하는 데 도움을 준다. 데이터 기반 개별화 회의를 효과적이고 효율적으로 운영하기 위해서 팀은 회의 목표 및 목적을 명확히 규정하고 실행 과제들을 계획하며, 실행 과정을 주기적으로 검토하고, 필요에 따라 계획을 수정한다. 아래의 <그림 10-10>은 개별적 고강도 중재 단계 지원 팀 구성원과 역할 및 데이터 기반 개별화 실행을 위한 회의과정을 보여준다.

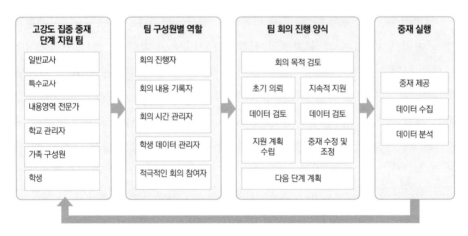

그림 10-10 개별적 고강도 중재 단계 지원 팀 구성원 및 데이터 기반 개별화 실행 과정

1) 통합적 문제해결 및 의사결정 과정

데이터 기반 개별화 회의 과정에서 일반적으로 사용되는 6단계 문제해결 과정 모델(Newton et al., 2012; Good, Gruba, & Kaminski, 2002)은 다음과 같다. 1단계-문제 발견, 2단계-문제 구체화, 3단계-문제 해결 계획 세우기, 4단계-문제 해결 계획에 따른 목표 설정, 5단계-중재 실행, 6단계-실행에 대한 평가. <표 10-13>과 <표 10-14>는 6단계 문제해결 과정 모델을 적용한 집중적 교수단계 지원팀의 문제해결 과정을 보여준다. 구체적으로, <표 10-13>은 집

중적 교수 단계 지원 팀의 Ned의 부적응적 행동 문제에 관한 문제해결 단계 예시이며, <표 10-14>는 학교 리더십 팀의 학교 규칙 위반 경고 결과에서 드러난 인종 및 윤리적 불평등에 관한 문제해결 단계 예시이다.

표 10-13 집중적 교수 단계 지원 팀 문제해결 과정

문제행동: 초등학교 4학년 Ned의 부적응적 행동문제 지원
단계 1: 문제행동 발견
Ned는 지난 몇 주간 네 번의 학교 규칙 위반 경고(Office discipline referral: ODR)를 받았다.
단계 2: 문제행동 구체화
Ned의 담임교사는 Ned의 행동문제가 수학 과제 회피와 긍정적 행동지원 중재의 일환인 체크인 체크아웃(check in check out: CICO) 프로그램에 대한 반항과 관련된다고 보고했다. Ned의 학업 선별검사 결과를 추가적으로 검토한 결과 수학 검사 결과가 현저히 낮은 것으로 확인되었다. 학생 데이터 관리자는 Ned가 수학 검사 결과에서 보인 오류 유형을 분석한 결과, 수학 문제 자체에 대한 이해력은 높았으나 혼합 사칙연산을 처리하는 과정에서 오류를 보이는 것으로 나타났다.
단계 3: 문제행동 중재 계획
집중적 교수 단계 지원 팀은 Ned에게 교사의 체크인 프로그램에서 제공되는 행동 관련 피드백을 받아들이는 방법을 가르치고, 교사에게 체크인 프로그램의 행동 관련 피드백을 학생에게 효과적으로 제공하는 전략들을 재교수할 것을 결정하였다. 또한 Ned에게 혼합 사칙연산을 재교수하고 학생의 체크인 체크아웃 데이터와 학교 규칙 위반 경고 횟수 및 수학 교육과정 중심측정 평가 결과를 모니터링하도록 하였다.
단계 4: 중재 목표 설정
집중적 교수 단계 지원 팀은 Ned의 체크인 체크아웃 점수가 80% 이상에 도달하고 수학 교육과정 중심측정 평가 검사 결과가 향후 3개월간 유의한 진전을 보이는 것으로 목표를 설정하였다.

표 10-14 학교 리더십 팀 문제해결과정

문제: 학교 리더십 팀의 학교 규칙 위반 경고 결과의 인종 및 윤리적 불평등 문제
단계 1: 행동 문제 발견
데이터 코디네이터는 학교 규칙 위반 경고를 받은 학생들 중 흑인 학생들의 비율이 과도하게 높은 것을 확인하였다. 전체 흑인 학생의 73%가 작년 기준 0-1회의 경고를 받았으며, 백인 학생의 경우 전체 백인 학생의 92%, 전체적으로는 83%이었음을 고려할 때 상대적으로 낮은 수치임을 확인할 수 있다.

다음 회의 전까지 데이터 코디네이터는 문제행동의 내용, 문제행동이 일어나는 시간 및 장소를 기준으로 학교 규칙 위반 경고를 평가한 결과, 흑인 학생들이 경고를 받을 가능성이 가장 높은 행동은 disrespect이었으며 시간 및 장소는 오후 학교 버스를 기다리는 곳이었음을 확인하였다.

다음 회의에서 문제 해결방안에 대한 브레인스토밍 결과, 팀은 (1) disrespect에 대한 학교 규칙 위반 경고의 정의를 다시 한번 살펴보고, (2) 문제행동에 대한 교수적 접근을 검토하고, (3) 학교 버스를 기다리는 곳에서의 기대행동을 재교수하고, (4) 인종 간 형평성을 확실히 하며, (5) 흑인 학생들이 학교 규칙 위반 경고를 받을 위험 비율(학교 규칙 위반 경고를 받은 흑인 학생 비율/학교 규칙 위반 경고를 받은 백인 학생 비율)을 재검토함으로써 인종 및 윤리적 불평등 문제가 해결되었는지 평가하기로 한다.

팀은 현재의 위험 비율인 2.85를 기준으로, 내년까지 1.25의 비율로 학교 규칙 위반 경고 위험 비율을 낮추는 것을 목표로 설정하였다.

팀은 다음 미팅에서 학교 규칙 위반경고와 문제행동에 대한 교수적 접근, 그리고 학교 버스를 기다리는 곳에서의 기대행동에 대해 검토하기로 계획하고, 다음 주에 학생들의 disrespect에 대한 기대행동을 재교수하며, 학교 버스를 기다리는 곳에서의 친사회적 및 문제행동에 대한 교수적 접근을 관찰하기로 한다. 팀은 모든 항목들의 수행 및 완수를 점검하기 위해 체크리스트를 개발한다.

팀은 4단계에서 설정한 목표를 달성할 때까지 매달 실행 계획 및 실제 수행을 평가하며, 매달 관찰된 위험 비율이 감소하지 않을 경우 실행 계획을 재검토한다.

6. 다층지원체계 적용 사례 및 예시

1) 배경정보

- 학년: 3학년
- 이름: 김현우
- 의뢰배경: 현우의 담임선생님은 현우가 읽기 또는 수학을 제외한 교과영역에서는 우수한 학업태도를 보이나, 유독 읽기 또는 수학 시간에는 자주 과제에 집중하기 어려워한다는 사실을 보고하였다. 구체적으로 종종 자리

에서 이탈하거나 가끔 수업 과제를 부적절하게 이용하는 등과 같은 과제 이탈행동으로 인해 수업시간에 방해를 일으킨다고 하였다. 현우의 담임선생님은 현우의 문제행동의 목적이 교사의 주의나 이목을 끌기 위함과 관련이 있는 것 같다고 하였으며, 교사가 반응을 하기 전까지 문제행동을 지속한다고 하였다. 이에 따라 학기 초에 담임선생님은 다음의 관찰 결과들을 바탕으로 소규모 집중 지원단계 팀에 현우의 학습 및 행동지원을 의뢰하였다. 먼저, 학습영역에서 현우는 BASA-MATH(김동일, 2008) 선별검사에서 3학년 기대수준에 도달하지 못하여 위험 학생으로 선별되었음을 확인하였다. 또한 국가수준 성취도 검사에서 하위 40%의 성적을 나타내었다. 행동 영역에서는, 놀이터와 교실에서의 잦은 규칙 위반에 대한 경고를 받았음을 확인하였다.

2) 현우 학교에서 사용되고 있는 소규모 집중 지원 단계 행동 지원 프로그램

Check-In Check-Out(CICO): 학생들의 문제행동에 대한 즉각적인 피드백과 긍정적 행동을 촉진하는 행동 지원 프로그램이다. 해당 프로그램 내 학생들은 또래 혹은 교사들과 함께 학급일과 내 다양한 활동들 중간에 기대 행동에 대한 촉진을 제공받으며 지속적으로 모니터링 된다. 아래의 <표 10-15>는 CICO 체크리스 예시이다.

표 10-15 Check-In Check-Out(CICO) 체크리스트

0 = 아니오 1 = 가끔 2 = 예	실내에서는 안전하게 생활해요	서로 존중하고 소중하게 대해요	주어진 일에 최선을 다해요	기타
구체적 행동	조용히 걷기	바르고 고운말 사용하기	주어진 지시에 따르기	
오전 수업	0 1 2	0 1 2	0 1 2	
쉬는 시간	0 1 2	0 1 2	0 1 2	
점심시간	0 1 2	0 1 2	0 1 2	

오후 수업	0	1	2	0	1	2	0	1	2
점수									
총점									
획득 점수									
목표 점수									

3) 다층지원시스템을 적용한 소규모 집중 지원 단계 팀 데이터 기반 의사결정

(1) 1단계: 보편적 핵심교수 질 평가

소규모 집중 지원 단계 팀은 현우를 해당지원 단계에 배치하기 이전에, 이전 단계인 보편적 핵심 지원단계에서 제공한 교수가 양질의 효과적인 교수를 위한 요소들을 충분히 갖추었는지 점검 및 평가할 필요가 있다. 아래의 <표 10-16>은 현우네 학급에 포함된 총 25명 학생의 BASA-MATH 선별검사 결과와 학급 규칙 및 행동 수칙 위반에 관련된 결과를 나타낸다. 선별검사 결과 현우네 학급 학생의 약 80%가 현우 담임선생님으로부터 제공된 보편적 핵심 교수에 긍정적으로 반응하였으며, 이는 동시에 효과적인 양질의 보편적 핵심교수가 제공되었음에도 불구하고 기대성취수준에 도달하지 못한 나머지 20% 학생들에 대한 추가적인 지원이 필요함을 뒷받침하는 것으로 볼 수 있다.

표 10-16　3학년 현우 반 학급 수학 및 행동 영역 선별검사 결과

학생	수학선별검사1 점수	수학선별검사2 점수	평균	행동 위험(학급 규칙 행동 수칙 경고 횟수)
학생 1	16	13	14.5	
학생 2	15	15	15	
학생 3	23	30	26.5	
학생 4	12	16	14	
학생 5	17	15	16	
학생 6	17	20	18.5	

지우	4	8	6	예
학생 7	11	13	12	
학생 8	32	34	33	
학생 9	15	13	14	
현아	11	8	9.5	
학생 10	31	26	28.5	
학생 11	17	15	16	
서현	6	6	6	
학생 12	29	25	27	
학생 13	14	14	14	
학생 14	10	16	13	
학생 15	14	19	16.5	
학생 16	37	35	36	
학생 17	14	15	14.5	
학생 18	24	15	19.5	
현우	5	9	7	예
지훈	8	7	7.5	
학생 19	25	28	26.5	
학생 20	14	17	15.5	

(2) 2단계: 소규모 집중 교수에 대한 학생의 진전도 및 교수 효과성 평가

보편적 핵심교수 질 평가 이후, 지원팀은 <표 10-16>의 현우 반 학급 선별 검사 결과를 바탕으로 보편적 핵심교수보다 강도가 높은 중재 및 지원이 필요한 학생들을 선별하였으며, 그 결과 지우, 현아, 서현, 지훈, 민철, 현우를 포함한 총 6명인 것으로 확인되었다. 소규모 집중 교수 단계로 배치된 6명의 학생들에게 소규모 집중 교수가 제공되었으며, 지원팀은 격주 간 실시되는 지원팀 미팅에서 이들의 중재에 대한 반응도와 관련된 데이터들을 바탕으로 다음과 같은 사항들에 대한 의사결정을 내리게 된다: (1) 교수에 대한 학생의 반응도/진전도 평가, (2) 교수 효과성 평가 및 필요시 교수적 수정. (3) 개별 집중 교수 단계 및 특수교육 적격성 평가를 위한 의뢰. 소규모 집중 지원단계 팀의 의사결정은 다음의 네 가지 중 한 가지로 이루어질 수 있다.

- 점진적 지원 제거 및 소규모 집중 교수 종료: 학생의 진전도가 목표선에 도달하여 더 이상 소규모 집중 교수가 필요하지 않은 경우
- 소규모 집중 교수 단계 지원 지속: 학생의 진전도가 목표선에 도달하지 못했지만, 더디지만 꾸준한 진전을 보이고 있는 경우
- 소규모 집중 교수 프로그램 수정 및 해당 단계 지원 지속: 충분한 진전도 이끌어내기 위해 현재 제공되고 있는 지원에 대한 다른 교수적 접근이 필요한 경우
- 개별적 고강도 지원 단계 및 특수교육 적격성 평가를 위한 종합적인 평가 의뢰: 수정된 소규모 집중 교수 프로그램 제공에도 불구하고 해당 중재에 반응하지 않는 경우

구체적으로, 지원팀이 검토하는 데이터들은 다음을 포함한다. 먼저, 아래의 <그림 10-11>은 현우네 학급 학생들 중 소규모 집중 교수를 제공받고 있는 6명의 학생들의 수학 진전도 모니터링 그래프이다. <표 10-17>은 6명 학생들의 향상도 비율(Rate of Improvement; ROI)을 나타낸다.

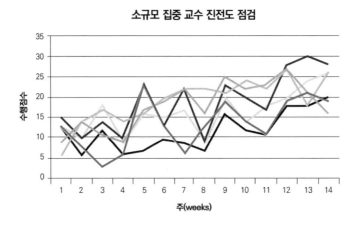

그림 10-11 소규모 집중 교수에 따른 수학 진전도 모니터링 그래프

표 10-17 소규모 집중 교수에 따른 진전도 비율(ROI)

학생	진전도 비율
지우	1
현아	1
서현	1.53
지훈	0.54
민철	0.55
현우	0.46

소규모 집중 교수 지원팀은 해당 데이터들을 종합적으로 검토하고, 해당 단계에서 제공되는 교수가 대부분의 학생들에게 얼마나 효과적인지 평가한다. 수학 진전도 모니터링 그래프, 향상도 비율, 그리고 다른 추가적인 데이터들을 검토한 결과, 소규모 집중 교수가 대부분의 학생들에게 효과적이었으나, 현우에게는 반응적이지 않은 교수임을 알 수 있다. 이처럼 중재에 대한 반응도와 관련된 데이

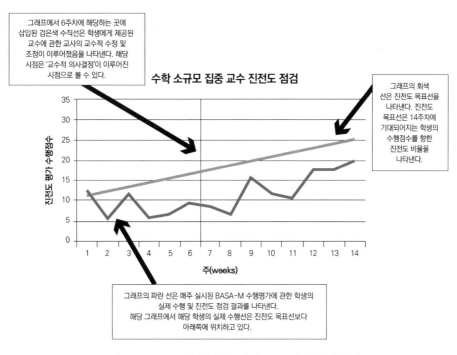

그림 10-12 개별 학생의 진전도 모니터링 데이터

터들을 종합적으로 평가하는 과정은 지원팀 및 현우네 학급 담임교사로 하여금 현재 제공되고 있는 중재에 대한 교수적 수정 및 중재에 반응하지 않는 학생들을 개별화 집중 지원 단계로의 의뢰 및 특수교육 적격성 평가를 위한 의뢰에 관한 의사결정을 돕는다.

소규모 집중 교수 단계에서는, 필요에 따라 개별 학생의 진전도 모니터링 그래프를 통해 중재에 대한 반응도를 평가할 수 있다. <그림 10-12>는 개별 학생의 진전도 모니터링 데이터가 교사의 교수적 수정과 관련된 의사결정 과정에 어떻게 활용될 수 있는지를 보여준다.

(3) 3단계: 소규모 집중 교수 프로그램 수정 및 개별 집중 교수단계 의뢰에 관한 의사결정

앞서, 지원팀은 현우가 현재 제공받고 있는 소규모 집중 교수에 반응적이지 않음을 확인할 수 있었다. 이에 따라 지원팀은 현우를 개별 집중 교수 단계 및 특수교육 적격성 평가를 위한 의뢰를 하기 이전에 담임교사와 함께 현재 제공되고 있는 교수에 대한 교수적 수정을 실시하기로 하였다. 지원 팀은 현우에게 제공되는 교수적 수정에 관한 의사결정 과정을 위해 '데이터 기반 의사결정 과정'을 따른다. 먼저, 지원팀은 현우의 담임선생님이 수집한 기록물들을 바탕으로 현우의 학업과 문제행동 발생이 서로 연관이 있을 가능성을 제기하고 이에 대한 통합적인 지원이 필요함을 보고하였다. 구체적으로, 학업 영역에서 현우는 <그림 10-13>과 같이, 소규모 집중 지원단계에서 제공되는 수학중재에 첫 한달 동안은 긍정적으로 반응하는 것처럼 보였다. 또한 현우의 주별 진전도 모니터링 그래프에서도 적응적이고 바람직한 수학 학습에 대한 향상도를 보여주었다. 대부분의 달 동안 현우는 수학 성취 기대수준을 충족하거나 그 이상의 수준을 나타냄으로써 수학 학습 능력이 향상된 것처럼 보였다.

한편, 행동 영역에서는 <그림 10-13>에서 확인할 수 있듯이 첫 6주가 지난 이후 시점부터 현우의 문제행동이 심각해지기 시작하였음을 알 수 있다. <그림 10-14>는 현우가 학급 일과 동안 나타낸 목표행동에 대한 비율을 나타내며, 기대되어지는 목표행동에 대한 비율은 80%로 설정되었다. <그림 10-14>에서 0점은 현우가 교사와 함께 학급일과 동안 나타낸 기대행동을 점검하는 CICO 중

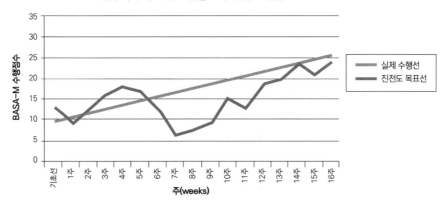

그림 10-13 현우의 소규모 집중 수학 교수에 대한 진전도 모니터링 그래프

재 활동에 참여하지 않았음을 나타낸다. <그림 10-14>에서 현우는 약 24-30
일부터 지속적으로 0점을 기록하였음을 확인할 수 있다. 이러한 패턴은 수학 중
재에 관한 진전도에도 심각한 부정적인 영향을 미쳤다. 진전도 점검을 위해 6분
동안 수학과제에 참여하고 집중하는 행동은 현우에게 힘들어보였다. 결국 현우의

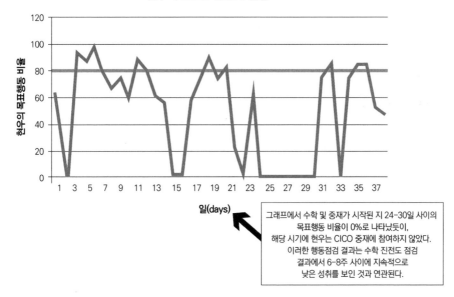

그림 10-14 현우의 소규모 집중 지원 단계의 행동 교수에 대한 기대행동 출현 비율

수학 학습 진전도는 기대 수준을 충족하거나 그 이상의 수준에서 기대 수준에 도달하지 못하는 진전도를 나타내게 되었다.

따라서 <그림 10-13>에서와 같이, 현우는 6-8주 동안 수학 진전도 점검 결과에서 지속적으로 낮은 성취를 보이고 있음을 알 수 있으며 이에 따라 지원팀은 현우의 수학 진전도 모니터링 데이터와 함께 문제행동에 관한 진전도 모니터링 데이터를 동시에 고려하기로 하였다. <그림 10-14>에서 화살표가 가리키는 구간은 현우가 지속적으로 낮은 수학학습 진전도를 나타낸 기간과 겹침을 알 수 있다. 따라서 지원팀은 현우의 수학학습 진전도가 목표선에 비해 낮아지기 시작한 6-8주 시점부터 수학 중재에 관한 교수적 수정이 이루어져야 함을 인식해야 하며, 해당 사례의 경우 지원팀은 행동영역의 진전도 모니터링 데이터를 교수적 수정 과정에 함께 고려해볼 수 있다.

지원팀은 수학학습 중재와 해당 학습중재 기간 동안 현우가 제공받고 있던 행동 지원에 교수적 실시하였다. 지원팀은 먼저 현우의 담임교사에게 현우에게 제공하고 있는 행동 지원에 관한 설명을 요청하였다. 그 결과 지원팀은 담임교사가 행동중재 기간 동안 현우가 습득해야 할 바람직한 목표행동에 초점을 맞추기보다는 현우가 보인 문제행동에 대한 비난 및 질책 등과 같은 부정적인 피드백을 제공하는 것을 확인하였다. 이러한 이유로 현우는 행동중재 기간 동안 교사와의 과제수행을 거부하는 등 비협조적인 태도를 보이게 된 것이다. 또한 지원팀은 현우가 수학중재 과정 동안 더 많은 성공경험을 할 수 있도록 담임교사와 함께 교수목표를 더욱 구체화하고 달성 가능한 수준으로 수정하였다. 지원팀은 담임교사와의 논의를 통해 결정된 교수적 수정을 한달 동안 실시하기로 하였다.

이러한 교수적 수정은 느리지만 현저한 성과를 나타내었다. 교수적 수정 이후 수집된 몇 주간의 수학 학습 진전도 모니터링 점수는 목표선에 미치지 못하였지만 시간이 지남에 따라 천천히 지속적으로 향상되어 12주차에는 지난달에 비해 처음으로 유의한 향상도를 보였다. 이러한 진전도 패턴은 현재 제공되고 있는 교수적 중재가 현우의 수학 학습성취 목표선을 달성하기에 충분한 지원임을 나타낸다고 볼 수 있다.

MTSS 참고자료

1. 단계별 지원 및 중재

보편적 핵심 교수 단계	저자	웹사이트	주제
Intervention Reports and Practice Guides	What Works Clearinghouse	https://ies.ed.gov/ncee/wwc/FWW	Reading; Mathematics; Science; Behavior; English Learners
Modules on Evidence-based Teaching Strategies	IRIS Center	https://iris.peabody.vanderbilt.edu/resources/iris-resource-locator/	Reading; Mathematics
Evidence-Based Reading Instruction for Grades K-5	Lane, 2014; CEEDAR Center	https://ceedar.education.ufl.edu/wp-content/uploads/2014/12/IC-12_FINAL_12-15-14.pdf	Reading
RTI Related Topics: English Learners	Center on RTI (Will update once new MTSS Center goes live)	https://www.rti4success.org/related-rti-topics/english-learners	English Learners
Evidence-based Practices for English Learners	Richards-Tutor, Aceves, & Reese, 2016; CEEDAR Center	https://ceedar.education.ufl.edu/wp-content/uploads/2016/11/EBP-for-english-learners.pdf	English Learners
PBIS: Tier 1 Support	PBIS Center	https://www.pbis.org/pbis/tier-1	Behavior

PBIS Cultural Responsiveness Field Guide	PBIS Center	https://www.pbis.org/resource/pbis-cultural-responsiveness-field-guide-resources-for-trainers-and-coaches	Behavior
SEL Programs	CASEL	https://casel.org/guide/ratings/elementary/	SEL
Evidence-based Practices(Part 2): Implementing a Practice or Program with Fidelity	IRIS Center	https://iris.peabody.vanderbilt.edu/module/ebp_02/	Fidelity

집중적 보충 지원 단계	저자	웹사이트	주제
Tools Chart: Academic Intervention	National Center on Intensive Intervention	https://charts.intensiveintervention.org/aintervention	Reading; Mathematics
Tools Chart: Behavioral Intervention	National Center on Intensive Intervention	https://charts.intensiveintervention.org/bintervention	Behavior
PBIS: Tier 2 Support	PBIS Center	https://www.pbis.org/pbis/tier-2	Behavior

집중적 보충 지원 단계	저자	웹사이트	주제
Introduction to Intensive Intervention: Self-Paced Module	National Center on Intensive Intervention	https://intensiveintervention.org/resource/self-paced-introduction-intensive-intervention	Reading; Mathematics

Taxonomy of Intervention Intensity	Fuchs, Fuchs, & Malone, 2017; National Center on Intensive Intervention	https://intensiveintervention.org/taxonomy-intervention-intensity	Reading; Mathematics; Behavior
IRIS Center Module on Intensive Intervention(Part 1)	IRIS Center	https://iris.peabody.vanderbilt.edu/module/dbi1/#content	Reading; Mathematics
IRIS Center Module on Intensive Intervention(Part 2)	IRIS Center	https://iris.peabody.vanderbilt.edu/module/dbi2/#content	Reading; Mathematics
Tools Chart: Academic Intervention	National Center on Intensive Intervention	https://charts.intensiveintervention.org/aintervention	Reading; Mathematics
Intensive Intervention in Reading	National Center on Intensive Intervention	https://intensiveintervention.org/intensive-intervention-reading-course	Reading
Literacy Strategies to Support Intensifying Interventions	National Center on Intensive Intervention	https://intensiveintervention.org/intervention-resources/literacy-strategies#comprehension	Reading
Mathematics Strategies to Support Intensifying Interventions	National Center on Intensive Intervention	https://intensiveintervention.org/intervention-resources/mathematics-strategies-support-intensifying-interventions	Mathematics
Student Progress Monitoring Tool for Data Collection & Graphing	Kearns, 2016; National Center on Intensive Intervention	https://intensiveintervention.org/resource/student-progress-monitoring-tool-data-collection-and-graphing-excel	Reading; Tier 3

DBI Implementation Rubric and Interview	National Center on Intensive Intervention	https://intensiveintervention.org/resource/dbi-implementation-rubric-and-interview	Reading; Mathematics
Tools Chart: Behavioral Intervention	National Center on Intensive Intervention	https://charts.intensiveintervention.org/bintervention	Behavior
PBIS: Tier 3 Support	PBIS Center	https://www.pbis.org/pbis/tier-3	Behavior
Data-Based Decision Making Process	National Center on Intensive Intervention	https://intensiveintervention.org/behavior-data-based-decision-making-behavior-course	Behavior
Essentials of Intensive Intervention	Zumeta-Edmonds, Gandhi, & Danielson., 2019	Guilford Press	Reading; Mathematics; Behavior

2. 평가도구

보편적 선별검사	저자	웹사이트	주제
Tools Chart: Academic Screening	National Center on Intensive Intervention	https://charts.intensiveintervention.org/ascreening	Reading; Mathematics
Tools Chart: Behavior Screening	National Center on Intensive Intervention	https://charts.intensiveintervention.org/bscreening	Behavior
ABCs of CBM (2nd Edition)	Hosp, Hosp, & Howell, 2016	Guildford Press	Reading; Mathematics; Spelling; Writing; Secondary Content Areas

진전도 모니터링 검사	저자	웹사이트	주제
Tools Chart: Academic Progress Monitoring	National Center on Intensive Intervention	https://charts.intensiveintervention.org/aprogressmonitoring	Reading; Mathematics
Tools Chart: Behavior Progress Monitoring	National Center on Intensive Intervention	https://charts.intensiveintervention.org/bprogressmonitoring	Behavior
Student Progress Monitoring Tool for Data Collection & Graphing	Kearns, 2016; National Center on Intensive Intervention	https://intensiveintervention.org/resource/student-progress-monitoring-tool-data-collection-and-graphing-excel	Reading; Tier 3
Progress Monitoring for Reading	IRIS Center	https://iris.peabody.vanderbilt.edu/module/pmr/	Reading
Progress Monitoring for Mathematics	IRIS Center	https://iris.peabody.vanderbilt.edu/module/pmm/	Mathematics
ABCs of CBM (2nd Edition)	Hosp, Hosp, & Howell, 2016	Guildford Press	Reading; Mathematics; Spelling; Writing; Secondary Content Areas

진단 검사	저자	웹사이트	주제
Example Diagnostic Tools	National Center on Intensive Intervention	https://intensiveintervention.org/intensive-intervention/diagnostic-data/example-diagnostic-tools	National Center on Intensive Intervention

Informal Academic Diagnostic Assessment: Using Data to Guide Intensive Instruction	National Center on Intensive Intervention	https://intensiveintervention.org/resource/informal-academic-diagnostic-assessment-using-data-guide-intensive-instruction-dbi	National Center on Intensive Intervention
Using FBA for Diagnostic Assessment in Behavior	National Center on Intensive Intervention	https://intensiveintervention.org/resource/using-fba-diagnostic-assessment-behavior-dbi-training-series-module-6	National Center on Intensive Intervention

3. 데이터 기반 의사결정

데이터 기반 의사결정	저자	웹사이트
Teaming Structures Across Tiers of Support (+ IEP Teams)	National Center on Intensive Intervention	https://intensiveintervention.org/sites/default/files/IEP-TeamInfographic-508v2.pdf
Tools to Support Intensive Intervention Data Meetings	National Center on Intensive Intervention	https://intensiveintervention.org/implementation-support/tools-support-intensive-intervention-data-meetings
Using FBA for Diagnostic Assessment in Behavior	National Center on Intensive Intervention	https://intensiveintervention.org/resource/using-fba-diagnostic-assessment-behavior-dbi-training-series-module-6

데이터 기반 의사결정 과정	저자	웹사이트
Tools to Support Intensive Intervention Data Meetings	National Center on Intensive Intervention	https://intensiveintervention.org/implementation-support/tools-support-intensive-intervention-data-meetings
ABCs of CBM (2nd Edition)	Hosp, Hosp, & Howell, 2016	Guildford Press

데이터 기반 의사결정 의사소통 과정	저자	웹사이트
Tools to Support Intensive Intervention Data Meetings	National Center on Intensive Intervention	https://intensiveintervention.org/implementation-support/tools-support-intensive-intervention-data-meetings

4. 제반시설

데이터 기반 의사결정 의사소통 과정	저자	웹사이트
Learning by Convening	National Center for Systemic Improvement	https://ncsi.wested.org/resources/leading-by-convening/
Professional Leanring through the Active Implementation Hub	National Implementation Research Network	https://nirn.fpg.unc.edu/ai-hub

찾아보기

참고문헌

01

교육부. (2021. 6. 2). 2020년 국가수준 학업성취도 평가 결과 및 학습 지원 강화를 위한 대응 전략 발표. http://www.moe.go.kr

김근하, 김동일. (2007). 경계선급 지능 초등학생의 학년별 학업성취변화: 초등학교 저학년을중심으로. 한국특수교육학회 2007년 추계학술대회 논문집, 73-96.

김동일. (1998). 구조방정식에 의한 발달 및 변화과정의 측정모형: 읽기장애아동을 위한 교육과정중심측정의 적용을 중심으로. 특수교육연구, 5, 85-99.

김동일. (1999). Developing Reading Inventories with Curriculum-Based Measurement Procedure: A Perspective of Technical Adequacy. 특수교육연구, 6, 103-116.

김동일. (2000). 기초학습기능 수행평가체제(BASA): 읽기. 서울: 학지사.

김동일. (2008a). 기초학습기능 수행평가체제(BASA): 읽기(2판). 서울: 학지사.

김동일. (2008b). 기초학습기능 수행평가체제(BASA): 쓰기. 서울: 학지사.

김동일. (2011a). 기초학습기능 수행평가체제(BASA): 초기문해. 서울: 학지사.

김동일. (2011b). 기초학습기능 수행평가체제(BASA): 수학. 서울: 학지사.

김동일. (2011c). 기초학습기능 수행평가체제(BASA): 초기수학. 서울: 학지사.

김동일. (2017a). BASA와 함께하는 읽기능력 증진 개별화 프로그램: 읽기나침반 음운인식편.서울: 학지사.

김동일. (2017b). BASA와 함께하는 읽기능력 증진 개별화 프로그램: 읽기나침반 읽기유창성편. 서울: 학지사.

김동일. (2017c). BASA와 함께하는 읽기능력 증진 개별화 프로그램: 읽기나침반 읽기이해편. 서울: 학지사.

김동일. (2018a). 기초학습기능 수행평가체제(BASA): 수학 문장제. 서울: 학지사.

김동일. (2018b). BASA와 함께하는 읽기능력 증진 개별화 프로그램: 읽기나침반 어휘편. 서울: 학지사.

김동일. (2019a). 기초학습기능 수행평가체제(BASA): 어휘. 서울: 학지사.

김동일. (2019b). 기초학습기능 수행평가체제(BASA): 읽기이해. 서울: 학지사

김동일. (2020a). BASA와 함께하는 쓰기능력 증진 개별화 프로그램: 쓰기 나침반. 서울: 학지사.

김동일. (2020b). BASA와 함께하는 수학능력 증진 개별화 프로그램: 수학 나침반 초기 수학(수감각)편. 서울: 학지사.

김동일. (2020c). BASA와 함께하는 수학능력 증진 개별화 프로그램: 수학 나침반 수학 연산편. 서울: 학지사.

김동일. (2020d). BASA와 함께하는 수학능력 증진 개별화 프로그램: 수학 나침반 수학 문장제편. 서울: 학지사.

김동일. (2021). 기초학습능력 종합검사(BASA: CT). 서울: 학지사.

김동일, 고혜정. (2018). 학습곤란(ld) 학생을 위한 교육지원의 확장적 전환: 학습장애(LD) 정의 체계 재구조화. 학습장애연구, 15(1), 1−12.

김동일, 김주선, 김은삼, 송푸름. (2019). 교육사각지대 학습자 속성 탐색: 교육복지사를 중심으로. 학습장애연구, 16(3), 137−156.

김동일, 최서현, 신재현. (2021). 기초학습기능 수행평가체제(BASA)의 발자취와 미래 비전: 데이터기반교수(DBI) 적용과 확장을 위한 서설. 학습장애연구, 18(2), 119−150.

김애화, 김자경, 김의정, 황순영, 정은주. (2020). 국내 읽기 학습장애 출현율은 어떠한가? −K도를 중심으로. [KEDI] 한국교육, 47(2), 1−24.

서봉언. (2020). 교육소외에 관한 체계적 문헌고찰 및 관련 변인 메타분석. 학습자중심교과교육연구, 20(14), 905−930.

신재현. (2017). 읽기학습장애 선별을 위한 선택형 읽기검사(CBM Maze)의 타당도 연구: 메타분석을 중심으로. 특수교육, 16(1), 5−33

신재현. (2019b). 교육사각지대 학습자를 위한 지원 체계. 교원교육소식, 93, 6−12.

여승수, 홍성두, 손지영. (2014). 한국 교육과정중심측정(CBM)의 연구 동향: 측정학적 적합성을 중심으로. 학습장애연구, 11(3), 187−213.

최수미, 유인화, 김동일, 박애실. (2018). 일반교사가 지각하는 교육사각지대 학습자 특성의 구성개념 탐색: CQR−M을 중심으로. 교육심리연구, 32(3), 421−442.

최수미, 김동일, 이준원, 신지연, 유인화, 조아영. (2019). 교육사각지대학습자 선별을 위한 교사용 평정도구 개발 및 타당화. 교육심리연구, 33(2), 153−170.

Al Otaiba, S., & Fuchs, D. (2006). Who are the young children for whom best practices in reading are ineffective? An experimental and longitudinal study. *Journal of Learning Disabilities, 39*(5), 414−431

Deno, S. L. (1985). Curriculum−based measurement: The emerging alternative. *Exceptional Children, 52*(3), 219−232.

Fuchs, D., Fuchs, L. S., & Compton, D. L. (2012). Smart RTI: A next−generation approach to multilevel prevention. *Exceptional Children, 78*(3), 263−279.

Fuchs, D., & Fuchs, L. S. (2017). Critique of the national evaluation of response to intervention: A case for simpler frameworks. *Exceptional Children, 83*(3), 255−268.

Kim, D., Kim, W., Koh, H., Lee, J., Shin, J., & Kim, H. (2014). Exploring students at risk for reading comprehension difficulties in South Korea: the RTI approach applying latent class growth analysis. *Asia Pacific Education Review, 15*(4), 633−643.

McMaster, K. L., Shin, J., Espin, C., Jung, P., Wayman, M., & Deno, S. L. (2017). Monitoring elementary students' writing progress using curriculum−based measures: Grade and gender differences. *Reading and Writing: An Interdisciplinary Journal, 30,* 1−23.

Stecker, P., Fuchs, L., & Fuchs, D. (2005). Using curriculum based measurement to improve student achievement: Review of research. *Psychology in the Schools, 42,* 795−819.

Wayman, M., Wallace, T., Wiley, H. I., Ticha, R., & Espin, C. A. (2007). Literature synthesis on curriculum−based measurement in reading. *The Journal of Special Education, 41,* 85−120.

02

김동일, 고혜정, 남지은, 박유정, 신재현, 조영희, 최수미. (2022). 교육사각지대 학습자 이해와 지원. 서울: 박영스토리.

조안남, & 권해수. (2021). 비대면 변증법적 행동치료 기술훈련 집단프로그램이 대학생의 사회불안감소에 미치는 효과. 청소년시설환경, 19(3), 41−50.

최현정. (2018). 변증법행동치료 (DBT) 의 근거와 한국 보급: 체계적 문헌 고찰. *Korean Journal of Clinical Psychology, 37*(3), 443−463.

황지은, & 김동일. (2022). 경계선 지능 청소년의 사회· 정서적 특성에 대한 부모 인식 탐색. 교육문화연구, 28(4), 353−376.

Brown, J. F., Brown, M. Z., & Dibiasio, P. (2013). Treating individuals with intellectual disabilities and challenging behaviors with adapted dialectical behavior therapy. *Journal of mental health research in intellectual disabilities, 6*(4), 280−303.

Brown, J. F. (2016). *The emotion regulation skills system for the cognitively challenged client: A DBT−informed approach.* New York: The Guilford Press.

Bunford, N., Evans, S. W., & Wymbs, F. (2015). ADHD and emotion dysregulation among children and adolescents. *Clinical child and family psychology review, 18*(3), 185−217.

Charlton, M., & Dykstra, E. J. (2011). Dialectical behaviour therapy for special populations: Treatment with adolescents and their caregivers. *Advances in mental health and intellectual Disabilities, 5*(5), 6−14.

Cervantes, R. C., Goldbach, J. T., Varela, A., & Santisteban, D. A. (2014). Self−harm among Hispanic adolescents: Investigating the role of culture−related stressors. *Journal of adolescent health, 55*(5), 633−639.

Cole, P., Weibel, S., Nicastro, R., Hasler, R., Dayer, A., Aubry, J. M., ... & Perroud, N. (2016). CBT/DBT skills training for adults with attention deficit hyperactivity disorder (ADHD). *Psychiatria Danubina, 28*(suppl. 1), 103−107.

Cristea, I. A., Gentili, C., Cotet, C. D., Palomba, D., Barbui, C., & Cuijpers, P. (2017). Efficacy of psychotherapies for borderline personality disorder: a systematic review and meta−analysis. *JAMA Psychiatry, 74*(4), 319−328.

Daviss, W. B., & Diler, R. S. (2014). Suicidal behaviors in adolescents with ADHD: associations with depressive and other comorbidity, parent-child conflict, trauma exposure, and impairment. *Journal of attention disorders, 18*(8), 680−690.

Hastings, S. E., Swales, M. A., Hughes, J. C., Jones, K., & Hastings, R. P. (2022). Universal delivery of a dialectical behaviour therapy skills programme (DBT STEPS−A) for adolescents in a mainstream school: feasibility study. *Discover Psychology, 2*(1), 1−18.

Lim, A., Totsika, V., & Ali, A. (2022). Analysing trends of psychiatric disorders, treatment and service use across time in adults with borderline intellectual impairment: A cross−sectional study of private households. *Journal of Psychiatric Research, 151,* 339−346.

Linehan, M. M. (1993). *Cognitive−behavioral treatment of borderline personality disorder.* New York: The Guilford Press.

Lew, M., Matta, C., Tripp−Tebo, C., & Watts, D. (2006). Dialectical behavior therapy (DBT) for individuals with intellectual disabilities: A program description. Mental Health Aspects of Developmental Disabilities, 9(1), 1.

Lumley, V. A., & Miltenberger, R. G. (1997). Sexual abuse prevention for persons with mental retardation. *American journal of mental retardation: AJMR,* 101(5), 459−472.

Mason, P.M., Catucci, D., Lusk, V., & Johnson, M. (2011). An initial program evaluation of modified dialectical behavior therapy skills training in a school setting. *In Poster accepted for presentation at the International society for the improvement and teaching of dialectical behavior therapy (ISIT DBT).* November 2011, Toronto, Canada.

Mazza, J. J., Dexter−Mazza, E. T., Miller, A. L., Rathus, J. H., & Murphy, H. E. (2016). *DBT Skills in Schools: Skills Training for Emotional Problem Solving for Adolescents (DBT STEPS−A).* Guilford Press.

McCauley, E., Berk, M. S., Asarnow, J. R., Adrian, M., Cohen, J., Korslund, K., . . . Linehan, M. (2018). Efficacy of dialectical behavior therapy for adolescents at high risk for suicide: A randomized clinical trial. *JAMA Psychiatry,* 75(8), 777−785,

McNair, L., Woodrow, C., & Hare, D. (2017). Dialectical behaviour therapy [DBT] with people with intellectual disabilities: A systematic review and narrative analysis. *Journal of Applied Research in Intellectual Disabilities,* 30(5), 787−804.

Mehlum, L., Ramberg, M., Tormoen, A. J., Haga, E., Diep, L. M., Stanley, B. H., . . . Groholt, B. (2016). Dialectical behavior therapy compared with enhanced usual care for adolescents with repeated suicidal and self−harming behavior: Outcomes over a one−year follow−up. *Journal of the American Academy of Child and Adolescent Psychiatry, 55,* 295−300.

Mehlum, L., Ramleth, R. K., Tørmoen, A. J., Haga, E., Diep, L. M., Stanley, B. H., ... & Grøholt, B. (2019). Long term effectiveness of dialectical behavior therapy versus enhanced usual care for adolescents with self-harming and suicidal behavior. *Journal of Child Psychology and Psychiatry, 60*(10), 1112−1122.

Mehlum, L., Tørmoen, A. J., Ramberg, M., Haga, E., Diep, L. M., Laberg, S., . . . Grøholt, B. (2014). Dialectical behavior therapy for adolescents with repeated suicidal and selfharming behavior: A randomized trial. *Journal of the American Academy of Child & Adolescent Psychiatry, 53*(10), 10821091.

Meyer, J., Ramklint, M., Hallerbäck, M. U., Lööf, M., & Isaksson, J. (2022). Evaluation of a structured skills training group for adolescents with attention−deficit/hyperactivity disorder: a randomised controlled trial. *European child & adolescent psychiatry, 31*(7), 1−13.

Miga, E. M., Neacsiu, A. D., Lungu, A., Heard, H. L., & Dimeff, L. A. (2019). Dialectical behaviour therapy from 1991−2015: What do we know about clinical efficacy and research quality? In M. Swales (Ed.), *The Oxford handbook of Dialectical Behaviour Therapy* (pp. 415−−465). Oxford University Press.

Perepletchikova, F. (2020). Clinical illustration of the dialectical behavior therapy for preadolescent children: addressing primary targets. In The *Handbook of Dialectical Behavior Therapy* (pp. 209−238). Academic Press.

Perepletchikova, F., Axelrod, S. R., Kaufman, J., Rounsaville, B. J., Douglas-Palumberi, H., & Miller, A. L. (2011). Adapting Dialectical Behaviour Therapy for children: Towards a new research agenda for paediatric suicidal and non-suicidal self-injurious behaviours. *Child and adolescent mental health, 16*(2), 116−121.

Perepletchikova, F., & Goodman, G. (2014). Two approaches to treating preadolescent children with severe emotional and behavioral problems: Dialectical behavior therapy adapted for children and mentalization—based child therapy. *Journal of Psychotherapy Integration, 24*(4), 298.

Perepletchikova, F., & Nathanson, D. (2020). An overview of DBT for preadolescent children: addressing primary treatment targets. In *Dialectical Behavior Therapy in Clinical Practice: Applications across Disorders and Settings* (pp. 327—344). Guilford Publications.

Perepletchikova, F., Nathanson, D., Axelrod, S. R., Merrill, C., Walker, A., Grossman, M., ... Walkup, J. (2017). Dialectical behavior therapy for pre—adolescent children with disruptive mood dysregulation disorder: Feasibility and primary outcomes. *Journal of the American Academy of Child and Adolescent Psychiatry, 56*, 832—840.

Rathus, J. H., Berk, M. S., Miller, A. L., & Halpert, R. (2020). Dialectical behavior therapy for adolescents: a review of the research. The Handbook of Dialectical Behavior Therapy, 175—208.

Rathus, J. H., & Miller, A. L. (2015). *DBT skills manual for adolescents.* New York: Guilford Press.

Rizvi, S. L., Steffel, L. M., & Carson—Wong, A. (2013). An overview of dialectical behavior therapy for professional psychologists. *Professional Psychology: Research and Practice, 44*, 73—80.

Robins, C. J., Zerubavel, N., Ivanoff, A., & Linehan, M. (2018). *Dialectical behavior therapy. Handbook of personality disorders* (pp. 527—540). The Guilford Press.

Rosendahl—Santillo, A., Lantto, R., Nylander, L., Thylander, C., Schultz, P., Brown, J., ... & Westling, S. (2021). DBT—skills system for cognitively challenged individuals with self—harm: a Swedish pilot study. *International Journal of Developmental Disabilities, 1*—13.

Swenson, C. R. (2016). 살아있는 DBT: 변증법적 행동치료의 원리와 실제. 남지혜, 남지은 (번역). 서울: 시그마프레스.

Valentine, S. E., Smith, A. M., & Stewart, K. (2020). A review of the empirical evidence for DBT skills training as a stand—alone intervention. *The handbook of dialectical behavior therapy, 325*—358.

03 (*표시는 본 연구에서 문헌분석 대상으로 포함된 연구임)

강은영, 김우리, 신재현. (2020). 다양한 학업적 어려움을 지닌 위험군 학생을 위
　　한 행정 및 제도적 지원체제 구축 방안과 과제. **특수교육학연구**, 55(3),
　　1－31.

국립특수교육원. (2019). **학습장애학생 교육지원 방안**. 아산: 국립특수교육원.

길한아, 손승현, 고서연, 백영선, 김미령. (2018). 읽기에 어려움이 있는 학생을
　　위한 읽기중재 단일대상연구에 대한 메타분석: 경도지적장애, 학습장애,
　　학습부진학생을 중심으로. **학습장애연구**, 15(3), 1－27.

김동일, 고혜정. (2018). 학습곤란(ld) 학생을 위한 교육지원의 확장적 전환: 학습
　　장애(LD) 정의 체계 재구조화. **학습장애연구**, 15(1), 1－12.

김동일, 이대식, 신종호. (2016). **학습장애아동의 이해와 교육**(3판). 서울: 학지사.

*김복실, 이대식. (2021). 음운인식 기반 한글읽기교수가 난독위험군 학생의 해
　　독 능력에 미치는 효과. **학습장애연구**, 18(2), 1－30.

*김선희, 박현숙. (2003). 반구 자극 중재가 난독증 아동의 읽기 향상에 미치는
　　효과. **특수교육학연구**, 38(2), 57－84.

*김수정, 이대식, 김수연. (2012). 직접교수(DI) 원리를 적용한 한글읽기프로그램
　　이 읽기부진 다문화 아동의 단어읽기와 읽기유창성에 미치는 효과. **특수
　　교육 저널: 이론과 실천**, 13(4), 415－445.

김애화. (2006). 학습장애학생을 위한 중재연구에 관한 문헌분석. **특수교육 저널:
　　이론과 실천**, 7(2), 265－299.

김애화, 김의정, 김자경, 정대영. (2018). 학습장애, 난독증, 학습부진(경계선 지
　　능 포함) 및 학습지원대상 학생은 누구이며, 교육적 지원은 이대로 괜찮
　　은가?: 특수교육의 역할과 과제에 대한 소고. **특수교육학연구**, 53(1),
　　1－21.

*김애화, 김의정, 이윤미. (2015). 체계적·명시적 음운규칙 교수가 읽기장애학생
　　의 음운변동이 적용되는 단어인지에 미치는 효과. **학습장애연구**, 12(1),
　　201－222.

*김애화, 김의정, 표소래. (2011). 스크립트화된 합성 파닉스 교수가 읽기장애학
　　생의 한글 단어인지에 미치는 효과. **특수교육 저널: 이론과 실천**, 12(3),
　　613－638.

김애화, 김자경, 김의정, 황순영, 정은주. (2020). 국내 읽기 학습장애 출현율은
　　어떠한가? －K도를 중심으로. **[KEDI] 한국교육**, 47(2), 1－24.

*김용욱, 김경일, 우정한. (2016). 한글 파닉스 접근법에 기초한 단어인지 지도 프로그램이 난독증 학생의 단어인지에 미치는 효과. **특수교육 저널: 이론과 실천**, 17(4), 91－112.

김윤옥, 강옥려, 우정한, 변찬석. (2015). 난독증 선별 체크리스트 표준화 및 한국 난독증 학생 통계추정 연구. **학습장애연구**, 12, 21－45.

*문연희, 박용한. (2020). 발음중심 한글지도 프로그램이 읽기 어려움을 겪는 초등학교 1학년 초기 문해력에 미치는 효과. **초등교육연구**, 33(4), 169－194.

신미경, 박은혜, 김영태, 강진경. (2016). 장애학생들의 음운인식 및 단어재인능력 향상을 위한 읽기중재: 단일대상 메타분석 연구. **특수아동교육연구**, 18(2), 45－75.

*신수정, 강옥려. (2018). 명시적 교수에 기반한 통합파닉스 훈련이 난독증위험 학생의 단어재인, 읽기유창성, 철자쓰기에 미치는 효과. **학습장애연구**, 15(3), 103－134.

*신은선, 우정한, 김용욱. (2020). 보편적 학습설계 기반 음운인식 프로그램이 다문화 읽기곤란학생의 음운인식능력에 미치는 효과. **특수교육 저널: 이론과 실천**, 21(3), 175－198.

신재현. (2019b). 학습장애 및 학습부진 아동을 위한 집중교육의 재개념화: 교사에 의한 증기거반교수의 선정과 교수 수정을 중심으로. **학습장애연구**, 16(3), 93－113.

신재현. (2019c). 교육사각지대 학습자를 위한 지원 체계. **교원교육소식**, 93, 6－12.

신재현, 이대식, 김수연, 이희연, 이은영. (2020). 예비교사에 의한 맞춤형 진단과 한글 읽기 프로그램의 체계적 적용 효과: 지역아동센터 내 읽기부진 아동을 대상으로. **특수교육학연구**, 54(4), 97－114.

신재현, 정평강. (2021). 학습장애 진단 및 선정 절차의 현황과 과제: 특수교육지원센터를 중심으로. **학습장애연구**, 18(1), 1－25.

*양민화. (2019). CAI 기반 원격 한글파닉스 교수에 대한 일반 난독증 아동과 다문화가정 난독증 아동의 학습반응 비교. **초등교육연구**, 33(1), 139－167.

연준모, 김우리. (2021). 한국 난독증 문헌 분석: 내용 분석과 의미 연결망 분석을 활용하여. **특수교육**, 20(1), 75－108.

우정한. (2018). 교육현장에서 난독학생 진단 및 지도 실태와 과제. **2018 한국특수교육문제연구소 동계학술대회 자료집**(pp. 23－36).

유한익. (2018). 국내 초등학교 난독증 유병률 조사. **난독증학생 지원 확대와 보장을 위한 연합학술대회 자료집**(pp. 29－38).

이대식. (2019). 학습 어려움, 어떻게 이해하고 대처할 것인가?: 국내 학습장애 교육 발전을 위한 과제와 방향. **학습장애연구**, 16(1), 1－32.

이대식, 신재현. (2022). 초등학교 한글 난독 의심 학생의 읽기 수행 특성 및 읽기 어려움 유형. **학습장애연구**, 19(1), 1－23.

*이애진, 양민화 (2018). 한글 파닉스 교수가 난독증 아동의 철자와 자모지식, 음운처리능력에 미치는 영향. **학습장애연구**, 15(1), 145－163.

이은림. (1998). 학습장애 연구에 관한 최근 동향 분석－국내 자료를 중심으로. **정서·행동장애연구**, 14(2), 247－269.

*이지영, 김정미. (2006). 단어재인과 읽기이해의 혼합 중재가 초등학교 읽기장애 아동의 비단어읽기에 미치는 **효과**. 석사학위 논문, 나사렛대학교 대학원.

전병운, 권회연. (2010). 국내 읽기장애아 중재방법에 관한 연구동향 분석. **아시아교육연구**, 11(2), 265－296.

*정대영, 김지현, 하창완. (2019). 훈민정음 제자원리에 기반한 한글 파닉스 지도 프로그램이 학습장애 아동의 단어 읽기 및 쓰기 능력에 미치는 효과. **학습자중심교과교육연구**, 19(20), 1187－1213.

정광조, 이대식. (2014). 국내 직접교수 읽기 연구의 증거－기반 정도: 체계적 연구결과분석과 메타분석을 중심으로. **아시아교육연구**, 15(4), 265－284.

정평강, 신재현, McMaster, K. (2016). 데이터기반 교수(Data－Based Instruction)의 쓰기영역 적용사례: 초등학교 저학년 학습장애 위험 아동을 대상으로. **특수교육**, 15(4), 61－80.

*정혜림, 김보배, 양민화, 이애진. (2016). 다문화가정 난독증 위기 아동을 위한 예방적 접근: 한글파닉스 교수의 효과 탐색. **특수교육저널: 이론과 실천**, 17(4), 297－321.

지정재. (2017). 지적장애 학생을 대상으로 한 읽기 중재 프로그램의 메타 분석. **학습전략중재연구**, 8, 66－82.

*차예은, 김소희. (2019). 읽기 및 철자쓰기를 통합한 음운규칙 지도 프로그램이 다문화가정 아동의 읽기 정확도와 철자 정확도에 미치는 효과. **학습장애연구**, 16(1), 199－239.

*하정숙. (2018). 경계선지능아동을 위한 읽기 중재의 효과. **특수교육학연구**, 52(4), 25－48.

Al Otaiba, S., Connor, C. M., Folsom, J. S., Wanzek, J., Greulich, L., Schatschneider, C., & Wagner, R. K. (2014). To wait in Tier 1 or intervene immediately: A randomized experiment examining first−grade response to intervention in reading. *Exceptional Children, 81*(1), 11−27.

Cook, B. G., & Odom, S. L. (2013). Evidence−based practices and implementation science in special education. *Exceptional children, 79(2), 135−144.*

Deno, S. L. (1985). Curriculum−based measurement: The emerging alternative. *Exceptional children, 52*(3), 219−232.

Fletcher, J. M., Lyon, G. R., Fuchs, L. S., & Barnes, M. A. (2018). *Learning disabilities: From identification to intervention.* Guilford Publications.

Fuchs, D., & Fuchs, L. S. (2017). Critique of the national evaluation of response to intervention: A case for simpler frameworks. *Exceptional Children, 83*(3), 255−268.

Fuchs, D., Fuchs, L. S., & Compton, D. L. (2012). Smart RTI: A next−generation approach to multilevel prevention. *Exceptional children, 78*(3), 263−279.

Fuchs, D., Fuchs, L. S., & Vaughn, S. (2014). What is intensive instruction and why is it important? *Teaching Exceptional Children, 46*(4), 13−18.

Gersten, R., Fuchs, L. S., Compton, D., Coyne, M., Greenwood, C., & Innocenti, M. S. (2005). Quality indicators for group experimental and quasi−experimental research in special education. *Exceptional children, 71*(2), 149−164.

Griffiths, Y., & Stuart, M. (2013). Reviewing evidence-based practice for pupils with dyslexia and literacy difficulties. *Journal of Research in Reading, 36*(1), 96−116.

Horner, R. H., Carr, E. G., Halle, J., McGee, G., Odom, S., & Wolery, M. (2005). The use of single−subject research to identify evidence−based practice in special education. *Exceptional children, 71(2), 165−179.*

McMaster, K. L., Lembke, E. S., Shin, J., Poch, A. L., Smith, R. A., Jung, P. G., ... & Wagner, K. (2020). Supporting teachers' use of data−based instruction to improve students' early writing skills. *Journal of Educational Psychology,* 1−21.

McMaster, K. L., Shin, J., Espin, C., Jung, P., Wayman, M., & Deno, S. L. (2017). Monitoring elementary students' writing progress using curriculum-based measures: Grade and gender differences. *Reading and Writing: An Interdisciplinary Journal, 30,* 1-23.

National Reading Panel. (2000). *Teaching children to read: An evidence-based assessment of the scientific research literature on reading and its implications for reading instruction* (NIH Publication No. 00-4769). Washington, DC: U. S. Government Printing Office.

Rack, J., Snowling, M., & Olson, R. (1992). The nonword reading deficit in developmental dyslexia: A review. *Reading Research Quarterly, 27,* 29-53.

Powell, S. R., Cirino, P. T., & Malone, A. S. (2017). Child-level predictors of responsiveness to evidence-based mathematics intervention. *Exceptional Children, 83*(4), 359-377.

Shaywitz, B. A., & Shaywitz, S. E. (2020). The American experience: towards a 21st century definition of dyslexia, *Oxford Review of Education, 46*(4), 454-471.

Snowling, M. J. (2013). Early identification and interventions for dyslexia: a contemporary view. *Journal of Research in Special Educational Needs, 13*(1), 7-14.

Stecker, P. M., Fuchs, L. S., & Fuchs, D. (2005). Using curriculum-based measurement to improve student achievement: Review of research. *Psychology in the Schools, 42*(8), 795-819.

Wanzek, J., Vaughn, S., Scammacca, N., Gatlin, B., Walker, M. A., & Capin, P. (2016). Meta-analyses of the effects of tier 2 type reading interventions in grades K-3. *Educational psychology review, 28*(3), 551-576.

Yuzaidey, N. A. M., Din, N. C., Ahmad, M., Ibrahim, N., Razak, R. A., & Harun, D. (2018). Interventions for children with dyslexia: A review on current intervention methods. *Med J Malaysia, 73*(5), 311.

04

강옥려. (2004). 학습장애학생의 학습을 향상시키기 위한 교수전략으로서의 그래픽 조직자의 사용. **학습장애연구**, 1(1), 1-27.

강옥려. (2016). 경계선급 지능 아동의 교육: 과제와 해결 방안. **한국초등교육**, 27(1), 361-378.

교육부. (2015). 국어과 교육과정. 세종: 교육부.

길한아, 손승현, 고서연, 백영선, 김미령. (2018). 읽기에 어려움이 있는 학생을 위한 읽기중재 단일대상연구에 대한 메타분석: 경도지적장애, 학습장애, 학습부진학생을 중심으로. **학습장애연구**, 15(3), 1-27.

김근하, 김동일. (2007). 경계선급 지능 초등학생의 학년별 학업 성취 변화: 초등학교 저학년을 중심으로. **한국특수교육학회 학술대회**, 73-97.

김동일, 고은영, 정소라, 이유리, 이기정, 박중규, 김이내. (2009). 국내 학습장애 연구의 동향 분석. **아시아교육연구**, 10(2), 283-47.

김동일, 이대식, 신종호. (2016). DSM-5 에 기반한 학습장애아동의 이해와 교육. 서울: 학지사.

김민경. (2015). 학령기 경계선지능아동의 듣기이해점검능력. **단국대학교대학원 석사학위논문**.

김민정. (2017). 학습장애 학생의 읽기 유창성과 읽기 이해 중재 연구 분석: 2007년~2016년 문헌을 중심으로. 대구대학교 석사학위청구논문.

김수영, 배소영. (2002). 언어발달지체아동의 문법형태소 사용 특성. **음성과학**, 9(4), 77-91.

김애화. (2006). 학습장애학생을 위한 중재연구에 관한 문헌분석. **특수교육저널: 이론과 실천**, 7(4), 265-299.

김애화, 황민아. (2008). 초등학교 고학년의 읽기능력에 영향을 미치는 읽기관련 변인에 관한 연구. Communication Sciences & Disorders, 13(1), 1-25.

김용욱, 김경미. (2013). 초등학교 읽기장애학생을 위한 독해력 향상연구의 효과 크기 및 조정변수에 관한 분석. **특수교육 저널: 이론과 실천**, 14(2), 225-247.

김우리, 고은영. (2012). 국내 학습장애 읽기이해 중재의 효과분석. **학습장애연구**, 9(3), 179-203.

김윤희, 김자경, 백은정. (2011). 상보적 전략을 활용한 읽기 교수가 읽기학습부진아의 독해력에 미치는 영향. **학습장애연구**, 8(2), 205-224.

김주영. (2018). 학령기 경계선 지적기능 아동의 언어 및 읽기 능력. **학습자중심교과교육연구**, 18(2), 139−157.

김진아, 강옥려. (2017). 경계선 지적 기능 아동에 대한 초등학교 교사들의 인식: 포커스 그룹 인터뷰를 통하여. **학습장애연구**, 14(3), 157−184.

김춘경 (1998). 학습부적응의 원인과 예방책 및 놀이치료에 관한 심리학적 고찰. **놀이치료연구-한국아동심리재활학회**, 2(1), 13−31.

노원경, 김태은, 오상철, 강옥려. (2020). 초등학교 경계선 지능 학생 선별체크리스트 개발을 위한 타당화 예비 연구. **교육연구논총**, 41(4), 143−171.

박찬선, 장세희. (2015). 경계선 지능을 가진 아이들: 느린 학습자의 이해와 교육. **경기: 이담북스.**

박현숙. (2018). 경계선 지적 기능 아동 선별 체크리스트: 타당화와 하위특성 연구. **성균관대학교 대학원 박사학위논문.**

변명원, 강은영, 이재원. (2018). 글 구조 인식 및 요약하기 전략교수가 읽기이해 부진 및 읽기이해장애 중학생의 설명글 이해에 미치는 효과. **특수교육교과교육연구**, 11(4), 275−298.

유경, 김락형, 정은희. (2008). 단순언어장애아동과 경계선지능 언어발달장애아동의 인지특성. **동의신경정신과학회지**, 19(1), 97−105.

이새별, 강옥려. (2020). 경계선급 지능 아동의 작업기억 특성 분석. **학습장애연구**, 17(2), 1−27.

이수덕, 김승미, 이은주. (2017). 어휘주석이 경계선지능아동의 설명글 읽기이해와 어휘학습에 미치는 영향. **특수교육학연구**, 51(4), 209−228.

이일화, 김동일. (2003). 읽기 유창성과 독해력 수준과의 관계: 초등학교 저학년 학생을 중심으로. **교육심리연구**, 17(4), 1−24.

이태수. (2007). 반복 읽기 (RCR) 와 SQ3R 독해전략이 읽기장애아동의 읽기유창성과 읽기이해에 미치는 효과. **특수교육학연구**, 41(4), 133−147.

임종아, 황민아. (2006). 경계선지능 언어발달장애아동과 일반아동의 문법성 판단 및 오류수정: 조사를 중심으로. **음성과학**, 13(2), 59−72.

정희정, 이재연. (2005). 경계선지능아동의 인지적, 행동적 특성. **아동복지연구**, 3(3), 109−124.

정희정, 이재연. (2008). 경계선 지적 기능 아동의 특성. **특수교육학연구**, 42(4), 43−66.

한덕묘. (2013). 이야기 재연 전략 훈련이 학습장애 중학생의 읽기 이해력 향상에 미치는 효과. **인제대학교 교육대학원 석사학위청구논문.**

American Psychiatric Association. (2013). *Diagnostic and statistical manual of mental disorders (5th ed.).* *https://doi−org.ezproxy.frederick.edu/10.1176/ appi.books.9780890425596*

Berkeley, S., Scruggs, T. E., & Mastropieri, M. A. (2010). Reading comprehension instruction for students with learning disabilities, 1995 −2006: A meta−analysis. *Remedial and Special Education, 31*(6), 423−436.

Bernard, R. M. (1990). Using extended captions to improve learning from instructional illustrations. *British Journal of Educational Technology, 21*(3), 215−225.

Betts, E. A. (1946). *Foundation of reading instruction.* New York: Amercian Book Company.

Catts, H. W., Herrera, S., Nielsen, D. C., & Bridges, M. S. (2015). Early prediction of reading comprehension within the simple view framework. *Reading and Writing, 28*(9), 1407−1425.

Ciullo, S., & Reutebuch, C. (2013). Computer-based graphic organizers for students with LD: A systematic review of literature. *Learning Disabilities Research & Practice, 28*(4), 196−210.

Dexter, D. D., Park, Y. J., & Hughes, C. A. (2011). A meta-analytic review of graphic organizers and science instruction for adolescents with learning disabilities: Implications for the intermediate and secondary science classroom. *Learning Disabilities Research & Practice, 26*(4), 204−213.

DiCecco, V. M., & Gleason, M. M. (2002). Using graphic organizers to attain relational knowledge from expository text. *Journal of learning disabilities, 35*(4), 306−320.

Faggella-Luby, M. N., & Deshler, D. D. (2008). Reading comprehension in adolescents with LD: What we know; what we need to learn. *Learning Disabilities Research & Practice, 23*(2), 70−78.

Farrell, J. M., & Shaw, I. A. (2010). Schema therapy groups for borderline personality disorder patients: The best of both worlds of group psychotherapy. *Göttingen: Hogrefe.*

Fuchs, L. S., Fuchs, D., Hosp, M. K., & Jenkins, J. R. (2001). Oral reading fluency as an indicator of reading competence: A theoretical, empirical, and historical analysis. In *The Role of Fluency in Reading Competence, Assessment, and instruction* (pp. 239−256). Routledge.

Gersten, R., Fuchs, L. S., Williams, J. P., & Baker, S. (2001). Teaching reading comprehension strategies to students with learning disabilities: A review of research. *Review of educational research, 71*(2), 279−320.

Glass, G. V., McGaw, B., & Smith, M. L.(1981). *Meta−analysis in social research*. Beverly Hills, CA: Sage.

Gough, P. B., & Tunmer, W. E. (1986). Decoding, reading, and reading disability. *Remedial and special education, 7*(1), 6−10.

Hebert, M., Bohaty, J. J., Nelson, J. R., & Brown, J. (2016). The effects of text structure instruction on expository reading comprehension: A meta−analysis. *Journal of Educational Psychology, 108*(5), 609−629.

Horton, S. V., & Lovitt, T. C. (1989). Using study guides with three classifications of secondary students. *The Journal of Special Education, 22*(4), 447−462.

Jankowska, A. M., Bogdanowicz, M., & Takagi, A. (2014). Stability of WISC−R scores in students with borderline intellectual functioning. *Health Psychology Report, 2*(1), 49−59.

Jenkins, J. R., Fuchs, L. S., Van Den Broek, P., Espin, C., & Deno, S. L. (2003). Sources of individual differences in reading comprehension and reading fluency. *Journal of educational psychology, 95*(4), 719−729.

Joseph, L. M., Alber−Morgan, S., Cullen, J., & Rouse, C. (2016). The effects of self−questioning on reading comprehension: A literature review. *Reading & Writing Quarterly, 32*(2), 152−173.

Joshi, R. M. (2005) Vocabulary: A Critical Component of Comprehension, *Reading & Writing Quarterly, 21*(3), 209−219

Kavale, K. A., & Glass, G. V. (1981). Meta−analysis and the integration of research in special education. *Journal of Learning Disabilities, 14*(9), 531−538.

Lee, S. H., & Tsai, S. F. (2017). Experimental intervention research on students with specific poor comprehension: A systematic review of treatment outcomes. *Reading and Writing, 30*(4), 917−943.

Lerner, J. (2003). *Learning disabilities: Theories, diagnosis, and teaching strategies* (9th ed.). Boston, MA: Houghton Mifflin Company.

MacMillan, D. L., Gresham, F. M., Bocian, K. M., & Lambros, K. M. (1998). Current plight of borderline students: Where do they belong?. *Education* and *Training in Mental Retardation and Developmental Disabilities*, 83−94.

McCardle, P., Scarborough, H. S., & Catts, H. W. (2001). Predicting, explaining, and preventing children's reading difficulties. *Learning disabilities research & practice, 16*(4), 230−239.

National Reading Panel (2000). Report of the National Reading Panel teaching children to read: An evidence−based assessment of the scientific research literature on reading and its implications for reading instruction. Washington, DC: National Institute of Child Health and Human Development.

Novak, J. D., & Gowin, D. B. (1984). *Learning how to learn.* cambridge University press.

Ouellette, G., & Beers, A. (2010). A not−so−simple view of reading: How oral vocabulary and visual−word recognition complicate the story. *Reading and writing, 23*(2), 189−208.

RAND Reading Study Group. (2002). Reading for understanding: Towardan R&D program in reading comprehension. Santa Monica, CA: RAND.

Solis, M., Ciullo, S., Vaughn, S., Pyle, N., Hassaram, B., & Leroux, A. (2012). Reading comprehension interventions for middle school students with learning disabilities: A synthesis of 30 years of research. *Journal of learning disabilities, 45*(4), 327−340.

Vaughn, S., Gersten, R. M., & Chard, D. J. (2000). A search for the underlying message in theintervention research on learning disabilities. Exceptional Children, 67, 99-114.

Watson, S. M., Gable, R. A., Gear, S. B., & Hughes, K. C. (2012). Evidence-based strategies for improving the reading comprehension of secondary students: Implications for students with learning disabilities. *Learning Disabilities Research & Practice, 27*(2), 79−89.

Wolf, M., & Bowers, P. G. (1999). The double−deficit hypothesis for the developmental dyslexias. *Journal of educational psychology, 91*(3), 415−438.

Wright, T. S., & Cervetti, G. N. (2017). A systematic review of the research on vocabulary instruction that impacts text comprehension. *Reading research quarterly, 52*(2), 203−226.

05

강옥려. (2004). 학습장애학생을 위한 그래픽조직자(graphic organizer)의 이론적 근거와 적용. **특수교육**, 3(1), 5 – 29.

강옥려. (2016). 경계선급 지능 아동의 교육: 과제와 해결방안. **한국초등교육**, 27(1), 361 – 378.

고혜정, 김우리, 김동일. (2013). 국내 학습장애 작문중재연구 분석; 글의 내용 향상과 길이 증가에 미치는 효과. **특수교육학연구**, 47(4), 165 – 187.

고혜정, 박현숙. (2005). 이야기문법 자기평가 교수전략이 초등 쓰기장애 학생의 쓰기 표현력에 미치는 효과, **특수교육학연구**, 40(1), 281 – 303.

김동일. (2002). 초등학생 쓰기 능력 진단과 지도를 위한 쓰기 평가와 쓰기 오류 분석. **아시아 교육연구**, 3(1), 43 – 62.

김동일. (2008). BASA 기초학습기능 수행평가체제: 쓰기검사. 서울: 학지사.

김동일. (2010). **특수교육학개론-장애 영재아동의 이해**. 서울: 학지사.

김동일, 김미순, 배성직. (2003). 학습부진아동의 진단과 중재를 위한 쓰기 검사 체제 개발 과 타당화. **아시아교육연구** 4(3), 43 – 67.

김동일, 신종호, 이대식. (2016). **학습장애 아동의 이해와 교육(3판)**. 서울: 학지사.

김애화. (2016b). 쓰기 교육과정중심측정(CBM – W)의 요인 구조에 관한 연구. **초등교육연구**, 29(4), 55 – 77.

김애화, 김의정. (2018). 초등학교 일반학생과 쓰기장애학생의 철자와 작문 성취도에 대한 예측변인. **특수교육학연구**, 52(4), 263 – 286.

김영태, 제현순, 정경희, 김영란, 배소영, 최은정, 정상임, 김효창. (2020). 아동 간편 읽기 및 쓰기 발달 검사(QRW) 개발을 위한 타당도 및 민감도와 특이도 연구. Communication Sciences & Disorders, 25(1),1 – 13.

김우리, 고혜정, 김동일. (2013). 학습장애 및 학습부진학생을 위한 그래픽조직자 중재 연구 분석. **특수교육학연구**, 48(1), 229 – 251.

김자경, 김지훈, 정세영, 구자현. (2011). 루브릭 평가를 활용한 과정중심 쓰기교수가 쓰기학습장애 아동의 쓰기능력과 쓰기효능감에 미치는 영향. **특수아동교육연구**, 13(4), 513 – 535.

김지애. (2010). 초등학교 입학 전 다문화 가정 자녀를 위한 학습 도구어 선정 및 교육, **이중언어학**, 44, 129 – 155.

김화수, 민은진, 장희정. (2016). 학령기 아동의 쓰기에 대한 국내외 문헌 고찰. **언어치료연구**, 25(2), 1 – 20.

방선주, 김은경. (2010). 과정중심 쓰기교수가 자폐성 장애 학생의 쓰기 능력에 미치는 효과. 정서·행동장애연구, 26(3), 151-178.

양민화, 나종민, 김보배, 이애진. (2016). 한글 철자 발달검사(Korean Developmental Spelling Assessment: KDSA)의 타당도 검증. 초등교육연구, 29(4), 161-176.

양정윤, 강옥려. (2014). SNS를 활용한 쓰기 활동이 쓰기학습부진아의 쓰기 능력과 쓰기 태도에 미치는 효과. 학습장애연구, 11(3), 65-92.

여승수. (2014). 쓰기학습장애 조기선별을 위한 초등학교 저학년용 DBM 쓰기검사의 측정학 적 적합성 연구. 학습장애연구, 11(2), 71-97.

우정한, 김용욱, 김인서, 김영모. (2016). 난독증의 본질. 서울: 시그마프레스.

이재승. (1999). 과정 중심의 쓰기 교재 구성에 관한 연구: 초등학교를 중심으로. 한국교원대학교 교육대학원, 박사학위 논문.

전병운, 김희규, 박경옥, 유장순, 정주영, 홍성두. (2018). 장애학생을 위한 국어교육의 이론과 실제(2판). 서울: 학지사.

정희정, 이재연. (2005). 경계선지능아동의 인지적, 행동적 특성. 아동복지연구, 3(3), 109-124.

최수미, 유인화, 김동일, 박예실. (2018). 일반교사가 지각하는 교육사각지대 학습자 특성의 구성개념 탐색-CQR-M을 중심으로. 교육심리연구, 32(3), 421-442.

한은혜, 김동일. (2022). 원격교육에서 과정 중심 쓰기 프로그램이 쓰기 학습장애 위험 학생의 쓰기능력과 쓰기동기에 미치는 영향. 특수교육학연구, 56(4), 75-104.

Bazerman, C., Applebee, A. N., Berninger, V. W., Brandt, D.,Graham, S., Matsuda, P. K. Schleppegrell, M. (2017). Taking the long view on writing development. *Research in the Teaching of English*, *51*(3), 351-360.

Berninger, V. W., Abbott, R. D., Abbott, S. P., Graham, S., & Richards, T.(2002). Writing and reading: connections between language by hand and language by eye. *Journal of Learning Disabilities*, *35*(1), 39-56.

Chall, J.(1983). *Stage of reading development*. New York: Mcgraw-Hills.

Dexter, D. D., & Hughes, C. A.(2011). Graphic organizers and students with learning disabilities: A meta-analysis. *Learning Disability Quarterly*, *34*(1), 51-72.

Graham, S., Harris, K., & Adkins, M,(2018). The impact of supplemental handwriting and spelling instruction with first grade students who do not acquire transcription skills as rapidly as peers: a randomized control trial. *Reading and Writing, 31*, 1273–1294.

Graham, S., McKeown, D., Kiuhara, S., & Harris, K. R.(2012). A meta–analysis of writing instruction for students in elementary grades. *Journal of Educational Psychology, 104*(4), 879–896.

Graham, S., & Perrin, D.(2007). *Writing next: Effective strategies to improve writing of adolescents in middle and high schools.* Washington, DC: Alliance for Excellence in Education.

Mercer, C. D., & Mercer, A. R.(2001). *Teaching students with learning problems. (6th ed.).* Upper Saddle River, NJ: Prentice Hall.

Sulzby, E. (1989). Assessment of writing and of children's language while writing. In L. Morrow & J. Smith(Eds.), *The role of assessment and measurement in early literacy instruction* (pp. 83–109). Englewood Cliffs, NJ: Prentice–Hall.

06

김동일, 이대식, 신종호. (2016). DSM-5에 기반한 학습장애아동의 이해와 교육. 서울: 학지사.

김동일, 임진형. (2021). 학습부진 및 학습장애 학생 대상 철자 관련 교수의 효과: 국내 단일대상연구의 메타분석. 특수아동교육연구, 23(1), 1–29.

김동일, 김희은, 조은정 (2021). 파닉스 교수법에 기초한 읽기·철자 통합프로그램이 난독증 위험군 학생의 음운인식과 읽기 유창성에 미치는 효과. 교육문화연구, 27(6), p.477–496.

김애화. (2009). 초등학교 학생의 철자 특성 연구: 철자 발달 패턴 및 오류 유형 분석. 초등교육연구, 22(4), 85–113.

김애화, 김의정, 김자경, 최승숙. (2020). 학습장애 이론과 실제. 서울: 학지사.

김애화, 김의정. (2015). 한글의 특성을 반영한 철자 교수가 쓰기장애학생의 겹받침 단어 철자 성취도에 미치는 영향. 학습장애연구, 12(3), 43–67.

김애화, 김의정. (2013). 음운처리 중심 철자 교수가 쓰기장애 학생의 철자에 미치는 효과. 학습장애연구, 10(2), 51–72.

김애화, 최한나, 김주현. (2010). 초등학교 철자부진학생과 일반학생의 철자 특성 비교 연구. 특수교육학연구, 45(1), 203-223.

박혜옥, 정용석. (2008). 초등학생의 받아쓰기 발달과 오류 특징에 관한 연구. 특수교육 저널: 이론과 실천, 9(4), 367-395.

송엽, 신가영, 배소영. (2016). 초등학교 1,2학년 언어읽기부진아동과 정상당동의 해독 및 철자 특성. 언어치료연구, 25(4), 97-107.

신가영, 설아영, 조혜숙, 남기춘, 배소영. (2015). 초등학생의 철자 발달과 오류 패턴 분석. 언어치료연구, 24(2), 61-72.

신성웅, 조수철. (2001). 쓰기 장애 환자와 정상 초등학교 학생의 쓰기 특성 비교. 소아청소년정신의학, 12(1), 51-70.

이대식. (2020). 학습부진 및 학습장애 교육 교수-학습이론과 모형의 조건. 서울: 학지사.

이애진, 양민화. (2017). 중재반응모델에 기반한 철자학습부진 및 철자학습장애 아동 대상 한글파닉스 교수 효과 분석. 초등교육연구, 30(3), 97-123.

이재국, 신가영, 윤효진, 배소영. (2015). 쓰기부진 초등생의 형태소 및 철자지식을 활용한 문장쓰기 중재 효과. 학습자중심교과교육연구, 15(6), 139-156.

차예은, 김소희. (2019). 읽기 및 철자쓰기를 통합한 음운규칙 지도 프로그램이 다문화가정 아동의 읽기 정확도와 철자 정확도에 미치는 효과. 학습장애연구, 16(1), 199-239.

최승숙. (2010). 쓰기부진 학생의 철자쓰기 특성과 중재에 관한 이론적 접근. 특수아동교육연구, 12(1), 47-66.

최한나, 김애화. (2013). 학습장애 학생의 철자능력 향상을 위한 교수전략에 관한 문헌분석. 학습장애연구, 10(1), 123-150.

Barbara J. Wendling. (2022). 기초·기본학력보장 증거기반 교육의 실제(김동일 역). 학지사.

Bear, D., Invernizzi, M., Templeton, S., & Johnston, F. (2008). Words their way: Word study for phonics, vocabulary, and spelling instruction (4th ed.). Upper Saddle River, NJ: Prentice-Hall.

Bosman, A. M., & Van Orden, G. C. (1997). Why spelling is more difficult than reading. Learning to Spell: Research, Theory, and Practice across Languages, 10, 173-194.

Fulk, B. M., & Stormont-Spurgin, M. (1995). Spelling interventions for students with disabilities: A review. The Journal of Special Education,

28(4), 488−513.

Galuschka, K., Görgen, R., Kalmar, J., Haberstroh, S., Schmalz, X., & Schulte−Körne, G. (2020). Effectiveness of spelling interventions for learners with dyslexia: A meta−analysis and systematic review. Educational Psychologist, 55(1), 1−20.

Graham, S.(1985). Evaulating spelling programs and materials. *Teaching Exceptional Children, 17,* 299−304.

Graham, S., & Freeman, S.(1985). Strategy training and teacher− vs. student−controlled study conditions: Effects on LD students' spelling performance. Learning Disability Quarterly, 8, 267−274.

Graham, S., Berninter V., Abbott S., & Whitaker, D. (1997). The role of mechanics in composing of elementary school students: A new methodalogical approach. *Journal of Educational Psychology, 89*(1), 170−182.

Jasmine, J., & Connolly, M. (2015). The use of multisensory approaches during center time, through visual, auditory, and kinesthetic−tactile activities, to enhance spelling accuracy of second grade students. Journal of Education and Social Policy, 2(1), 12−19.

Perfetti, C., & Hart, L. (2002). The lexical quality hypothesis. In L. Verhoeven, C. Elbro, & P. Reitsma (Eds.), Precursors of functional literacy (pp. 189-213). Amsterdam, The Netherlands: John Benjamin.

SK, M. S., & HELENA, M. T. C. (2017). Styles of Learning Based on the Research of Fernald, Keller, Orton, Gillingham, Stillman, Montessori and Neil D Fleming. International Journal for Innovative Research in Multidisciplinary Field, 3(4), 17−25.

Taschow, H. G. (1970). Using the Visual−Auditory−Kinesthetic−Tactile Technique to Solve Spelling Problems in Elementary and Secondary Classrooms.

Torgesen, J.K., & Kail, R. V. (1980). Memory processes in exceptional children. In B.K. Keogh (Ed.), Advances in special education (Vol. 1, pp. 55−99). Greenwich, CT: JAI.

Swanson, H.L.(Ed.), Advances in learning and behavioral disabilities: Memory and learning disabilities. Greenwich, CT: JAI.

Wallace, G., & McLoughlin, J. A. (1988). Learning disabilties: Concepts and characteristics (3rd ed.). Columbus, OH: Merrill.

Williams, K. J., Walker, M. A., Vaughn, S., & Wanzek, J., (2017). A synthesis of reading and spelling interventions and their effects on spelling outcomes for students with learning disabilities.

07

Allington, R. L., & McGill—Franzen, A. M. (2017). Summer reading loss is the basis of almost all the rich/poor reading gap. In R. Horowitz & S. J. Samuels (Eds.), The achievement gap in reading: Complex causes, persistent issues, and possible solutions (pp. 170—183). New York, NY: Routledge.

Bell, S., Park, Y., Martin, M.M., Smith, J., McCallum, S., Smyth, K., & Mingo, M. (2020). Preventing summer reading loss for students in poverty: A comparison of tutoring and access to books. *Educational Studies*. doi:10.1080/03055698.2019.1599822

Chall, J. S. (2000). *The academic achievement challenge: What really works in the classrooms?* New York: Guilford Press.

Christodoulou, J. A., Cyr, A., Murtagh, J., Chang, P., Lin, J., Guarino, A. J., & Gabrieli, J. D. (2015). Impact of intensive summer reading intervention for children with reading

Common Core State Standards. (2019). Preparing America's students for success. Retrieved from http://www.corestandards.org/

Cooper, H., Nye, B., Charlton, K., Lindsay, J., & Greathouse, S. (1996). Theeffects of summer vacation on achievement test scores: a narrative and metaanalytic review. Review of Educational Research, 66 (3), 227—268.

Fryer, R. G. & Levitt, S. D. (2002). Understanding the black—white test score gap in the first twoyears of school. Cambridge, MA: National Bureau of Economic Research.

Garst, B. B., & Ozier, L. W. (2015). Enhancing youth outcomes and organizational practices through a camp—based reading program. *Journal of Experiential Education, 38*(4), 324−338. doi:10.1177/1053825915578914

Hayes, D. P. & Grether, J. (1983). The school year and vacations: When do students learn?Cornell Journal of Social Relations, 17(1), 56–71.

Kim, J. S. (2006). The effects of a voluntary summer reading intervention on reading achievement: Results from a randomized field trial. Educational Evaluation and Policy Analysis, 28, 335−355.

Kim, J. S. (2007). The effects of a voluntary summer reading intervention on reading activities and reading achievement. Journal of Educational Psychology, 99, 505−515.

Kim, J.,S. & Guryan, J. (2010). The efficacy of a voluntary summer book reading intervention for low−income Latino children from language minority families. Journal of Educational Psychology, 102(1), 20−31.

Kim J. S., Quinn D. M. (2013). The effects of summer reading on low− income children's literacy achievement from kindergarten to grade 8 a meta−analysis of classroom and home interventions. *Review of Educational Research, 83*(3), 386–431.

Kim, J.S. & White, T.G. (2008). Scaffolding voluntary summer reading for children in grades 3 to 5: An experimental study. *Scientific Studies of Reading, 12*(1), 1−23.

National Center for Educational Statistics (2018). The Summer After Kindergarten: Children's Experiences by Socioeconomic Characteristics. https://nces.ed.gov/pubsearch/pubsinfo.asp?pubid=2018160

READS. (2018). Integrating research and practice. Retrieved from https:// reads.gse.harvard.edu

Singleton, G. E., & Linton, C. (2006). Courageous conversations about race: A fieldguide for achieving equity in schools. Thousand Oaks, CA: Corwin Press.

Sirin, S. R. (2005). Socioeconomic status and academicachievement: A meta−analytic review of research. Reviewof Educational Research, 75, 417–453.

김동일, 이윤희, 김명찬, 남지은, 이예슬, 이슬기. (2014). 다중지능 프로그램이 학습에 미치는 효과: 다층메타분석을 통한 효과크기 검증. **열린교육연구**, 22(1), 239－256.

김동일, 이윤희, 전호정, 오정수. (2014). 자아존중감 향상을 위한 다중지능 프로그램의 효과와 특성분석: 다층메타분석을 통한 효과크기 검증. **열린교육연구**, 22(4), 161－180.

김동일, 이윤희, 전호정, 이예슬. (2015). 청소년 다중지능 프로그램이 진로발달에 미치는 효과: 다층메타분석을 통한 효과크기 검증. **아시아교육연구**, 16(2), 33－54.

김주현. (2005). 다중지능이론에 기반 한 청소년기 진로교육 방향고찰. **교육학연구**, 43(2), 29－52.

김주현, 문용린. (2005). 다중지능이론에 기초한 청소년기 진로교육 개발 및 타당화 연구. **교육심리연구**, 19(2), 393－412.

김현진. (1999). 다중지능 측정도구의 타당화 연구. 서울대학교 석사학위논문.

문용린, 김주현. (2004). 다중지능이론에 기초한 진로교육 가능성 탐색. **진로교육연구**, 17(1), 1－19.

백종남. (2011). 발달장애학생 다중지능 측정 문항의 타당화. 공주대학교 박사학위논문.

백종남, 김삼섭. (2010). 발달장애학생용 다중지능 측정도구 개발을 위한 기초연구: 다중지능 측정도구 개발 연구 동향 분석. **지체중복건강장애연구**, 53(4), 307－334.

윤형진. (2009). 다중지능특성에 따른 강점기반 자기결정훈련이 지적장애학생의 자율성과 사회적 적응행동에 미치는 효과. 대구대학교 박사학위논문.

윤형진, 조인수. (2009). 다중지능특성에 따른 강점기반 자기결정훈련이 지적장애학생의 사회적 적응행동에 미치는 효과. **특수교육학연구**, 44(2), 207－229.

장세영. (2018). 적응행동기반 다중지능척도에 따른 고등학교 지적장애학생 특성 분석. 서울대학교 박사학위논문.

정주영, 신현기. (2001). 다중지능 이론이 정신지체 교육에 주는 함의. **특수교육학연구**, 35(4), 171－198.

조인수, 윤형진. (2009). 강점지능을 기반으로 한 자기결정훈련 활동이 지적장애 학생의 자율성에 미치는 효과. **지적장애연구**, 11(2), 1－20.

현이경. (2012). 강점기반교육이 저성취아의 학습몰입, 성취동기 및 자기효능감 에 미치는 영향. **특수교육교과교육연구**, 5(3), 53－76.

홍성훈. (2013). 다중지능을 활용한 청소년 진로지도 방안 탐색. **중등교육연구**, 61(4), 1061－1086.

Armstrong, T. (2009). *Multiple intelligences in the classroom.* (3rd ed.). Alexandria, VA: ASCD.

Gardner, H. (1999). *Intelligence reframed: Multiple intelligences for the 21st century.* New York, NY: Basic Books. 문용린 역(2001). **다중지능 인간지 능의 새로운 이해.** 서울: 김영사.

Gardner, H. (2011). *Frames of mind.* New York, NY: Basic Books.

Gardner, H., & Hatch, T. (1989). Multiple intelligences go to school: Educational implications of the theory of multiple intelligence. *Educational Researcher, 12*(8), 4－10.

Shearer, C. B. (1991). Am investigation into the validity, reliability and clinical utility of Hillside Assessment of Perceived Intelligences. Dissertation Abstracts International, 52, 6647B. The Union Institute.

Shearer, C. B. (1996). *The MIDAS handbook of multiple intelligences in the classroom.* Columbus, OH: Greyden Press.

Shearer, C. B. (1997). *Development and validation of a multiple intelligences assessment scale for children.* Paper presented at the annual meeting of the American Psychological Association, Chicago, IL.

Spearman, C. (1923). *The nature of "intelligence" and the principles of cognition.* London: MaCmillan.

Sternberg, R. (1986). *Intelligence applied: Understanding and increasing your intellectual skills.* San Diego, CA: Harcourt Brace Jovanovich.

Thurstone, L. L. (1931). Multiple factor analysis. *Psychological Review, 38,* 406－427.

09

교육부, 한국교육개발원 (2022). 교육통계분석자료집 – 유초중등교육통계편. 충청북도: 한국교육개발원.

교육부 (2021). 2021년 국가수준 학업성취도 평가결과. 충청북도: 한국교육과정평가원.

김남진, 김용욱. (2017). 보편적 학습설계 (UDL) 와 차별화 교수의 관계 고찰. **특수교육 저널: 이론과 실천**, 18(4), 157－182.

김동일, 고은영, 고혜정, 김우리, 박춘성, 손지영, 홍성두. (2019). **특수교육의 이해**. 서울: 학지사.

김태은, 홍미영, 오상철, 노원경, 우연경, 이영태, 이재진. (2018). **기초학력 향상 지원 사업 내실화 방안 탐색**. 충북: 한국교육과정평가원.

박성익. (2008). 개별화학습의 전망과 과제. **교육방법연구**, 20(1), 1－22.

손승현. (2008). 학습부진아를 위한 개별화 교육방법. **교육방법연구**, 20(1), 93－110.

신재현. (2019). 학습장애 및 학습부진 아동을 위한 집중교수(Intensive Intervention)의 재개념화: 교사에 의한 증거기반교수의 선정과 교수 수정을 중심으로. **학습장애연구**, 16(3), 93－113.

이경언 (2008). 맞춤형 교육의 진실과 오해. 교육광장, 30, 21－22.

이대식. (2015). 학습부진학생의 기초학력 향상을 위한 정부 지원 사업의 특징과 발전 방향. **학습장애연구**, 12(3): 101－132.

이대식. (2016). 맞춤형 교수 (differentiated instruction) 에서의 '맞추는 것'의 본질과 성격. **통합교육연구**, 11(2), 187－216.

이대식 (2016). 맞춤형 교수(differentiated instruction) 에서의 '맞추는 것'의 본질과 성격. **통합교육연구**, 11(2), 187－216.

이대식, 손승현, 정광조. (2019). 학습부진 및 학습장애 등 일반학급 내 특별지원 요구학생 지원을 위한 특수교육의 역할과 정체성. **한국특수교육학회 학술대회**, 3－25.

최경희 (2022). 정서행동 위기학생 문제현장 실태. **좋은교사운동 공동토론회 자료집: 정서행동 위기학생! 어떻게 할 것인가?**. 서울: 서울특별시교육청

홍완기. (2020). 우리 안의 개별화 수업[Differentiated Instruction]. 서울교육 해외교육 2020 여름호 239호.

황윤한, 조영임. (2005). **학생들의 다양한 특성을 반영한 개별화 수업: 이해와 적용**. 경기: 교육과학사.

Collins, R. L. (2016). *What is individualized instruction?* iLearn. Retrieved from https://www.ilearn.com/main/resources/what−is−individualized−instruction.html.

Edwards, C. J., Carr, S., & Siegel, W. (2006). Influences of experiences and training on effective teaching practices to meet the needs of diverse learners in schools. *Education, 126*(3), 580−592.

Eggen, P., & Kauchak, D. (2007). Educational Psychology: *Windows on Classrooms.* Upper Saddle River, New Jersey: Pearson.

Fleming, L. C., & Baker, P. H. (2002). *Differentiating in the classroom: A study of student teachers.* (ERIC Document Reproduction Service No. ED479480).

Fuchs, D., Mock, D., Morgan, P. L., & Young, C. L. (2003). Responsiveness-to-intervention: Definitions, evidence, and implications for the learning disabilities construct. *Learning Disabilities Research & Practice, 18*(3), 157−171.

Fuchs, L. S., Fuchs, D., & Malone, A. S. (2017). The taxonomy of intervention intensity. *TEACHING Exceptional Children, 50*(1), 35−43.

Montague, M. (1997). Cognitive strategy training in mathematics instruction for students with learning disabilities. *Journal of Learning Disabilities, 30*, 164−177.

Rose, D. H., & Meyer, A. (2002). *Teaching every student in the digital age: Universal design for learning. Association for Supervision and Curriculum Development*, 1703 N. Beauregard St., Alexandria, VA 22311−1714.

Rose, T. (2018). 평균의 종말: 평균이라는 허상은 어떻게 교육을 속여왔나(정미나 역). 서울: 21세기북스.(원서출판 2016).

Sousa, D. A., & Tomlinson, C. A. (2011). Differentiation and the brain: How neuroscience supports the learner−friendly classroom. Solution Tree Press.

Sousa, D. A., & Tomlinson, C. A. (2019). 뇌과학을 적용한 개별화 수업(장인철, 이찬승 역). 서울: 한국뇌기반교육연구소(원서출판 2011).

Tomlinson, C. (1999). *The differentiated classroom: Responding to the needs of all learners.* Alexandria, VA: Association for Supervision and Curriculum Development.

Tomlinson, C., & Jarvis, J. (2009). *Differentiation: Making curriculum work for all students through responsive planning and instruction. In Systems and models for developing programs for the gifted and talented.* Creative Learning Press.

UDL 가이드라인 https://udlguidelines.cast.org/more/downloads

10

김동일. (2019). 교육사각지대 학습자 속성 탐색: 교육복지사를 중심으로. **학습장 애연구**, 16(3), 137－156.

김동일. (2008). 기초학습기능 수행평가체제: 수학 검사. 서울: 학지사.

김동일, 김희주. (2019). 읽기부진 및 난독증 위험 학생 대상 난독증 전문치료프 로그램 사례 및 경험 분석. **특수교육교과교육연구**, 12(2), 109－133.

김동일, 김희은, 송푸름. (2020). 수학학습장애 위험아동의 초기수학 중재 사례연 구를 통한 학교 기반 중재반응모형 (RTI) 적용 가능성 탐색: 교육사각지 대 학습자를 위한 효과적 교육지원 방안을 중심으로. **아시아교육연 구**, 21(2), 347－372.

김동일, 김희주, 안예지, 안성진, 임희진, 황지영. (2017). 난독증 선별을 위한 RTI 적용: 읽기 유창성 프로그램을 중심으로. **교육심리연구**, 31(2), 265－282.

김동일, 임희진, 김주선, 김희은, 문성은, 이연재, … & 안제춘. (2019). 교육사각 지대 학습자 지원 방안에 대한 초· 중· 고등학교 교사의 인식 연구. **아시아 교육연구**, 20(1), 25－46.

안선희, & 권희경. (2005). 유아의 학습관련 사회적 기술과 문식성 발달과의 관 계. **아동학회지**, 26(4), 173－188.

유인화, 최수미, 김창현, 장예원, 안소현. (2021). 초등학교 교사가 인식한 교육사 각지대학습자의 잠재유형별 학교적응력과 성격강점 탐색. **교육심리연 구**, 35(4), 687－706.

조아영, 유인화, 이유라, 황재호, 최수미. (2021). 단위학교별 교육사각지대 학습 자 잠재집단 분류 및 특성 분석. **학습장애연구**, 18(1), 155－178.

최수미, 유인화, 김동일, 박애실. (2018). 일반교사가 지각하는 교육사각지대 학습자 특성의 구성개념 탐색: CQR－M 을 중심으로. **교육심리연구**, 32(3), 421－442.

Al Otaiba, S., & Fuchs, D. (2006). Who are the young children for whom best practices in reading are ineffective? An experimental and longitudinal study. *Journal of Learning disabilities*, *39*(5), 414−431.

Baker, S. K., Fien, H., & Baker, D. L. (2010). Robust reading instruction in the early grades: Conceptual and practical issues in the integration and evaluation of Tier 1 and Tier 2 instructional supports. *Focus on Exceptional Children*, *42*(9), 1.

J.A., Woodward, J., & Olson, D. (2005). Writing in mathematics: An alternative form of communication for academically low−achieving students. Learning Disabilities Research and Practice, 20(2), 119−135. Retrieved from http://dx.doi.org/10.1111/j.1540−5826.2005.00127.x

C., Koth, C., Bevans, K., Ialongo, N., & Leaf, P. (2008). The impact of school−wide positive behavioral interventions and supports (PBIS) on the organizational health of elementary schools. School Psychology Quarterly, 23 (4), 462−473.

C. P., Mitchell, M. M., & Leaf, P. J. (2010). Examining the effects of School−Wide Positive Behavioral Interventions and Supports on student outcomes: Results from a randomized controlled effectiveness trial in elementary schools. Journal of Positive Behavior Interventions, 12, 133−148

Bradshaw, C. P., Koth, C. W., Bevans, K. B., Ialongo, N., & Leaf, P. J. (2008). The impact of school−wide positive behavioral interventions and supports (PBIS) on the organizational health of elementary schools. *School Psychology Quarterly*, *23*(4), 462.

Bradshaw, C. P., Koth, C. W., Thornton, L. A., & Leaf, P. J. (2009). Altering school climate through school−wide positive behavioral interventions and supports: Findings from a group−randomized effectiveness trial. *Prevention science*, *10*(2), 100−115.

Bryant, B. R., Bryant, D. P., Porterfield, J., Dennis, M. S., Falcomata, T., Valentine, C., ... & Bell, K. (2016). The effects of a Tier 3 intervention on the mathematics performance of second grade students with severe mathematics difficulties. *Journal of learning disabilities*, *49*(2), 176−188.

Fletcher, J. M., & Vaughn, S. (2009). Response to intervention: Preventing and remediating academic difficulties. *Child development perspectives, 3*(1), 30−37.

Freeman, R., Miller, D., & Newcomer, L. (2015). Integration of academic and behavioral MTSS at the district level using implementation science. *Learning Disabilities: A Contemporary Journal, 13*(1), 59−72.

Fuchs, L.S, Fuchs, D. & Malone, A.S. (2017). The Taxonom'y of Intervention Intensity. TEACHING Exceptional Children, 50(1), 35−43

Gersten, R., Haymond, K., Newman−Gonchar, R., Dimino, J., & Jayanthi, M. (2020). Meta−analysis of the impact of reading interventions for students in the primary grades. *Journal of Research on Educational Effectiveness, 13*(2), 401−427.

Gersten, R., Beckmann, S., Clarke, B., Foegen, A., Marsh, L., Star, J. R., & Witzel, B. (2009). Assisting Students Struggling with Mathematics: Response to Intervention (RtI) for Elementary and Middle Schools. NCEE 2009−4060. *What Works Clearinghouse.*

Gil, L. S., & Woodruff, D. W. (2011). Connecting Research to Promising Practice for English Learners. *School Administrator, 68*(5), 10−16.

Horner, R. H., Sugai, G., & Lewis, T. (2015). Is school−wide positive behavior support an evidence−based practice. *Positive Behavioral Interventions and Supports.*

Hunt, J. H., Valentine, C., Bryant, D. P., Pfannenstiel, K. H., & Bryant, B. R. (2016). Supplemental mathematics intervention: How and why special educators intensify intervention for students with learning disabilities. *Remedial and Special Education, 37*(2), 78−88.

Ladd, G. W., & Burgess, K. B. (2001). Do relational risks and protective factors moderate the linkages between childhood aggression and early psychological and school adjustment?. *Child development, 72*(5), 1579−1601.

Lynne Lane, K., Stanton−Chapman, T., Roorbach Jamison, K., & Phillips, A. (2007). Teacher and parent expectations of preschoolers' behavior: Social skills necessary for success. *Topics in Early Childhood Special Education, 27*(2), 86−97.

McClelland, M. M., Morrison, F. J., & Holmes, D. L. (2000). Children at risk for early academic problems: The role of learning−related social skills. *Early childhood research quarterly, 15*(3), 307−329.

McIntosh, K., & Goodman, S. (2016). *Integrated multi-tiered systems of support: Blending RTI and PBIS*. Guilford Publications.

O'Connor, R. E., Bocian, K. M., Sanchez, V., & Beach, K. D. (2014). Access to a responsiveness to intervention model: Does beginning intervention in kindergarten matter?. *Journal of Learning Disabilities, 47*(4), 307−328.

OSEP Center on Positive Behavioral Interventions, Sugai, G., Horner, R. H., Dunlap, G., Hieneman, M., Lewis, T. J., ... & Ruef, M. (2000). Applying positive behavior support and functional behavioral assessment in schools. Journal of positive behavior interventions, 2(3), 131−143.

R., Sugai, G., Smolkowski, K., Todd, A., Nakasato, J., & Esperanza, J. (2009). A Randomized Control Trial of School−wide Positive Behavior Support in Elementary Schools. Journal of Positive Behavior Interventions, 11 (3), 113−144

Rabiner, D. L., Godwin, J., & Dodge, K. A. (2016). Predicting academic achievement and attainment: The contribution of early academic skills, attention difficulties, and social competence. *School Psychology Review, 45*(2), 250−267.

Roberts, G., Fletcher, J. M., Stuebing, K. K., Barth, A. E., & Vaughn, S. (2013). Treatment effects for adolescent struggling readers: An application of moderated mediation. *Learning and individual differences, 23*, 10−21.

Rolfhus, E., Gersten, R., Clarke, B., Decker, L. E., Wilkins, C., & Dimino, J. (2012). An Evaluation of "Number Rockets": A Tier−2 Intervention for Grade 1 Students at Risk for Difficulties in Mathematics. Final Report. NCEE 2012−4007. *National Center for Education Evaluation and Regional Assistance.*

Scott, T., Liaupsin,C., Sailor, W., Turnbull, A. P., & Turnbull, H. R. (2000). Applying positive behavior support andfunctional behavioral assessment in schools. *Journal of Positive Behavior Interventions, 2*(3), 131−143

Sugai, G., & Horner, R. H. (2009). Responsiveness−to−intervention and school−wide positive behavior supports: Integration of multi−tiered system approaches. *Exceptionality, 17*(4), 223−237.

Turnbull, A., Edmonson, H., Griggs, P., Wickham, D., Sailor, W., Freeman, R., ... & Warren, J. (2002). A blueprint for schoolwide positive behavior support: Implementation of three components. *Exceptional children, 68*(3), 377−402

Wanzek, J., Vaughn, S., Scammacca, N., Gatlin, B., Walker, M. A., & Capin, P. (2016). Meta−analyses of the effects of tier 2 type reading interventions in grades K−3. *Educational psychology review, 28*(3), 551−576.

Warren, J., & Wilcox, B.(2002). A blueprint for schoolwide positive behavior support: Implementation of three components.Exceptional Children, 68(3), 377−402.

Windschitl, M., Thompson, J., Braaten, M., & Stroupe, D. (2012). Proposing a core set of instructional practices and tools for teachers of science. *Science education, 96*(5), 878−903.

Witzel, B. S., Riccomini, P. J., & Schneider, E. (2008). Implementing CRA with secondary students with learning disabilities in mathematics. *Intervention in School and Clinic, 43*(5), 270−276.

저자약력

대표 저자: 김동일(Kim, Dongil)

서울대학교 사범대학 교육학과 교육상담전공 교수 및 대학원 특수교육전공 주임교수, 서울대학교 대학생활문화원 원장, 장애학생지원센터 상담교수, 서울대 특수교육연구소 소장으로 재직하고 있다.

서울대학교 교육학과를 졸업하고 교육부 국비유학생으로 선발되어 미네소타 대학 교육심리학과에서 석사·박사학위를 취득하였다. Developmental Studies Center, Research Associate, 한국청소년상담원 상담교수, 경인교육대학교 교육학과 교수, 한국학습장애학회 회장, (사)한국교육심리학회 회장, 서울대 사범대 기획실장, 국가 청소년보호위원회 위원, BK21 미래교육디자인연구사업단 단장 등을 역임하였다. 국가수준의 인터넷중독 척도와 개입연구를 진행하여 정보화역기능예방사업에 대한 공로로 행정안전부 장관표창 및 연구논문/저서의 우수성으로 교육부 학술상(상장 20-1075), 한국상담학회 학술상(2014-2/2016/2022)과 학지사 저술상(2012)을 수상하였다.

현재 BK21FOUR 혁신과 공존의 교육학연구사업단 단장, SSK교육사각지대학습자연구단 단장, 한국아동청소년상담학회 회장, 여성가족부 학교밖청소년지원위원회(2기) 위원, 국무총리실 사행산업통합감독위원회(중독분과) 민간위원 등으로 봉직하고 있다. 『교육사각지대 학습자 이해와 지원』, 『지능이란 무엇인가』, 『학습장애아동의 이해와 교육』, 『청소년 상담학 개론』을 비롯하여 50여 권의 저·역서가 있으며, 300여 편의 등재 전문학술논문(SSCI/KCI)과 기초학습기능 수행평가체제(BASA)를 포함하여 30여 개의 표준화 검사를 개발하였다.

고혜정(순천향대학교 특수교육과 교수)
김은삼(남춘천초등학교 교사)
김희은(위덕대학교 특수교육학부 교수)
남지은(이화여자대학교 교육대학원 교수)
박유정(공주교육대학교 교육학과 특수교육전공 교수)
신재현(경인교육대학교 특수(통합)교육학과 교수)
장세영(서울대학교 SSK 교육사각지대학습자연구소 연구원)
조영희(백석대학교 특수교육과 교수)
황지영(드레이크대학교, Drake University 특수교육과 교수)

한국아동청소년상담학회 교육사각지대연구총서 3
교육사각지대 학습자 이해와 지원 핸드북

초판발행　　　2023년 8월 15일

지은이　　　　김동일·고혜정·김은삼·김희은·남지은·박유정·신재현·장세영·조영희·황지영
펴낸이　　　　노　현

편　집　　　　배근하
표지디자인　　이수빈
제　작　　　　고철민·조영환

펴낸곳　　　　㈜ 피와이메이트
　　　　　　　서울특별시 금천구 가산디지털2로 53 한라시그마밸리 210호(가산동)
　　　　　　　등록 2014. 2. 12. 제2018-000080호
전　화　　　　02)733-6771
ｆａｘ　　　　 02)736-4818
e-mail　　　　pys@pybook.co.kr
homepage　　 www.pybook.co.kr
ＩＳＢＮ　　　979-11-6519-371-3　94370
　　　　　　　979-11-6519-193-1(세트)

copyright©김동일·고혜정·김은삼·김희은·남지은·박유정·신재현·장세영·조영희·황지영, 2023, Printed in Korea

정　가　　　　23,000원

박영스토리는 박영사와 함께하는 브랜드입니다.